KB141049

역사가
기억하는
세계 100대
사건

페이헝즈 저　이화진 옮김

꾸벅

차 례

고대 이집트 문명의 탄생

시기 : 기원전 3300년경

인물 : 메네스(Menes)

영향 : 찬란한 고대 문명을 꽃피운 이집트는 인류 역사 발전에 지대한
공헌을 했다.

　인류 문명의 역사는 지금으로부터 1만여 년 전에 시작되었다. 사람들이 일정 규모로 모여살기 시작한 때는 약 5,000여 년 전이며, 특히 나일 강의 범람으로 매년 비옥한 옥토를 선사받았던 나일 강 유역은 초기 인류의 가장 대표적인 거주지로 꼽을 수 있다. 농작물 재배의 최적지로서 안정적이고 풍부한 수확량을 자랑했던 이곳은 점점 많은 사람이 몰려들면서 농업, 문명, 그리고 정치가 발전했고 후에 상, 하 이집트 두 나라가 형성되었다. 이집트는 하천과 산맥이 없어서 교통이 편리할 뿐 아니라 통치도 수월했다. 드넓은 바다가 북쪽에 자리하고 서쪽에는 사막이 버티고 있는 등 천연의 방패막이 형

▼ 고대 이집트의 의료 지압 장면
찬란한 문명을 꽃피웠던 고대 이집트는 의료 수준도 매우 높았다.

11

▶ 회화와 조각은 고대 이집트의 대표적인 예술품에 속한다. 이집트인들처럼 4,000여 년에 걸쳐 훌륭한 예술품을 끊임없이 선보인 민족은 아마 없을 것이다.

▲ **고대 이집트인의 상형 문자**
문장에 사용된 각종 도안을 통해 묘사한 사물과 문자의 독음 등을 유추해볼 수 있다.

성되어 있으며 남, 동쪽으로는 교통이 발달해 다른 문명국들과 활발하게 교류할 수 있었다. 기원전 3100년경 메네스가 이집트를 통일하면서 상, 하 이집트의 교류가 더욱 증진되었고, 이때부터 명실상부한 문명의 시대를 열었다.

시대를 초월하는 선진 농업 기술을 비롯해 최초의 문자, 발달된 의학, 정교한 건축 공법, 그리고 조각, 수공예 작품들은 당시 이집트가 선진 문명을 보유했음을 증명한다. 이처럼 찬란한 문화유산은 오늘날에도 전해지며 후대인들에게 이집트 문명의 진수를 보여준다.

기원전 3300년경 이집트에는 인류 최초 문자인 상형 문자가 등장했다. 상형 문자는 표의부호와 표음부호, 그리고 한정부호로 구성되는데, 도형과 같은 표의부호로 문자가 나타내고자 하는 뜻과 독음을 파악할 수 있고 동음문자同音文字에 속하는 사물의 범주를 유추해볼 수도 있다.

그러나 이집트 문명을 거론할 때 사람들이 가장 먼저 떠올리는 것은 역시 '피라미드'이다. 이집트 문명의 상징으로 불리는 피라미드는 고대 파라오의 무덤으로, 세계 최대의 불가사의로 손꼽는다. 피라미드는 중국의 한자 '금金'자를 닮아 '금자탑'으로 불리기도 한다. 생전에 최고의 권력을 누렸던 파라오 왕들은 죽어서도 계속해서 그와 같은 권력을 누리려 했다. 기원전 27세기에 세계 최초의 피라미드가 등장하고 나서 후대 파라오들이 모두 이를 따라 했고 그 규모는 점점 방대해졌다.

피라미드는 파라오들의 권위를 상징하기 때문에 매우 정교하고 엄격한 기술 수준이 요구되었다. 피라미드를 쌓아올린 바위와 바위 사이에는 별도의 접착제를

◀ 기원전 100년경 나일 강변에 있었던 필리스틴(Philistine, 블레셋). 당시 군사 요충지로 중시되었던 곳이다.

사용하지 않았음에도 가는 바늘 하나 들어갈 틈도 없을 정도이다. 무게가 수 톤에서 수십 톤에 달하는 바위들이 제 위치에 정교하게 놓여 있는 모습은 감탄이 절로 나오며, 내부 구조도 매우 복잡하다. 특히 쿠푸(Khufu), 멘카우레(Menkaure), 카프레(Khafre) 피라미드는 이집트 피라미드 건축 기술의 전형을 보여준다.

이집트는 건축 기술 외에도 물리, 화학, 의학 등 과학 분야가 크게 발전했다. 뛰어난 '미라' 제작 기술은 이를 증명하는 가장 좋은 예일 것이다.

인간의 영혼이 불멸한다고 믿은 이집트인들은 사후에 또 다른 세계가 기다리고 있다고 생각했다. 그래서 시체가 썩지 않으면 영혼이 다시 그 몸을 빌려 부활한다고 여겼다. 미라는 이러한 이집트인들의 믿음의 산물이라고 볼 수 있다. 미라를 제작하는 과정은 무척 복잡하다. 먼저 내장과 뇌를 제거한 시신을 특수한 방부제에 담아둔다. 지방이 빠져 나가면 햇볕에 건조시키고, 시신의 내부는 향료로 가득

13

메네스

고대 이집트의 초대 파라오. 상이집트 귀족 출신으로 출생과 사망 연도는 불분명하다. 그의 가문은 이집트 최남단 테티스(Tethys) 지역을 다스렸는데 외적의 침입이 끊이지 않았다. 수많은 전쟁을 치르며 각종 전술을 연마한 메네스는 전쟁을 일으켜 상 이집트를 통일하고 기원전 3100년경에 최고 통치자 자리에 올랐다. 이어서 하이집트까지 통일해 이집트 초대 국왕으로 등극했다. 상, 하 이집트의 통일로 이집트는 본격적으로 문명 발달의 궤도에 들어섰다.

채운다. 그런 다음 피부 겉면에 송진을 바르고 붕대로 잘 감아 관에 넣는다. 피라미드의 내부는 미라를 보관하기에 최적의 환경으로 특수 설계되어 피라미드에 보관된 미라들은 천고의 세월이 흐른 지금까지도 당시의 모습을 그대로 간직하고 있다.

피라미드 건축이나 미라 제작 모두 이집트 파라오 왕이 신을 숭배했다는 사실을 알려준다. 피라미드가 온종일 작열하는 태양을 바라보고 있는 것에서 알 수 있듯이 파라오 왕은 태양신을 자신의 수호신으로 여겼다. 태양신 숭배 사상은 이집트 예술에도 커다란 영향을 끼쳤다. 이집트 예술에 새로운 활력을 불어넣은 태양신 조각상을 비롯해 이집트 예술의 보고로 불리는 카르나크 신전(Karnak Temple)에는 각종 조각 예술품과 이집트 문자, 제단, 공방工房, 도서관, 청동상, 석조상 등이 보관되어 있다.

고대 문명의 발상지이자 인류 문명의 찬란한 등불을 밝힌 유적지 가운데 하나로서 이집트는 인류 역사 발전에 지대한 공헌을 했다고 평가받고 있다.

인더스 강 유역의 하라파 문명

시기 : 기원전 3000년~기원전 1700년
영향 : 하라파(Harappa) 문명이 발굴되면서 인더스 강(Indus River) 유역은 고대 문명의 발상지로 인정받았다.

1922년은 인도 역사에는 물론 세계사에서도 매우 중요한 의미가 있는 해라고 할 수 있다. 남아시아 대륙에 자리한 고대 인도[1] 문명이 발굴된 해이기 때문이다. 북동쪽에 있는 하라파 지역에서 가장 먼저 발굴되어 '하라파 문명'이라고도 불린다. 이 발굴로 인도 문명

▲ 기원전 2500년경 제사장의 모습
이처럼 출토된 유물을 통해 고대 인도에 이미 종교가 형성되어 있었음을 알 수 있다.

◀ 고대 인도인의 일상의 한 장면

---

1) 지금의 인도, 파키스탄, 방글라데시 등을 망라하는 지역

▲ 모헨조다로 유적

이 기원전 6세기경에 시작되었다는 기존 주장은 근거를 잃었고, 인더스 강 유역은 세계 문명의 발상지로 이름을 올렸다.

기원전 8세기경에 인도에도 농업(밀, 보리 경작)과 목축업(소, 양, 염소 등)이 발달하기 시작했으며 이에 따라 점차 정착촌이 형성되었다. 기원전 4000년경에 꽃피운 고대 인도 문명은 인도의 독특한 지리 환경과 밀접한 관련이 있다. 하라파 지역은 농작물의 생장에 적합한 기후대로 이미 농업 생산의 중심지로 주목받고 있었기 때문이다. 또 매우 발달한 적동赤銅²제련 기술은 인도 문명을 발전시키는 또 다른 원동력이 되었다.

고대 문명 국가는 모두 농업 위주의 사회였다. 인도 역시 보리, 밀, 면화, 대추야자, 과일, 완두, 깨 등 다양한 농작물을 생산했다. 인도인들은 면화를 이용해 세계 최초로 옷감을 만들어내기도 했다. 기원전 2500년경부터 개, 닭, 고양이, 야크(yak), 물소, 돼지, 낙타, 말, 당나귀, 양 등의 가축을 기르기 시작했다. 농업의 발달에 발맞추어 수공업도 크게 발전했다. 단조鍛造³, 용접 등의 주조 기술이 발명된 후 청동, 적동의 가공에 광범위하게 활용되었으며 이때부터 도끼, 자귀⁴, 낫, 톱, 낚싯바늘, 창, 검 등의 생산 도구도 세상에 선을 보였다. 납, 금은 기구, 도자기 가공 기술이 발전하면서 조각상, 골각骨刻⁵, 회화 등 정교한 예술품도 등장했고 면방직을 비롯해 조선造船, 상아 가공, 석재 가공업 등도 크게 발전했다.

경제 번영은 대외 무역을 촉진했다. 당시 인도는 육로와 해로를 통해 티그리스(Tigris)·유프라테스(Euphrates) 강 유역, 이집트, 중국, 미얀마 등과 빈번하게 왕래했다고 전해지는데, 이 지역에서 출

2) 구리에 약간의 금을 더한 합금
3) 금속을 두들기거나 눌러서 원하는 형체로 만드는 일
4) 나무를 깎아 다듬는 연장의 하나
5) 뼈에 글자나 무늬를 새기는 일

토된 유물을 통해 이러한 사실이 입증되었다.

인더스 강 유역 문명의 가장 두드러진 특징으로 '도시 계획'을 꼽을 수 있다. 고대 인도의 도시 계획은 규모가 방대할 뿐만 아니라 도심과 위성 지구가 분명하게 구별되었다. 위성 지구는 높은 성벽과 식량 저장고, 공공 인프라 등을 구비해 전쟁 시 수비에 유리하도록 설계되었다. 도심 도로는 마차 여러 대가 동시에 지날 수 있을 만큼 드넓은 폭을 자랑하며 도로 아래로 배수 시설도 갖추었다. 크고 작은 가옥들 안에는 우물, 욕실, 쓰레기 배출관 등 생활 필수 시설이 마련되어 있었다. 도시 건축 자재로는 가마에서 구운 벽돌을 사용했다. 이는 돌과 바위를 사용한 고대 이집트나 햇볕에 말린 벽돌을 사용한 티그리스·유프라테스 강 유역의 문명보다 훨씬 앞선 건축 기술이었다. 인더스 문명의 가장 대표적인 유적지로 하라파와 모헨조다로(mohenjo-daro)를 꼽을 수 있다.

고대 인도 역시 문자를 발명해 사용했으며 도기, 청동기, 도장 등의 유물에 그 흔적이 남아 있다. 또 다른 유물로 종교와 관련된 인물상이 출토되었는데 이는 당시에 이미 종교 신앙이 존재했음을 알려준다. 인더스 문명은 기원전 1800년 무렵부터 쇠퇴하기 시작했다. 그 원인을 두고 학자들마다 의견이 분분한데 외적의 침입, 즉 전쟁에서 원인을 찾는 사람이 있는가 하면 자연재해 때문이라고 주장하는 사람도 있다. 어쨌든 인더스 문명이 인류 역사의 빛나는 한 페이지를 장식했다는 것만은 부인할 수 없는 사실이다.

모헨조다로 유적

인더스 강 우측 연안에 자리했으며, 질서정연한 도시 구조가 돋보이는 유적지이다. 도심과 위성 지구로 나뉘고 넓은 대로와 좁은 골목이 교차하는 구조이다. 이곳 가옥들은 벽의 방음 기능이 뛰어나고 채광과 통풍도 나무랄 데가 없다. 정원과 우물, 욕실 등을 갖춘 2층 가옥이 다수를 차지하지만 지붕이 낮고 허름한 가옥도 있는 것으로 미루어 당시에도 이미 빈부 격차가 현저했음을 알 수 있다. 도심에는 벽돌을 쌓아 만든 대중 목욕탕도 있는데 이는 당시의 뛰어난 건축 기술을 보여주는 인도 건축사의 걸작으로 평가받는다.

고대 바빌로니아왕국의 건립

시기 : 기원전 2006년
인물 : 수메르인(Sumerian), 바빌로니아인(Babylonian), 아시리아인
(Assyrian), 칼데아인(Chaldean)
영향 : 고대 바빌로니아(Babylonia)왕국의 건립으로 고대 바빌론 문명
이 형성되었다.

▼ 고대 바빌로니아왕국의 전쟁과
신화를 묘사한 미술 작품

기원전 3500년경에 동방에서 뛰어난 주조鑄造 기술을 갖춘 인류 최초의 노예제 국가가 탄생했다. 기원전 2250년경부터 이곳에 거주한 수메르인은 설형문자(cuneiform)[6]를 발명하고 문자 기록에 용이한 점토판(fragmentary tablets)을 발명하는 등 선진 문명을 꽃피웠다. 기원전 2006년에는 아모리인(Amorite)들이 우르(Ur) 제3왕조를 멸망시키고 티그리스·유프라테스 강 유역을 차지한 후 바빌로니아왕국을 건립했다. 이곳의 비옥한 옥토와 고도로 발달한 문명은 아모리인들에게 새로운 활력을 불어넣어 주었다. 그 후 수백 년 동안 마리(Mari), 이신(Isin), 라르사(Larsa) 등 도시국가가 우후죽순으로 생겨나면서 이권 다툼이 끊이지 않았다.

6) 쐐기 문자 : 회화 문자(그림 문자)에서 생긴 문자. 갈대나 금속으로 만든 펜으로 점토 위에 새겨 썼기 때문에 문자의 선이 쐐기 모양인 데서 유래하여 설형 문자라고 함

이처럼 혼란한 국면은 기원전 1792년에 함무라비가 즉위하면서 비로소 안정을 찾았다.

티그리스 강과 유프라테스 강 사이에 있는 메소포타미아 (Mesopotamia) 지역은 세계 고대 문명의 발상지 가운데 하나이다. 바빌로니아는 바로 이 메소포타미아에 자리했다.

기원전 3500년경부터 이곳에 거주한 수메르인들은 노예제 도시 국가를 세웠다. 그러나 우후죽순으로 생겨나는 정권들 때문에 무질서하고 혼란한 국면이 이어졌고, 결국 수메르 정권은 빠르게 쇠락했다. 기원전 18세기경에 바빌로니아의 왕에 오른 함무라비는 스스로 '달의 신의 후예'라 칭하며 대규모 전쟁을 일으켰다. 전쟁을 이용해 티그리스·유프라테스 강 유역을 통일한 그는 메소포타미아 문명의 탄생을 세상에 널리 알렸다.

함무라비 왕이 죽고 나서 700여 년 동안 지속된 바빌로니아왕국은 결국 아시리아인의 손에 멸망했다. 훗날 기원전 626년에 칼데아인이 이곳에 다시 바빌로니아왕국을 재건했다. 이 '신바빌로니아' 왕국은 한때 전성기를 맞이하기도 했지만 기원전 538년에 페르시아에 귀속되었다. 이렇게 해서 바빌로니아 문명은 대단원의 막을 내렸다.

메소포타미아 문명의 전형으로 꼽히는 바빌로니아 문명은 기원전 40세기부터 형성되었으며 수메르인, 바빌로니아인, 아시리아인, 그리고 칼데아인의 합작품이라고 할 수 있다. 총 4단계로 나뉘는데 그 1단계는 기원전 2250년경 수메르인이 창조한 문명이다. 이들은 티그리스·유프라테스 강의 빈번한 범람에 대비하고 자연재해를 막기 위해 천상을 관측하는 '태음력'을 발명했다. 태음력은 달빛의 밝기와 모양의 변화를 관찰해 1년을 354일로 정하고 12개월로 나눴으며 밤낮을 각각 12시로 구분하는 것이다. 처음으로 윤달을 사용한 것도 수메르인들이다. 수학에 조예가 깊었던 이들은 분수 계산법과 '덧셈·뺄셈·곱셈·나눗셈' 등 사칙연산, 그리고 2차 방정식의 해법까지 파악하고 있었다. 또 십진법[7]과 육십진법[8]을 발명했으며, 원주율 '파이(π)'의 값이 '3'에 가깝다는 사실까지 산출해냈다.

기원전 19세기에 아모리인들이 바빌로니아 문명의 2단계를 열었

---

7) 10을 기수로 쓰는 실수의 기수법. 숫자 0, 1, 2, 3, 4, 5, 6, 7, 8, 9를 써서 10배마다 윗자리로 올려 나가는 표시법

8) 60을 한 단위로 묶어서 위의 자리로 올려 나가는 기수법. 시간이나 각도의 분, 초 따위는 이 법에 따른 것임

▶ 고대 바빌로니아 문명을 대표
하는 '공중정원'
다양한 수목, 관목, 등나무 등이
층층이 심어져 있다.

공중정원

바빌로니아 문명의 상징 공중정원
은 신바빌로니아의 국왕 네부카드
네자르 2세(Nebuchadnezzar II)
가 왕비로 맞아들인 메디아 왕국
의 아미티스 공주를 위해 지은 것
이라고 한다. 사다리 모양의 정원
이 성벽보다 높은 곳에 있어서 마
치 공중에 걸려 있는 듯 보인다고
하여 '공중정원'이라는 이름을 얻
었다. 정원의 윗부분에는 희귀한
꽃들이 가득 심어져 있었다. 후에
바빌로니아 성이 황사에 뒤덮이면
서 공중정원도 모래 속으로 사라
졌다. 2세기에 그리스 학자들에게
'세계 7대 불가사의'로 꼽혔다.

다. 바빌로니아 문명의 최고 전성기로 꼽히는 이 시기에 《함무라비
법전》이 반포되었다. 주조 기술과 제련 기술이 발달해 쟁기, 짐차,
전차 등이 차례로 세상에 선보였으며 이때부터 철기 시대에 진입했
다고 볼 수 있다. 아시리아인이 주도한 3단계는 평범한 시대였다.
그러다 기원전 6세기에 칼데아인이 다시 한 번 바빌로니아의 번영
을 이끌었다. 이 시기를 대표하는 유적이 바로 '공중정원(Hanging
garden)'이다.

바빌로니아 문명은 고대 이집트 문명과 인더스 문명에도 큰 영향을
끼쳤다. 또 이들이 확립한 수학, 물리학, 철학 체계는 고대 그리스 문
명에 깊이 흡수되었으며 건축학은 아랍에 지대한 영향을 미쳤다.

《함무라비 법전》의 반포

시기 : 기원전 1791년, 기원전 1790년 무렵에 제작하기 시작해 바빌로
　　　니아가 통일된 후 완성됨
인물 : 함무라비
영향 : 바빌로니아 문명의 중요한 일부분을 차지하는 《함무라비 법전
　　　(Code of Hammurabi)》은 고대 서아시아 법률 제도의 발전과
　　　국가 기틀의 확립을 상징한다. 또 향후 서아시아와 서방 국가
　　　의 법률, 문화에 크나큰 영향을 끼쳤다.

인류 문명의 발상지로 알려진 티그리스 · 유프라테스 강 유역에는 기원전 3000년경에 이미 역법이 존재했으며 세계 최초의 법전으로 알려진 《우르−남무 법전(Code of Ur-Nammu)》이 제정되었다. 수메르 시대에 이르러 계급 모순이 격화되자 통치자들은 자신의 권력을 강화하고 사회 질서를 안정시키기 위해 법치를 실시했다. 기원전 2000년경 자신들의 국가를 건립한 바빌로니아인들은 수메르 문명을 바탕으로 그들만의 찬란한 문명을 꽃피우기 시작했다. 바빌로니아 최고의 제왕으로 꼽히는 함무라비는 티그리스 · 유프라테스 강 유역을 통일하고 노예제 경제를 발전시켰다. 이때 바빌로니아 문명은 최고의 전성기를 구가했으며 법전 편찬도 가장 활발하게 진행되었다. 《바빌로니아 법전》은 사법 제도 세속화의 상징으로 평가된다.

1901년에 프랑스 고고학 연구팀이 이집트에서 '함무라비 법전 비석'을 발견

◀ 《함무라비 법전》 비석

검은색 현무암으로 만든 이 비석은 상단에 제왕의 권력을 상징하는 부조가 새겨져 있고 하단에는 설형 문자로 법전의 내용이 소개되어 있다.

우르−남무 법전

현존하는 세계 최초의 성문 법전. 우르−남무 왕의 통치시기에 반포되어 왕의 이름으로 명명되었다. 통치 계급의 권력을 보호하고 갈등 해결을 목적으로 편찬되었으며, 서문과 본문의 두 부분으로 구성되었다. 서문은 통치자의 권력이 신권과 결합되어 있음을 강조하고 통치자의 공적을 칭송하는 내용이 주를 이루며, 본문에는 노예제, 혼인, 가정, 상속, 형벌 등에 대한 구체적인 내용이 기록되어 있다. 기존의 법률 조문과 달리 벌금, 배상 등의 내용이 지배적인 이 법전은 향후 메소포타미아 지역에서 법률이 제정되는 데 기초를 형성했다.

▲ **고대 바벨탑**(Tower of Babel)
높이는 90미터이며 정상에 신전이 세워져 있다. 《성경》에 바빌로니아인들이 세웠다고 전해지는 '하늘로 통하는 탑'에 해당한다.

했다. 검은 현무암으로 만든 이 비석은 상단에 제왕의 권력을 상징하는 부조가 새겨져 있고 하단에는 설형 문자로 법전의 내용이 소개되어 있다.

《함무라비 법전》은 세계 최초의 법전은 아니지만 현존하는 가장 완벽한 형태의 법전으로 평가받는다. 법전의 내용을 통해 고대 바빌로니아 사회의 실상을 엿볼 수 있다. 당시 법률은 노예를 소유한 귀족들이 자신들의 권력을 보호하는 일종의 수단이었으며, 왕권이 신권과 결합되어 있음을 상징하는 매개였다. 법전 전문은 설형 문자로 기록되었으며 서문, 본문, 결문의 세 부분으로 구성되었다.

서문에서는 유려한 문체로 함무라비 왕에 대해 소개하며 신화적 색채가 다분하다. 총 282조의 조문으로 이뤄진 본문에서는 소송 절차, 손해 배상, 소작 관계, 강도 행위 처벌, 임차, 대차, 상속, 혼인, 노예 처벌 등에 관한 내용이 수록되어 있다. 사회 계층은 신분에 따라 시민권이 있는 자유인 노예주와 시민권이 없는 자유인 생산자, 그리고 노예의 세 등급으로 구분했다. 법제는 노예주 귀족의 이익을 보호한다는 전제 아래 자유인들의 원활한 소통을 촉진하여 통치 체계를 공고히 하는 데 그 목적이 있었다.

이 법전에는 고대의 전통을 그대로 유지한 대목도 보인다. 다시 말해, 대등한 신분 사이에는 '이에는 이, 눈에는 눈'과 같은 원칙을 적용하도록 한 것이다. 채무를 상환하지 못해 노예로 전락한 자는 3년이 지난 후 다시 자유인의 신분으로 복원하도록 한 조항은 법전의 관용적인 일면을 보여주는 예라고 하겠다. 결문에는 서문에 이어 함무라비 왕에 대한 소개가 이어지는데, 함무라비 왕의 공적을 칭송하는 내용 외에 법전의 권위와 항구성을 강조한 대목이 인상적이다.

《함무라비 법전》은 국왕이 말이 아닌 법률 조문으로 백성을 통제한 방식이라는 데 그 의의가 있으며, 특히 바빌로니아 시대 이전에 법률적 구속력이 있었던 전통들을 법조문으로 보존하는 성과를 이루었다. 무엇보다도 당시 바빌로니아의 사회, 경제 상황을 그대로 엿볼 수 있는 귀중한 자료가 아닐 수 없다. 또 고대 서아시아 법률 제도의 발전과 국가 기틀의 확립을 상징하며 향후 서아시아와 서방 국가의 법률, 문화에 크나큰 영향을 끼쳤다. 그러나 바빌로니아 문명이 단절되면서 《함무라비 법전》도 역사의 무대에서 사라지게 되었다. 현재 《함무라비 법전》은 프랑스 파리의 루브르 박물관에 소장되어 있다.

중의학의 발전

시기 : 기원전 1000년경
영향 : 중국 전통 의학은 침구鍼灸, 탕약湯藥, 열위9)熱熨 등의 방법으로
　　　환자를 치료한다. 치료에 사용하는 약물은 대부분 자연계의 천
　　　연 생물로 인체에 유해나 부작용이 적고 약효가 뛰어나 현대 의
　　　학에서도 중요한 지위를 차지한다.

　　유구한 역사를 자랑하는 중국에는 찬란한 문화유산이 매우 많다.
특히 중국 전통 의학은 시대를 앞선 기술과 노하우로 일찍이 내과가
발달했으며 망望, 문聞, 문問, 절切의 네 가지 진단법 체계를 성립했
다. 기원후 200년경에는 마취약의 일종인 마비산을 이용해 외과 수

▶ 회진도

---

9) 열을 가한 약물로 환부를 닦는 치료법

술이 시행되었고, 귀중한 의서들이 쏟아져 나왔다. 현존하는 최초의 의학 전문 서적《신농본초경神農本草經》을 비롯해 이론과 실천을 체계적으로 정리한 최초의 중국 의학 이론서《상한잡병론傷寒雜病論》, 중국 의학의 기반을 든든하게 확립한《본초강목本草綱目》등도 모두 이 시기에 선보였다. 특히《본초강목》은 주변국은 물론 프랑스어, 독일어, 영어 등으로 번역되어 유럽 각국에도 전파되었다.

오랜 기간 축적된 경험을 바탕으로 독특한 이론 체계와 진료 방식을 확립한 중의학은 중국의 철학, 전통 문화와 긴밀한 관계가 있다. 이는 중의학이 서방 의학과 명백히 구분되는 특징이라고 할 수 있을 것이다.

지금으로부터 3000년 전인 은殷, 상商 시대에 이미 질병 10여 종의 치료 방법을 밝혀냈을 뿐만 아니라 주周나라에 이르러서는 의학이 더욱 비약적으로 발전했다. 특히 동주 시대에는 망색望色[10], 청성聽聲[11], 사영寫影[12], 절맥切脈[13] 등의 진단 방법이 활용되었고 약물, 침구, 열위 등의 치료 방법이 체계를 잡았다. 또 질의疾醫[14], 양의瘍醫[15], 식의食醫[16], 수의獸醫 등 의과의 분과가 형성되기 시작했으며《내경內經》등 중의학 이론을 집대성한 의학 경전이 나왔다. 중의학의 진단법과 치료법은 진秦, 한漢 시대에 이르러 기본 체계를 확립했다. 임상 의학 방면에서는 인체의 경락에 대한 관심이 커지면서 세계 최초로 목제 '인체 경락 모형'이 제작되었다. 현대 중국 임상의학의 줄기를 형성하는 '변증시치辨證施治[17]' 논리도 당시의 의학 서적인《상한잡병론》에 이미 언급되어 있다. 중국 외과의학의 시조로 불리는 화타華陀는 중의학 사상 최초로 전신 마취법을 시도한 인물이다. 그가 외과 수술에 '마비산'이라는 마취약을 사용한 것은 유럽보다 천여 년이나 앞선 발견이었다.

위진남북조에서 수당오대 시대에는 의학의 분과가 더욱 세밀하고 활발하게 이루어졌다. 맥의 상태, 즉 병세를 24가지로 구분하고 맥,

---

10) 안색을 살핌
11) 소리를 들어봄
12) '반응을 살펴봄'이라는 뜻이 있는데 '외적으로 드러난 증상으로 알아봄'으로 유추됨
13) 진맥
14) 내과
15) 외과
16) 영양사
17) 질병의 원인과 증상을 관찰해 일정한 범주에 따라 구분한 후 일관성 있는 치료 방법을 적용하는 의학 체계

▲《본초강목》에 나오는 삽화
위에 보이는 약초는 지금도 약재로 사용

신농본초경

《신농본초경》은 중국 최초의 약물학 서적으로 동한東漢 시대에 편찬되었다. 고대의 약재는 대부분 식물이었으므로 '본초'는 '약초'의 통칭이었다. 작자가 미상이라 중국 신화에서 의료의 신이기도 한 신농씨의 이름을 빌어 제목을《신농본초경》으로 삼았다. 한나라 이전부터 축적된 약물학 체계를 토대로 집대성되었으며 식물 약재 252종, 동물 약재 67종, 광물 약재 46종에 대한 소개와 각종 약재의 형태, 효능, 생장 환경, 최적의 채집 시기 등이 기록되어 있다.

증상, 치료를 종합적으로 고려하는 이론이 등장했다. 또 의학 교육에 대한 통치자들의 관심도 나날이 높아져 수나라 때 의학 교육 기관 태의서가 설립되는 등 국가 차원의 의학교, 병원, 요양원, 빈민 구제원, 물리 치료실 등이 생겨나기 시작했다. 명나라 때에는 '일체당택인의회—體堂宅仁醫會'라는 세계 최초의 의학 학술 단체가 결성되었다. 이때는 이미 서양 의학이 중국에 유입되어 중의학과 상호 충돌, 교류, 융합하며 전통 중의학에 새로운 활력을 불어넣고 있었다. 청나라에 이르러 의학 간행물이 등장하는 등 한층 원숙한 의학 체계가 확립되었다.

중의학의 독특한 이론 체계는 그 연구 대상과 관련이 깊다. 동한의 명의 장중경張仲景은 자신의 저서 《상한잡병론》〈서序〉에서 의학이란 "위로 군주의 병을 치료하고 아래로는 가난한 백성을 구제하며 평소에는 건강을 지켜 장수토록 하는 것이다."라고 말했다. 따라서 중의학은 질병을 예방해 건강을 지키고 특히 심신을 다스리는 방법을 깨닫도록 하는 학문이라고 볼 수 있다. 이와 관련해서는 손사막孫思邈[18]의 저서 《천금요방千金要方》에 자세하게 소개되어 있다.

중의학은 수천 년 동안 면면히 이어져 내려오며 기초 이론과 임상 치료법, 예방법 등의 체계를 확립했다. 현대에 이르러서도 새로운 중의 철학 이론과 기술들이 등장하고 있지만 임상에서는 여전히 전통 중의학이 주도적인 지위를 차지하고 있다.

현대 의학은 치료 효과와 약효가 빠르다는 장점이 있긴 하지만, 인체에 유해한 부작용이 있을 뿐 아니라 제조비용이 높다는 단점을 무시할 수 없다. 중의학은 침구, 탕약, 열위 등의 방법으로 환자를 치료하고, 사용하는 약물 또한 대부분 자연계의 천연 생물로 인체에 유해나 부작용이 적은 대신 약효는 매우 뛰어나다. 세계 의학계가 중국 전통 의학을 주목하게 된 이유도 바로 여기에서 찾을 수 있다.

---

18) 수나라 말기에서 당나라 초기에 활동했던 명의

고대 그리스 올림픽

시기 : 기원전 776~기원전 393년
영향 : 고대 그리스 올림픽은 대회 개최의 모델을 제시해주었을 뿐만
아니라 체육 교육 이론과 실천에 풍부한 경험을 쌓을 수 있는
무대를 제공했다. 이는 세계 체육사에 한 획을 긋는 중요한 사
건이었다.

인류 역사에 지대한 영향을 끼친 사회·문화 현상을 두 가지 꼽으
라면 종교의 탄생과 올림픽 경기 개최를 들 수 있을 것이다. 이 중에
서 올림픽 경기는 단순한 운동 경기 대회에 그치지 않고 활발한 사
회 문화 교류가 이루어지는 축제의 장이 되었다. 인류는 이 무대를
통해 자신들의 조국과 민족의 문화, 정신을 발양하고 각국 간에 활

◀ 고대 올림픽 경기

▲ 근대 올림픽의 창시자 쿠베르 탱(Coubertin)

발한 국제 교류를 추진했다.

고대 올림픽 경기는 기원전 9세기에 시작된 것으로 알려졌다. 호메로스(Homeros)의 서사시와 그리스 로마 신화의 기록을 통해 알 수 있듯이 체육 활동은 고대 그리스 시대에 오래된 전통으로 자리 잡고 있었다. 호메로스의 서사시에는 그리스 연합군이 트로이 전쟁에서 전사한 아킬레우스를 기리기 위해 체육 경기를 개최했다고 기록되어 있다. 이 경기에서 승리한 자에게는 아킬레우스가 썼었던 투구를 상으로 주었다.

올림픽 경기의 기원에 대해서는 학자들마다 의견이 분분해 한때는 마치 엄청난 비밀이라도 숨겨져 있는 것처럼 여겨지기도 했다. 실제로 올림픽은 고대 그리스의 사회 풍조와 밀접한 관련이 있었다. 기원전 8세기경 고대 그리스에서는 씨족 사회가 막을 내리고 노예제 도시 국가, 즉 폴리스(polis) 시대가 시작되었다. 당시 그리스에는 크고 작은 도시 국가 200여 개가 존립했다. 대부분 자치 제도를 운영하고 상호 종속 관계가 없었기 때문에 영토 확장을 위한 전쟁이 끊이지 않았다. 따라서 전쟁에 능한 용사를 육성하기 위한 군사 훈련이 강도 높게 실시되었고, 이런 상황에서 운동 경기는 훈련의 효과를 극대화할 수 있는 유익한 수단이었다. 이러한 운동 경기를 통해 군사들의 훈련 성과를 가시적으로 판단할 수 있었으므로 이때부터 향후 올림픽 경기의 기틀이 형성되었다고 볼 수 있다.

'올림픽'이라는 명칭은 펠로폰네소스(Peloponnesos) 반도 남부에 있는 올림피아(Olympia)라는 지역에서 유래했다. 도시 국가 엘리스(Elis)에 속했던 올림피아는 알페이오스 강(Alfeios River)과 클라데우스 강(Cladeus River)의 합류 지점에 자리해 자연 환경이 수려하고, 우주의 신 제우스의 성지로 유명하다. 그래서 호시탐탐 이곳을 노리는 도시 국가들이 끊이지 않았다. 스파르타 역시 올림피아에 잔뜩 눈독을 들이고 있었다.

마침내 올림피아를 두고 스파르타와 엘리스 간에 전쟁이 벌어졌다. 스파르타의 거센 공격에 맞서 엘리스가 완강하게 저항하면서 전쟁은 끝날 줄을 몰랐다. 결국 전쟁에 지쳐버린 양국 국민은 모두 평화를 간절히 염원하게 되었다.

기원전 884년에 엘리스와 스파르타는 평화 협정을 체결하고 올림피아에서 정기적으로 운동 경기를 개최하기로 합의했다. 이 협정에 따르면 올림픽 경기가 개최되는 기간에 엘리스는 평화의 성역으로 인정받아 누구도 무기를 소지하고 들어설 수 없었으며, 전쟁을 일으키는 행위도 철저히 금지되었다. 올림피아로 향하는 길은 경기에 참여하는 선수라면 누구에게나 열려 있었다. 이를 저지하는 사람은 신을 배반한 것으로 간주되어 처벌받았다. 즉, 이 기간에는 올림픽 경기가 전쟁을 대신했다고 볼 수 있다. 엘리스와 스파르타 사이에 맺어진 협정은 올림픽 경기의 탄생을 알리는 맹아萌芽가 되었고, 이로부터 100여 년의 세월이 흐른 후 진정한 의미의 고대 올림픽이 시작되었다.

기원전 776년 펠로폰네소스의 통치자 이피토스(Iphitos) 왕은 올림피아를 고대 올림픽 대회의 탄생지이자 영구 개최지로 선포했다. 또 올림픽은 4년에 한 번씩 개최하며 개최 시기는 하지夏至가 지난 후 둘째, 또는 셋째 보름날로 정했다. 그리고 마침내 기원전 776년에 제1회 올림픽이 개최되었다. 그러나 경기 종목은 단 하나였다. 올림피아 신전 부근에 있는 길이 192미터 27센티미터의 광장에서 진행된 단거리 경주로, 당시 참가국은 얼마 되지 않았다. 당시 우승자에게는 올리브 잎으로 만든 관을 부상으로 주었다. 보잘것없어 보이지만 이 대회는 1회 올림픽 경기로 당당하게 역사의 한 페이지를 장식하게 되었다.

고대 올림픽 경기의 조직과 운영은 엘리스의 왕과 종교 지도자가 맡았다. 이들은 올림픽이 개최되기 1년 전부터 명망 높은 귀족을 대상으로 심판 선정 작업을 추진했다. 초기에는 1~2명에 불과했으나 100회 때부터는 10명으로 늘어났다. 심판들은 올림픽 개최 10개월 전에 제우스 신전에 모여 공정하고 엄격하게 판정할 것을 선서하는 의식을 진행했다.

올림픽 경기의 운영진은 심판 선정뿐만 아니라 참가 선수의 자격에도 명확하고 엄격한 기준을 정했다. 순수 그리스 혈통으로 고매한 인격을 갖춘 자유 시민만이 선수 자격을 얻을 수 있었으며 노예, 전쟁 포로, 이민족, 그리고 여성은 참가는커녕 관전하는 것조차 금지되었다. 이를 어긴 자는 사형에 처해졌다.

고대 올림픽 경기는 13회까지 단거리 경주 한 종목밖에 없었고 개최 기간도 하루에 불과했다. 나중에 차츰 장거리 경주, 5종 경기, 레슬링, 권투, 승마 등의 종목이 추가되었고 대회 규모가 커지자 개최

▲ 쿠베르탱 기념우표

올림픽 최고의 영예-월계관

고대 그리스인들은 올리브나무가 신이 인류에게 준 선물이며 평화와 행복의 상징이라고 여겼다. 따라서 올리브 나뭇가지로 만든 월계관은 올림픽 경기 우승자에게 부여하는 최고의 영예이자 매우 신성한 부상이었다. 이 월계관은 제우스 신전 뒤에 심어진 올리브나무를 잘라 만들었는데, 순수 그리스 혈통으로 부모가 모두 생존해 있는 소년들을 선별해서 순금으로 만든 칼을 주며 나뭇가지를 베어오게 했다고 한다. 경기가 끝난 후 우승자들이 월계관을 쓰고 개선할 때면 이들을 맞이하는 도시 국가에서는 성대한 축하 파티와 함께 별도의 부상을 수여했다.

기간도 5일로 늘어났다. 오늘날 올림픽 경기장을 뜻하는 '스타디움 (Stadium)'은 고대 그리스의 길이 단위인 '스타디온(Stadion)'에서 유래한 것으로, 1스타디온은 약 192.27미터이다.

　기원전 776년에 열린 제1회 경기를 시작으로 기원전 393년에 제293회로 대단원의 막을 내릴 때까지 고대 올림픽 대회는 1,163년 동안 지속되었다. 기원전 5세기 말에 발발해 무려 27년 동안 지속된 펠로폰네소스 전쟁으로 그리스 노예제 사회는 점차 쇠락해갔다. 이와 함께 고대 올림픽은 역사의 뒤편으로 사라졌지만 올림픽 경기 개최의 모델을 제시해주었을 뿐만 아니라 체육 교육 이론과 실천에 풍부한 경험을 쌓을 수 있는 무대를 제공했다. 이는 세계 체육사에 한 획을 긋는 중요한 사건이었다. 사마란치(Samaranch) 전 국제올림픽위원회(IOC) 위원장은 "올림픽은 신체와 정신, 의지가 종합적으로 결합된 인생철학이다."라고 말한 바 있다. 다시 말해, 올림픽이 승부를 가르는 단순한 경기에 그치지 않고 인류 사회에 '올림픽 정신'이라는 심오한 메시지를 던져주었다고 볼 수 있다.

고대 그리스 철학의 탄생

시기 : 기원전 6,7세기경
인물 : 플라톤(Platon), 아리스토텔레스(Aristoteles), 소크라테스
(Socrates)
영향 : 서양 철학의 기초를 다진 고대 그리스 철학은 인류 문명의 발전
에 큰 공헌을 했다.

인류 문명의 고도로 꼽히는 그리스는 유럽 '이성理性' 사상의 원천
으로 불린다. 하나의 사상이 탄생하는 것은 그 사회적 배경과 밀접
한 관련이 있다. 고대 그리스의 '이성' 사상 역시 도시 국가, 즉 폴
리스의 산물이라고 볼 수 있다. 최초의 철학 유파는 기원전 6세기에
소아시아[19]에 존재했던 그리스 최대의 도시 국가 밀레토스(Milctos)
에서 형성되었다.

그리스 철학은 신화, 영웅들의 이야기에서 출발했다. 그리스 신화

▼ 〈아테네 학당(School of Athen)〉
1510~1511년 작
고대 그리스 철학자 플라톤이
세운 아테네 학당을 소재로 한
이 그림은 르네상스 시대 3대
화가로 꼽히는 라파엘로
(Raffaello)의 작품이다. 어법,
수사, 논리, 수학, 기하, 음악,
천문 등 고대의 7대 자유 예술
에서 영감을 얻어 지혜와 진리
를 추구하는 인류의 지적 욕망
을 표현했다. 더불어 과거 지식
의 황금시대를 회상하며 다가올
미래에 대한 벅찬 기대감을 나
타내려 한 것으로 보인다. 르네
상스 시대 예술가들은 보편적으
로 그리스 시대의 사상을 숭배
하고 그 속에서 숭고한 생활의
진리를 발견하려 하는 경향이
있었다.

---

19) 아시아의 서쪽 끝에 있는 흑해, 에게 해, 지중해에 둘러싸인 반도

에는 그리스인들이 세계와 만물을 보는 시각이 고스란히 반영되었으며, 이는 초기 철학이 관심을 기울였던 문제이기도 했다. 특히 신화 속에 나오는 인간의 정신적 사고에 대한 분석은 향후 철학의 연구 방향에 커다란 영향을 끼쳤다. 일례로 인간의 삶이 '생사윤회生死輪回'의 고통이라고 생각한 오르페우스(Orpheus) 교파는 고행을 통해 자신을 정화할 때 비로소 고통에서 벗어날 수 있다고 주장했다. 이 사상은 플라톤 철학과 종교 철학에 매우 깊은 영향을 미쳤다.

고대 그리스 철학이 본격적으로 탄생한 해는 기원전 585년으로 추정된다. 밀레토스 학파의 창시자인 탈레스(Thales)가 이 해에 일식을 정확하게 예언했기 때문이다. 만물의 근원을 '물'이라고 여겼던 그는 철학의 연구 대상을 정신과 종교 차원에서 '자연에 대한 해석'의 경지로 끌어올렸다. 그의 철학 사상은 후대 철학 사상의 연구 영역과 방향 설정에 지대한 영향을 끼쳤다. 일례로 그의 영향을 받은 에페소(Ephesus) 학파의 헤로도토스(Herodotos)는 자연은 불변하는 존재가 아니라 유동성과 무상성無常性(aniccata)[20]을 띤다고 주장했다. 또 엘레아(Elea) 학파의 파르메니데스(Parmenides)는 "자연계에 존재하는 모든 사물은 완전하고 영원하며 불변한다."라고 주장했다.

철학이 통일된 학문의 한 분야로 발전한 것은 소크라테스부터이다. 그는 기존의 철학자들과 달리 '인간'을 연구의 목표로 삼았다. 이러한 소크라테스의 영향으로 기원전 5세기부터 철학의 중심은 '인간에 대한 연구'로 바뀌었고 특히 도덕, 윤리 분야에 집중되었다. 소크라테스의 제자 플라톤은 그의 철학 사상을 계승, 발전시켜 '형이상학'과 '논리학'의 체계를 확립했다. 《국가론(The Republic)》과 《법률(Parmenides, 파르메니데스)》은 그의 철학 사상이 집약된 저서로 당시 각 학과의 이론을 종합해놓은 것이기도 하다. 이들 저서에서 그는 철학, 정치, 윤리, 도덕, 교육, 문예 등의 문제를 깊이 있게 다루고 이념론에 근거하여 당시의 민주 체제를 비판했다. 그리고 자신의 철학적 견해를 바탕으로 '유토피아(Utopia)'라는 이상적인 국가관을 수립하여 제시했다.

플라톤은 '유심주의唯心主義'의 창시자로 알려졌다. '이념의 세계'와 '현상의 세계'가 존재한다고 주장했으며, 그의 이러한 사상은 교육학에 특히 깊은 영향을 끼쳤다.

플라톤

아테네 귀족 출신인 플라톤(Plato, 기원전 427~기원전 347)은 고대 그리스의 위대한 철학자이자 서양을 대표하는 사상가이다. 청년 시절에 소크라테스의 제자였으며 스승이 죽은 후 이집트, 소아시아, 이탈리아 남부 등지를 유랑하며 자신의 귀족 정치 이념을 실현하고자 정치 활동을 했다. 그러나 기원전 387년에 이러한 시도가 실패로 끝나자 다시 아테네로 돌아와 학교를 세우고 세상을 떠나기 전까지 40년 동안 후학 양성에 매진했다.

---

20) 비영속성

플라톤은 학교를 세우기 전부터 아리스토텔레스를 비롯한 수많은 제자를 배출했다. 그는 교육에 관심이 많았다. 특히 심리학의 범주를 확정하고 이를 교육과 긴밀하게 연결시켰으며, 스파르타(Sparta)의 연령별 교육 방식[21]을 발전시켜 단계별 교육 이론을 확립했다. 이는 전면적이고 종합적인 교과 과정으로 학생들의 사고 능력과 사물의 본질에 대한 탐구 등을 매우 중시한 것으로 유명하다.

▲ 라파엘로 작 〈아테네 학당〉의 일부
플라톤과 그의 제자 아리스토텔레스의 모습

아리스토텔레스는 플라톤의 제자였지만 플라톤의 유심주의 관점에는 동의하지 않았다. "이념은 사물의 원형으로 사물이 있는 곳에 존재한다."라고 여겼던 것이다. 특히 아리스토텔레스가 창안한 '형식 논리(Formal Logic)[22]'는 그의 업적 가운데 가장 탁월한 것으로 평가받는다. 그는 또한 자연계의 모든 사물은 그것을 구성하는 원료가 있으며 그것들은 필연적 운동을 통해 변화한다고 주장했다.

'인간은 사회적 동물'로 규정한 그는 도시 국가가 인성人性을 바탕으로 탄생했으며, 그 탄생의 목적은 인류의 행복한 삶을 위한 것이라고 밝혔다. 그리고 정치학은 인류의 행복을 만들어낼 수 없으며, 오히려 인류를 자연에서 멀어지게 하고 더 나아가 자연을 제어하게끔 한다고 강조했다. 그는 정치의 유형을 군주제, 귀족제, 공화제, 민주제 등으로 구분했고, 그중에서 '민주제'를 선호했다. 그에 따라 국민이 교대로 집정할 것과 사유 재산을 인정할 것 등을 주장했다.

소크라테스, 플라톤, 아리스토텔레스의 사상은 고대 그리스 철학을 정상의 자리에 올려놓았으며 향후 서양 철학의 발달에 초석이 되었다.

---

21) 스파르타의 남성들은 7살까지 가정에서 부친에게 기본적인 전투 상식과 소양, 철학, 예절을 배우고, 7세부터 20세까지 14년 동안은 아고게(Agoge)라는 공교육 기관에서 집단생활을 하면서 군사, 음악, 문자 등을 습득하는 전사 교육 과정을 거친다. 지금도 '스파르타식 교육'이라는 말이 남아 있듯이 강도 높은 훈련으로 유명하다
22) 판단과 추리의 추상적 구조(형식 · 법칙)를 내용과 분리하여 연구하는 학문

바빌로니아 포로 해방

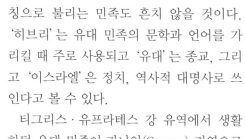

시기 : 기원전 538년
인물 : 키루스 대왕(Cyrus Ⅱ, 성서의 고레스 왕)
영향 : 키루스 대왕이 없었다면 유대인은 기원전 5세기경에 멸망했을
지도 모른다.

▼ 다윗 왕의 아들이 예루살렘에
입성하는 장면

히브리인, 유대인(유태인), 이스라엘 등 유대 민족처럼 다양한 명칭으로 불리는 민족도 흔치 않을 것이다. '히브리'는 유대 민족의 문학과 언어를 가리킬 때 주로 사용되고 '유대'는 종교, 그리고 '이스라엘'은 정치, 역사적 대명사로 쓰인다고 볼 수 있다.

티그리스·유프라테스 강 유역에서 생활하던 유대 민족이 가나안(Canaan) 지역으로 이주한 것은 기원전 2000년경이다. 당시 가나안의 토착민들은 이들을 히브리인이라고 칭했다. 시리아와 이집트 사이에 자리한 가나안은 농작물이 자라기에 적합한 옥토로 '젖과 꿀이 흐르는 땅'이라고 불렸다. 나중에 필리스틴(블레셋)인이 이곳에 정착하면서부터 '필리스틴인의 나라'라는 뜻으로 '팔레스타인(Palestinian)'으로 알려졌다.

기원전 1600년경에 생활의 터전을 찾아 다시 이주를 시작한 유대 민족은 마침내 이집트에 정착했다. 그러나 평화로웠던 세월도 잠시, 이집트 통치자의 핍박을 피해 새로운 땅을 찾아 떠나지 않을 수 없었다. 모세의 인도로 이집트를 떠나 가나안으로 돌아온 유대 민족은 초기에는 현지의 필리스틴인을 내쫓았다. 그러나 상호 교류가 활발해지면서 점차 이민족을 받아들이는 부락과 계속해서 대치하는 부락이 나뉘었고, 시간이 흐르면서 점차 북부의 이스라엘 부락과 남부의 유대 부락으로 나뉘었다.

히브리인은 사사土師라고 불리는 재판관들의 자치 형태인 '사사시대' 부터 200여 년의 세월 동안 외적의 침입에 대항하는 군건한 방어 체계를 확립했다. 기원전 1025년에 이스라엘의 초대 왕 사울(Saul)이 등극하면서 히브리 각 부락의 '왕정 시대' 가 열렸다. 그리고 이스라엘 역사상 가장 위대한 왕으로 꼽히는 다윗 왕이 각 유대인 부락을 통일하고 예루살렘을 정복해 하나님의 언약궤(Aron Haberit, 법궤)[23]를 이곳으로 옮기고 나서부터 예루살렘은 유대인의 성지가 되었다.

다윗 왕의 아들 솔로몬은 정복 전쟁을 통해 재력을 쌓은 후 예루살렘에 성전을 세웠다. 그러나 솔로몬 왕이 죽고 나서 이스라엘은 다시 이스라엘과 유대로 분열되고 급격하게 쇠락하기 시작했다. 결국 기원전 722년에 아시리아에 멸망하면서 200여 년의 역사를 마감했다. 오랜 기간 이민족과 어울려 살면서 유대 민족은 점차 그들만의 민족성을 잃어갔으며 유대국은 시리아와 이집트의 속국이 되면서 겨우 명맥만 유지했다.

신바빌로니아왕국이 세력을 확장하던 시기에 유대국은 이집트와 바빌로니아 사이에서 갈팡질팡하며 몸 둘 바를 몰랐다. 이에 신바빌로니아왕국의 네부카드네자르 2세(느부갓네살 2세)는 이집트를 정복하겠다고 결심했다. 기원전 587년에 대대적인 1차 공격을 감행한 네부카드네자르 2세는 예루살렘을 정복하고 자신의 꼭두각시 왕국을 세웠다. 그러나 전열을 가다듬은 이집트가 다시 유대, 티레(Tyre), 시돈(Sidon) 등을 점령했다. 네부카드네자르 2세는 유대국의 배신에 격분하여 기원전 580년에 유대국을 공격해 예루살렘을 잿더미로 만들고 성전을 불태웠으며 귀족, 제사장, 상인, 장인 등 일반 백성은 물론 눈이 먼 유대국의 국왕까지 모두 바빌로니아로 이송해 억류했다. 역사적으로 이 사건을 '바빌론 유수' 라고 부른다.

졸지에 포로가 되어버린 유대인들에게 종교는 유일한 정신적 버팀목이었다. 그들은 자신들의 신인 하나님이 반드시 고향으로 돌아

▲ 바빌로니아 신화에 등장하는 '삼위일체 신'

키루스 대왕

페르시스(Persis)[24]에서 태어난 키루스 대왕은 기원전 558년에 부왕 캄비세스(Cambyses)의 뒤를 이어 페르시아 국왕이 되었다. 천재적인 군사 전략가이면서도 백성에게 인자한 군주였던 그는 점령지의 종교와 풍속을 존중한 것으로 유명하다. 기원전 539년에 신바빌로니아 왕국을 페르시아에 귀속시켰는데, 그곳의 민족신 마르두크(Marduk) 신상의 손을 잡고 자신을 바빌로니아의 왕이라고 칭하는 등 현지 풍속을 따르는 모습을 보였다. 또 당시에 바빌로니아에 억류되어 있던 유대인을 해방시켜 고향으로 돌려보내기도 했다.

---

23) 모세가 구약시대에 하느님으로부터 받은 2개로 된 십계명 석판을 보관했던 나무상자
24) 지금의 이란 파르스(Fars)

가게 해줄 것이라고 믿었다. 유대교는 유대인의 힘의 원천이자 하나로 단결시켜주는 원동력이었다. 훗날 유대교에서 기독교가 갈라져 나왔고, 기독교의 경전인 《성경》 역시 유대교의 《성경》을 바탕으로 한다. 기원전 538년에 유대인들은 드디어 '바빌론 유수'를 벗어나 고향으로 돌아왔다. 그러나 키루스 대왕이 없었다면 유대인은 귀향은커녕 기원전 5세기경에 멸망했을지도 모른다.

다시 자유를 찾은 유대인들은 바빌로니아에 약탈당했던 신상神像과 금은 그릇들을 가지고 예루살렘으로 돌아왔다. 키루스 대왕이 새로운 총독을 임명하여 유대국을 안정시킨 후, 예루살렘에서는 성전이 재건되고 유대인들은 다시 〈십계〉에 순종하기 시작했다. 이로써 사기가 진작된 유대 민족은 생기를 되찾았다.

그러나 유대 민족의 역경이 이대로 완전히 끝난 것은 아니었다. 새롭게 일어난 페르시아 제국과 알렉산더 대왕(Alexander the Great, 알렉산드로스 대왕)에게 차례로 무릎을 꿇고 노예가 된 것이다. 131년에는 로마의 하드리아누스(Hadrianus) 황제가 예루살렘을 아예 폐허로 만들어버렸다.

나라를 잃어버린 유대 민족은 이때부터 유랑 생활을 하게 되었다. 이처럼 기구한 운명의 민족이 또 있을까? 그러나 수많은 시련에도 꿋꿋하게 견뎌낸 이들은 오랜 유랑 생활을 하면서도 세계에서 가장 부유한 민족이 되었고 인류 문명의 한 축으로 당당하게 자리 잡는 모습을 보여주었다.

동서양 문명의 1차 충돌,
그리스–페르시아 전쟁

시기 : 기원전 500년경
인물 : 다리우스(Darius)
영향 : 그리스–페르시아 전쟁에서 승리한 그리스는 대내적으로 민주
　　　제도와 노예 제도를 안정적으로 발전시켰을 뿐만 아니라 대외
　　　적으로 에게 해의 해상권을 장악했다. 에게 해의 패권자로 등
　　　장한 그리스가 바다를 통한 해외 원정으로 막대한 부를 획득하
　　　자 해상권을 쟁탈하려는 각국의 경쟁이 더욱 치열해졌다.

　문명의 고도 그리스는 육로가 매우 적고 크고 작은 산맥이 자연스
럽게 각 폴리스의 경계를 이루었다. 그리스 본도와 에게 해 해안, 각
섬 위에 형성된 수많은 폴리스 가운데 아테네와 스파르타가 단연 독
보적인 지위를 차지하고 있었다. 폴리스가 경제적으로 번영을 누리
면서 인구가 계속해서 증가했고, 어느덧 생존을 위협하는 단계에까
지 이르렀다. 그러자 각 폴리스가 연해로 세력을 확장하면서 식량
쟁탈전이 빈번하게 발생했다.

　이러한 상황에서 기원전 522년에 페르시아에서는 다리우스라는
위대한 황제가 등장했다. 키루스 대왕 시대의 영광을 재현하며 강성
한 왕국을 만든 그는 막강한 국력을 바탕으로 대외 원정을 감행했
다. 그 결과 인더스 강 유역을 비롯해 흑해 해협, 트라키아(Thrace)[25]
까지 점령해 아시아, 아프리카, 유럽을 잇는 방대한 제국이 탄생했
다. 페르시아의 영토 확장으로 그리스는 해상 교통이 단절되고 상업
발전에도 막대한 지장을 받았다. 이러한 상황이 마침내는 그리스 본
토의 안전까지 위협하자 양국 간의 갈등은 더욱 심화되었다.

　결국 기원전 500년경에 소아시아 최대의 폴리스 밀레투스가 페르
시아에 반기를 든 것을 시작으로 소아시아의 다른 폴리스들도 차례
로 이에 동참했다. 그러나 상대의 막강한 전력을 제대로 파악하지
않은 채 무모하게 덤벼든 소아시아 폴리스들은 결국 그리스 본토에

25) 발칸 반도의 에게 해 북동 해안 지방

▼ **페르시아 전쟁을 일으킨 다리 우스의 조각상**

이 전쟁은 동서양 문명이 정면으로 충돌한 첫 번째 사건이었다.

▶ **살라미스 해전**
(Battle of Salamis)
이 해전에서 승리한 그리스는 지중해의 패권을 장악하고 대외 정벌을 감행해 부강한 나라로 발돋움했다.

살라미스 해전

기원전 480년에 발발한 전투. 살라미스는 해역이 길고 굴곡이 심해 거대한 규모의 페르시아 군함이 전투를 치르기에 불리한 지역이었다. 그리스는 이 지역에서 가볍고 민첩한 선박을 이용해 페르시아 군함에 치명적인 타격을 입혔다. 전투가 끝난 후 페르시아에게 해의 해상권뿐만 아니라 해군의 위력마저 잃었다. 이곳에서 페르시아가 패전을 거듭하면서 그리스의 역공이 시작되었고, 최후의 승리는 그리스의 몫이었다. 이렇게 해서 아시아에 잠식당할 뻔했던 유럽의 문명은 다시 그 명맥을 이어갈 수 있었으며, 그리스는 지중해의 패자(覇者)로 등극했다. 또 해상 패권을 바탕으로 대외 정벌을 감행해 국력을 크게 증강시켰다.

지원을 요청하지 않을 수 없었다. 이에 아테네와 에레트리아(Eretria)에서만 지원병을 파견했을 뿐 다른 폴리스들은 그저 사태를 지켜보기만 했다. 열세에 몰린 소아시아 폴리스들은 결국 페르시아에 진압당하고 말았고, 페르시아는 그 여세를 몰아 아테네의 지원병 파병을 구실로 그리스 본토를 공격하기에 이르렀다. 이렇게 해서 역사적으로 유명한 그리스-페르시아 전쟁이 발발했다.

일찍이 기원전 492년에 페르시아는 그리스 정벌을 추진한 적이 있었다. 그러나 그리스 본토에 닿기도 전에 바다에서 폭풍을 만나 전군이 수몰되고 말았다. 그로부터 2년 후, 다시 전열을 가다듬고 그리스를 공격했지만 역시 패배의 쓴 잔을 마셔야 했다. 당시 전투 중에 '마라톤 전투'는 빼놓을 수 없다.

아테네가 1만의 병력으로 페르시아 10만 대군을 물리친 마라톤 전투는 아테네 군대의 사기를 한껏 고조시켰을 뿐만 아니라 당시 페르시아에 굴복했던 그리스의 다른 폴리스들을 비롯해 이집트, 바빌로니아 등이 다시 페르시아에 항거하는 계기를 마련했다. 아테네 시민들에게 승전보를 알리기 위해 40여 킬로미터에 달하는 길을 단숨에 달려간 용사 페이디피데스(Pheidippides)는 탈진으로 목숨을 잃고 말았는데, 그를 기념하기 위해 올림픽에 마라톤 경주가 신설되었다.

마라톤 전투가 끝난 후 그리스와 페르시아 양국은 잠시 전열을 가

다듬는 시간을 가졌다. 이 전투를 계기로 그리스의 각 폴리스는 마침내 하나로 단결하여 반反페르시아 동맹을 결성하기에 이르렀고, 페르시아 역시 육군과 해군을 보강하는 등 군대를 재정비했다. 그리고 기원전 480년 봄에 그리스와 페르시아는 다시 충돌했다. 페르시아는 테르모필레 전투(Battle of

▲ 살라미스 해전
이 전투에서의 패배로 페르시아는 전세를 되돌릴 수 없게 되었다.

Thermopylae)에서만 승리를 거두었을 뿐, 살라미스 해전과 플라타이아 전투(Battle of Plataea)에서 모두 참패해 전력에 막대한 손실을 입었다. 이후 전세를 뒤집은 그리스 군대가 페르시아를 맹렬히 공격하기 시작했고 실상가상으로 이집트 등지에서 반페르시아 봉기까지 일어나 페르시아는 사면초가의 상황에 처했다. 기원전 449년에 플라타이아 전투가 그리스의 승리로 끝이 나면서 마침내 그리스-페르시아 전쟁은 종식되었다.

아시아와 유럽 간에 발생한 최초의 전쟁으로 매우 오랜 기간 지속된 이 충돌은 양국은 물론 세계의 판도에도 변화를 일으켰다. 전쟁에 패한 페르시아는 쇠퇴일로를 걷다가 결국 멸망했고, 최초로 각 폴리스가 단결하여 힘을 발휘한 그리스는 자국의 권익을 지킬 수 있었다. 무엇보다 이 전쟁을 계기로 아테네의 민주 정치 제도와 노예 제도가 체계적으로 정비되면서 그리스는 정치적으로도 큰 발전을 이룩했다. 또 에게 해의 패권을 장악한 그리스가 해외 원정을 통해 막대한 부를 획득하자 이때부터 해상권을 쟁탈하려는 각국의 경쟁이 더욱 치열해졌다. 그리스가 전쟁에 승리하면서 페르시아로부터 유럽의 문명을 지킬 수 있었기에 그 의의가 더 크다 하겠다.

불교의 탄생과 전파

시기 : 기원전 6세기~기원전 5세기
인물 : 석가모니
영향 : 기독교, 이슬람교와 함께 세계 3대 종교로 꼽히는 불교는 특히 동
      아시아, 동남아시아 지역의 정치, 문화에 지대한 영향을 끼쳤다.

기원전 6세기에서 기원전 5세기경에 인도의 석가모니가 창시한 불교는 세계 3대 종교 중 가장 먼저 탄생했다. 훗날 아소카(Asoka) 왕이 널리 전파하면서 수많은 국가의 정치, 문화에 영향을 주는 세계적인 종교로 발전했다.

불교의 탄생은 사회적 배경과 매우 깊은 관련이 있다. 당시 고대 인도는 노예제 사회로, 성씨에 따라 네 단계의 신분 계층으로 구분되었다.[26] 최고 권력 계층인 브라만이 평민과 노예를 핍박하면서 이에 저항하는 분위기가 고조되었고 이러한 갈등 구조가 갈수록 심화되었던 것이다. 마침내는 브라만교에 대항하는 파벌이 생겨나고 카스트 제도에 반대하는 목소리가 점점 커질 무렵 불교가 생겨났다.

▲ 석가모니 화상

불교를 창시한 석가모니는 기원전 563년에 지금의 네팔에 속하는 룸비니(Lumbini)에서 태어났다. 카필라바스투(Ka-pi-lilavastu)국 왕자 신분이었던 그는 본명이 고타마 싯다르타(Gautama Siddhārtha)로 학식이 깊고 사색을 즐겼다. 여느 왕족과 달리 호화로운 궁중 생활을 즐기는 대신 백성이 겪는 고충에 더 관심을 기울였던 그는 인간이 생로병사의 고뇌에서 벗어날 방법을 모색하려 했다. 그러다가 죽고 나서도 없어지지 않는 불멸의 무엇, 그 실체를 찾아내야겠다고 결심했다. 결국 그는 왕자의 신분을 버리고 아내와 자식들에게 이별을 고한 후 수도승으로서 고행을 시작했다.

그로부터 6년이 흐른 어느 날, 싯다르타는 보리수 아래에서 49일째 명상을 마치고 나서 갑자기 큰 깨달음을 얻었다. 드디어 인간이

---

26) 브라만(Brahman, 승려), 크샤트리아(Kshatrya, 왕족/무사), 바이샤(Vaisya, 평민), 수드라(Sudra, 노예)의 4성姓으로 계급을 나누는 '카스트 제도(Caste)'를 말하는 것으로, 계급에 따라 결혼, 직업, 식사 따위의 일상생활에 엄중한 규제가 있음

고뇌에서 벗어날 방법을 찾은 그는 불교를 창시하고 수많은 제자를 받아들였다. 불교가 널리 전파되면서 그 영향력은 갈수록 커졌고, 제자들은 그를 '석가모니'라 부르기 시작했다.

불교의 기본 교리는 고제苦諦, 집제集諦, 멸제滅諦, 도제道諦 네 가지 진리에서 출발한다. '고제'는 생로병사를 비롯해 인간이 겪는 모든 고통을 말하며 이러한 고통과 고뇌의 원인을 깨닫는 과정이 '집제'이다. 이에 일체의 욕망을 끊고 절대 불변하는 열반의 경지에 달하는 것이 '멸제'이고 열반의 경지에 도달하고자 끊임없이 수행하는 과정을 '도제'라 칭했다. 불교는 이 '사제四諦'를 통해 인간이 고뇌하게 되는 원인과 그 해법을 밝혀내려 한 것이다. 그리고 '부처'는 결코 만능의 존재가 아니므로 인간이 해탈의 경지를 깨닫도록 해줄 뿐 해탈에 도달하도록 직접적으로 도와줄 수는 없다고 보았다. 다시 말하면 인간이 스스로 자신을 주재主宰해야 한다고 강조한 것으로, 이는 불교가 다른 종교와 구별되는 가장 큰 특징으로 꼽을 수 있다.

열반에 도달하기 위해 행해야 하는 여덟 가지 수행 방법에는 정견正見[27], 정정正定[28], 정어正語[29], 정업正業[30], 정명正命[31], 정정진正精進[32],

---

27) 바른 견해
28) 정신 통일
29) 바른 언어적 행위
30) 바른 신체적 행위

▲ 석가모니 불화에는 상서로운 구름과 신비한 후광이 자주 등장한다.

아소카 왕

인도 마우리아 왕조의 제3대 군주인 아소카 왕의 출생 연도는 분명하지 않다. 기원전 268년에 형제와 친족을 숙청하고 왕으로 등극했다. 조부와 부왕의 유언을 받들어 인도의 통일과 영토 확장에 주력한 그는 마침내 인도를 통일하고 마우리아 왕조의 새 시대를 열었다. 통일의 위업을 달성한 후 불교를 장려하여 불교가 세계적인 종교로 발돋움하는 발판을 마련하는 등 아소카 왕이 불교에서 이룩한 업적은 가히 석가모니에 버금간다고 볼 수 있다.

정념正念33), 정사유正思惟34) 등 '팔정도八正道'가 있다.

불교는 창시된 지 300여 년이 흘렀을 무렵에 이미 인도 대륙 구석구석까지 전파될 정도로 비약적인 발전을 했다. 그러나 인도 전통 종교인 자이나교(Jainism), 브라만교(Brahmanism)의 교세와 비교하면 아직 미약하기 짝이 없었다. 인도를 제외한 다른 지역으로는 아직 불교가 전파되기 전이었고, 전파 과정에서 교파가 갈렸기 때문이다. 불교의 주요 교파로는 대승불교와 소승불교를 들 수 있다. 대승불교는 불상을 숭배하고 성실히 수행하면 누구나 부처가 될 수 있다고 주장한 반면에 소승불교는 불상 숭배를 반대하고 수행에 전념하면 '열반'에 들 수는 있지만 아무나 부처가 될 수는 없다고 주장했다. 불교의 대중화는 마우리아 왕조(Maurya dynasty) 아소카 왕의 노력에 힘입은 결과라고 볼 수 있다.

아소카 왕은 인도 사상 최초로 통일 국가를 이룩했다. 그러나 칼링가(kalinga)국을 정복하는 과정에서 핏빛으로 물든 참혹한 광경을 목격하고 큰 충격을 받아 자신의 죄업을 뉘우쳤다. 이때 불교의 자비와 비폭력, 아량, 진실성 어린 교의는 그에게 깊은 감동으로 다가왔다. 그래서 아소카 왕은 불교를 국교로 삼고 왕궁을 비롯해 전국 각지에 마애磨崖와 석주石柱를 세우고 자신의 뜻을 새겨 넣도록 했다. 이는 마애 조칙, 석주 조칙이라고도 불린다. 또 인도 각지의 고승을 불러 모아 대규모 불교 집회를 세 차례 열고 교파 간 파벌 싸움을 없애는 데도 힘을 쏟았다. 이뿐만 아니라 스리랑카, 미얀마, 중국, 시리아, 이집트 등 주변국에 불교 단체를 파견해 불법을 전파하도록 했다. 이러한 노력 등으로 불교가 세계적인 종교로 자리매김하는 데 기반을 마련했다.

이후 불교는 인도뿐만 아니라 세계 각지에 영향을 미치는 종교로 발전했으며 19세기 말에서 20세기 초에는 유럽에도 전파되었다. 그러면서 유럽에도 불교 단체가 형성되긴 했으나 불교는 특히 동아시아와 동남아시아 지역에 깊은 영향을 끼쳤다. 일례로 중국에 유입된 불교는 중국의 전통 종교인 도교와 어깨를 견줄 정도로 발전했으며 중국 고유의 선종 문화를 형성하기도 했다.

31) 바른 생활
32) 용기를 가지고 바르게 노력하는 것
33) 바른 의식
34) 몸과 말에 의한 행위를 하기 전의 바른 의사 또는 결의

유가와 도가 사상의 형성

시기 : 기원전 400년 전후
인물 : 공자孔子, 노자老子
영향 : 유가, 도가 사상은 동아시아 문명의 모태를 형성했다.

나일 강, 갠지스 강, 티그리스 · 유프라테스 강, 그리고 황하 강 유역 등 고대 문명의 발상지가 대거 자리하고 있는 아시아는 인류 문명의 요람이라고 할 수 있다. 또 이집트, 바빌로니아, 인도, 중국을 중심으로 철학이 눈부신 발전을 이룩했다. 특히 중국, 인도의 철학은 그리스 철학과 함께 세계 3대 전통 철학으로 손꼽힌다. 1940년대에 독일의 유명한 철학자 칼 야스퍼스(Karl Jaspers)는 기원전 800년에서 기원전 200년 사이에 동양에서는 이미 수준 높은 정신문명이 형성되었다고 주장했다. 공자, 노자, 석가모니, 소크라테스, 그리고 유대교 선지자들의 사상은 당대 인류 문명의 정신적 지주였던 것이다.

▲ 공자(기원전 551~기원전 479)의 초상

◀ 〈공자성적도孔子聖蹟圖〉
청나라 초병정焦秉貞 작
공자가 여러 제후국을 돌며 제왕들에게 자신의 정치적 견해를 설파하는 내용을 묘사하고 있다.

공자

기원전 551년 노(지금의 산둥 성 취푸 지방)나라에서 출생했다. 이름은 구丘, 자는 중니仲尼이며 유년 시절에 부친을 여의고 모친과 빈궁한 생활을 했다. 장성해서는 벼슬길에 오르고자 치국과 관련된 여러 문제에 관심을 기울였다. 한때 노나라의 위리委吏[40], 승전乘田[41] 등 하급 관직을 지내기도 했다. 노정공 12년에 노나라의 실세인 맹손, 숙손, 계손 등 삼환씨의 세력을 꺾고자 한 시도가 실패하면서 조국인 노나라를 떠나 제후국을 떠도는 신세가 되었다. 그 후 공자는 제자들을 거느리고 송, 위, 진, 채, 제, 초나라 등을 유랑하며 자신의 정치적 신념을 펼치려 했으나 모두 거부당했다. 세상을 떠나기 5년 전쯤 제자 염구冉求의 도움으로 다시 노나라로 돌아왔다. 기원전 479년 향년 72세를 일기로 별세했으며 산둥 성 취푸 북쪽 쓰수이 강에 안장되었다. 지금 이곳에는 공림孔林이 조성되어 있다.

특히 유교 사상은 중국은 물론 동아시아 각국의 정치, 문화에 지대한 영향을 끼쳤다.

유가 사상의 창시자는 공자이다. 그는 이성적인 사회 질서를 확립하고자 '친친親親[35]', '존존尊尊[36]' 사상을 입법에 반영해 '예치禮治', '덕치德治', '인치人治'를 실현하려 했다. 그가 구상한 이상적인 사회 질서는 '윤리'를 바탕으로 개인의 수양을 근본으로 하고 도덕적인 정치를 펼치는 것이었다. 그래서 인간의 의식주행衣食住行(의복·음식·주거·교통)에 대한 규범을 올바로 세워 인격 형성의 원칙으로 삼고자 했다. 이는 중국인 특유의 심미관과 마음의 소양을 배양하는 근간이 되었다. 특히 '인仁'을 중시하는 가치관은 중국의 민족성을 대표하는 정서로 자리매김했다. 공자가 없었다면 중국은 '예의지국'의 칭호는커녕 우매하고 야만적인 국가로 오랜 세월을 보냈을지도 모른다.

유가 사상과 함께 중국인에게 깊은 영향을 끼친 사상으로 '도가'를 꼽을 수 있다. 도가를 창시한 이이李耳는 태어날 때부터 눈썹과 수염이 하얗게 새어 있어 '노자'라 불렸다고 한다. 중국 철학 사상 최초로 우주의 본질을 탐구한 철학자로 꼽히며, 자연 만물은 각자의 규칙적인 운동과 변화의 법칙이 있으며 그 법칙이 바로 '도'라고 주장했다. 우주 만물의 모순을 관찰하고 분석해 '인법지人法地, 지법천地法天, 천법도天法道, 도법자연道法自然'이라는 논리를 펼쳤다. 즉 사람은 땅을 따르고, 땅은 하늘을 따르며, 하늘은 도를 따르고, 도는 자연을 따른다는 것이다. '도'는 절대 변하지 않는 진리로 사람은 반드시 '도'를 따라 행해야 한다고 강조했다. 이에 따라 권력과 이익을 좇는 행위는 무의미하고 부도덕한 일로 보았으며 사람이 '도'에 순응할 때 무병장수할 수 있다고 여겼다.

도가는 또 '청정무위淸靜無爲[37]', '반박귀진返璞歸眞[38]', '순응자연順應自然[39]' 등의 학설을 주장했다. 노자가 말한 '무위'는 아무 일도 하

---

35) 마땅히 친하여야 할 사람을 친히 대한다는 뜻으로 육친을 친애하는 것을 가리킴. 이는 부권父權을 강조해 효의 근간이 됨
36) 존귀한 사람을 마땅히 존대하는 것으로 군권君權을 강조하는 충의 근간이 됨
37) 욕심을 부리지 않고 인위를 가하지 않음
38) 최고의 경지에 올라 겉으로는 오히려 평범해 보임
39) 자연에 순응함
40) 곡식 창고의 출납을 맡아보던 관리
41) 나라의 가축을 기르는 관리

지 않는 것이 아니라 자연의 규칙에 위배되거나 도덕규범을 해치는 일, 사회 법규를 위반하고 타인을 해하는 어떤 일도 하지 않는 것을 가리킨다. 무위는 인간의 주관적이고 능동적인 성향을 충분히 발휘하는 태도로, 소극적인 성향과는 구별된다.

노자는 특히 변증 논리의 대가였다. 도가 학파는 불교 철학이 중국에서 발전하는 데 큰 역할을 했으며 중국인의 사고방식과 인격 형성에 지대한 영향을 끼쳤다. 도가의 우주, 사회, 인생에 대한 독특한 해석은 중국 철학사에 생명력을 불어넣었고 시간이 흐를수록 그 진가를 발휘하고 있다.

유가가 '선천하지우이우先天下之憂而憂[42]', '천하흥망필부유책天下興亡匹夫有責[43]'의 논리를 폈다면 도가는 '채국동리하, 유연견남산採菊東籬下, 悠然見南山[44]'의 경지를 고수했다. 중국의 사상, 문화는 유가와 도가의 복합적인 영향을 받아 지속적으로 발전하며 인류의 문명과 예술사의 발전에 큰 공헌을 했다.

1세기 초에 유가가 한국에 유입되었는데 당시에 이미 《시경》과 《춘추》 등 경전을 암송하는 인물도 적지 않았다. 5세기경에는 일본에도 유입되었으며 도쿠가와 막부 시대에 통치 사상으로 자리매김하면서 비약적인 발전을 이루었다. 유가의 윤리, 도덕 사상은 지금까지도 한국과 일본 사회의 내면 깊숙이 스며들어 사회 안정에 기여하고 있다.

동양 문화의 주축이 되고 있는 유가와 도가 사상은 명, 청 시대에 서유럽에 전파되면서 서양 철학과 문화에 큰 반향을 불러일으켰다. 프랑스의 유명한 계몽주의 사상가 볼테르(Voltaire)는 유가 사상에 매료된 대표적인 서양 철학자이다.

---

42) 천하(백성)의 근심을 먼저 근심함
43) 천하(국가)의 흥망에는 필부도 책임이 있음
44) 도연명의 시구 가운데 한 구절. 동쪽 울타리 밑에서 국화를 따다가 우두커니 남산을 바라본다는
　　뜻으로 세속의 욕망을 버리고 자연을 벗 삼아 사는 이의 심경을 토로한 것임

알렉산더의 동정東征

시기 : 기원전 334~기원전 323년
인물 : 알렉산더 대왕
영향 : 알렉산더 대왕(Alexander the Great, 알렉산드로스 3세)의 동정으로
그리스 문화가 중동 지역에까지 신속하게 전파되었다. 동서양 민
족의 활발한 문화 교류는 훗날 로마 제국에 큰 영향을 미쳤다.

▲ 알렉산더 대왕의 초상

필리포스 2세

마케도니아 제18대 왕으로 군사
력을 통일하고 귀족 의회의 권한
을 제한하는 등 강력한 왕권을 확
립했다. 막강해진 정치, 경제, 군
사력을 바탕으로 그리스 전역을
지배했으며 기원전 337년에 코린
토스 동맹(League of Corinth)[45]
에서 그리스 최고 통치자 자리에
올랐다. 그러나 페르시아 원정을
준비하던 중에 암살당했다.

마케도니아는 고대 그리스를 침입했던 도리아인(Doria)의 한 부족으로 그리스 북부 변경에 있는 황무지에 터를 잡고 살았다. 그리스의 폴리스 중에서도 가장 편벽한 지역에 있어서 문명의 발달이 다른 폴리스들보다 더뎠다. 아무도 눈길 한 번 주지 않는 작은 폴리스였지만 후에 인류 역사상 최초로 유럽, 아시아, 아프리카 대륙을 잇는 거대한 제국을 건설했다.

기원전 4세기에 필리포스 2세(Philippos II)가 집정하면서 마케도니아는 발전의 토대를 다졌고, 기원전 338년에 드디어 다른 폴리스들을 제압하고 그리스의 패권자로 떠올랐다. 그러나 필리포스 2세는 페르시아를 공격하려 준비하던 중에 자신의 원대한 포부를 다 펼쳐보지도 못하고 암살당했다. 필리포스 2세의 죽음으로 주춤할 것 같았지만 마케도니아는 오히려 세력이 더 막강해지며 방대한 제국으로 거듭났다. 필리포스 2세의 아들이자 위대한 군주로 명성을 떨친 알렉산더 대왕이 역사에 등장한 것이다.

부왕의 군건한 의지와 패배를 모르는 강한 정신력, 그리고 최고 권력에 대한 불타는 욕망을 그대로 이어받은 그는 지혜와 용기를 모두 갖춘 강력한 인물이었다.

열여섯 살 때부터 필리포스 2세를 따라 전장을 누볐고, 열여덟 살 때 이미 카이로네이아 전투(Battle of Chaeronea)를 승리로 이끌어 그리스를 정복하는 데 성공했다. 기원전 336년에 필리포스 2세가 암살당하자 알렉산더는 스무 살의 나이에 왕위를 계승했다. 그리고 곧

---

45) 스파르타를 제외한 모든 그리스 국가가 필리포스 2세의 주도로 코린토스에서 결성한 공수 동맹

▲ 피비린내의 쾌감과 명예, 정복
욕은 젊은 알렉산더를 더욱 전
쟁에 빠져들게 했다.

바로 세계를 전율케 한 정복 전쟁을 감행했다. 그는 우선 그리스 내
다른 폴리스들의 반란을 평정하고, 오랜 숙적이었던 페르시아를 정
복하기 위해 원정을 나섰다.

　기원전 334년에 알렉산더 대왕은 마침내 마케도니아와 그리스 연
합군을 이끌고 페르시아 원정길에 올랐다. 3만 5,000명의 병력으로
소아시아에 진입한 그는 그라니코스 강(Granicus River)에서 그들 병
력의 수배에 달하는 페르시아 군대를 무찌르고 승리했다. 소아시아
를 정복한 후 시리아까지 점령한 알렉산더는 바로 이집트 원정을 감
행했다. 이집트 왕은 전쟁이 일어나기 전에 알렉산더에 항복의 뜻을
전했다. 천혜의 곡창 지대 이집트에서 잠시 휴식을 취한 알렉산더
대왕은 다시 동쪽으로 원정을 시작했다. 그리고 기원전 331년, 200
여 년 동안 존속한 페르시아가 알렉산더에게 멸망하여 역사의 뒤편
으로 사라졌다.

　이미 방대한 영토를 수중에 넣은 알렉산더였지만 '전쟁의 신'이
란 별칭에 걸맞게 그는 정복 전쟁을 멈추지 않았다. 아프가니스탄과
인도까지 점령하고 로마제국에 앞서 유럽, 아시아, 아프리카를 잇는
거대한 제국을 세웠다. 그러나 10년 동안 계속된 전쟁으로 병사들이
지칠 대로 지치자 알렉산더도 본국으로 돌아오지 않을 수 없었다.

　알렉산더 대왕은 정복 전쟁의 승리자로 방대한 영토를 손에 넣었

▲ 페르시아를 정복한 알렉산더 대왕은 약탈과 살인을 자행하는 대신 다리우스 3세의 왕비와 공주를 풀어주고 극진하게 예우하여 자신의 명예를 높였다. 이는 알렉산더 대왕의 개방적인 사고 방식과 고도의 정치 전략을 보여주는 사례이다.

을 뿐만 아니라 정복 과정에서 은연중에 동서양의 문화를 전하는 사자使者의 역할을 담당했다.

그의 원정으로 그리스 문화가 중동 지역까지 신속하게 전파되었다. 동양의 수많은 도시에서 그리스의 조각, 건축 양식을 볼 수 있었고, 이집트에는 알렉산더 대왕의 이름을 따서 알렉산드리아라고 명명한 도시가 등장했다. 알렉산드리아는 학술, 문화의 중심지로 명성을 얻으며 동서양의 문화 교류에 일등 공신이 되었다. 특히 천문학과 수학에서 눈부신 발전을 이끌었다. 알렉산더 대왕의 업적은 정복 전쟁을 통한 영토 확장보다 동서양의 경제, 문화 교류를 촉진한 것에 더 큰 비중이 있다고 봐야 할 것이다.

알렉산더 대왕은 통일한 광범위한 지역 내에서 화폐를 통일하고 경제 교류를 강화했으며 이민족 여성을 아내로 맞이하는 등 민족 간 평등 정책을 몸소 실천했다. 또 동양의 정복 도시를 경제 교류의 거점으로 삼고 그리스 법률을 실시하며 그리스의 사상을 주입시켜 헬레니즘 시대(Hellenistic age)의 서막을 열었다.

중국의 4대 발명

시기 : 기원전 210~1051년
영향 : 중국의 4대 발명품은 중국 과학문화사의 빛나는 한 페이지를
　　　장식한 것은 물론 세계 문명 발전사에도 큰 영향을 미쳤다고 평
　　　가된다.

고대 중국은 과학 기술 분야에서 세계적으로 뛰어난 기량을 보유
하고 있었다. 가장 대표적인 예로 4대 발명[46]을 꼽을 수 있으며, 이
는 고대 문명국으로서 중국의 위상을 보여준다. 15세기에 유럽에서
근대자연과학이 발전하기 전까지 중국은 선진 과학 강국의 면모를
유지했다.

16세기에 영국 철학지 베이컨(Francis Bacon)은 다음과 같이 주장
했다. "인쇄술, 화약, 지남침의 발명으로 학술, 군사, 항해 분야에
전면적인 변화가 일어났으며 그 파급 효과가 가져온 변화는 셀 수조
차 없을 것이다. 어떠한 교파, 제국, 천문의 영향도 이 3대 발명품이
일으킨 인류 생활의 변화를 따라갈 수 없다." 마르크스도 "화약, 지
남침, 인쇄술은 자산 계급 사회의 도래를 예고하는 3대 발명품이라
고 할 수 있다. 화약은 기사 계급의 몰락을 가져왔고 지남침은 전 세
계에 식민지 시장 개척의 붐을 일으켰다. 인쇄술은 개신교 전파에
결정적 역할을 하는 동시에 과학의 발전을 이끌어 인간의 사고와 정
신적 역량을 강화하는 도구로 거듭났다."라고 강조했다.

중국의 4대 발명은 앞에서 언급한 바와 같이 화약, 지남침, 인쇄
술, 제지술이다. 지남침은 전국 시대에 발명되었다. 최초의 지남침
은 숟가락 모양의 몸체를 편평한 방위판 위에 올려놓는 형태로, 자
유롭게 회전하다가 멈출 때 손잡이 부분이 남쪽을 가리켜서 '사남司
南'이라고 불렸다. 지남침이 항해에 이용된 것은 북송 시대부터인
것으로 추정된다. 중국의 대외 무역이 활기를 띠면서 중국 상선에서
지남침의 사용법을 익힌 아랍인들이 이를 유럽에 전파했다. 지남침
은 12세기부터 각국의 항해 산업에 광범위하게 사용되기 시작해

▲ 중국 우정국에서 발행한 채륜
蔡倫 기념우표

---

46) 제지술, 인쇄술, 화약, 지남침

15,6세기 '지리상의 대발견'에 밑거름이 되었으며 경제 발전의 기폭제로 작용했다. 어쩌면 지남침이 있었기에 자본주의의 탄생이 가능했는지도 모른다.

화약은 중국인들이 단약丹藥을 만드는 과정에서 발명한 것이다. 중국 삼국 시대에 이미 화약의 성질을 응용한 폭죽이 등장했으나 질산염, 유황, 목탄 가루를 혼합하여 제대로 만든 화약은 당나라 시대에 비로소 첫 선을 보였다. 재료의 특성상 흑색 화약 또는 갈색 화약이라고 불렸다. 이때 화약은 단약을 제조하는 과정뿐만 아니라 곡마曲馬, 서커스, 인형극 등 각종 오락 활동에도 광범위하게 사용되었다. 화약이 군사에 응용된 것은 당나라 말기로 화포, 화전 등이 등장하기 시작했으며 송나라 시대부터는 전쟁에 화기가 보편적으로 사용되었다. 원나라 때 몽골족이 아랍에 화기를 전파했고, 13세기경에 아랍인들이 화약 제조 기술을 유럽에 전파했다. 그로부터 백여 년의 시간이 흐른 후 유럽에서는 매우 발달한 화기들이 등장하기 시작했다.

화기의 성능이 나날이 개선되면서 칼, 창과 같은 무기는 점차 사라졌다. 흑색 화약은 폭약과 추진제로 사용되면서 성곽 붕괴와 축조, 육지 전술 향상, 그리고 해군 전함의 위력을 증강시키는 효과를 가져왔다. 엥겔스는 화약의 가치에 대해 이렇게 주장하기도 했다. "화기의 등장으로 도시의 신흥 군주들은 봉건 귀족에 대항할 수 있는 강력한 무기를 갖게 되었다. 귀족들의 견고했던 성곽도 대포 앞에서 속절없이 무너져 내렸고 총탄은 기사들의 갑옷까지 손쉽게 뚫었다. 기사 계급의 몰락으로 귀족들의 통치 시대도 막을 내리게 되었고 자본주의가 발전하면서 더욱 정교하고 위력적인 대포가 생산되었다. 그리고 강력한 무기로 무장한 함선들이 대외 식민지 정복에 나서기 시작했다."

중국의 제지술이 등장하기 전에 존재했던 최초의 종이 형태는 이집트의 파피루스이다. 중세기 유럽에서는 양피가 보편적으로 사용되었다. 중국에서 문자를 적는 종이를 발명한 사람은 한나라의 채윤이다. 그는 중국 선인들의 경험과 기술을 토대로 나무껍질을 처음 종이의 재료로 사용하는 등 제지술에 혁신을 가져왔다. 섬유질의 분해를 촉진하기 위해 석회 소다수를 사용하여 종이의 품질과 생산력을 높인 결과, 가볍고 저렴하며 글자가 잘 써지는 종이를 발명하게 되었다. 이러한 장점들 덕분에 그가 만든 종이는 빠르게 세간에 보

채후지

채윤은 선인들의 경험을 바탕으로 나무껍질, 헌 천, 어망 등을 이용해 종이를 만들었다. 먼저 이들 재료를 물에 불리고 잘게 찧어서 솥에 넣고 끓였다. 펄프처럼 걸쭉한 형태가 되면 가는 대나무로 건져 올렸다. 수분을 거르고 모양을 만든 후, 돌로 눌러서 남아 있는 수분을 제거하고 아궁이 위에 널어서 말리면 종이가 되었다. 이같은 종이 제작 과정은 지금까지도 그대로 사용되고 있다.

급되었고, 후에 '채후지蔡侯紙'라는 이름으로 불렸다.

중국 대륙에 전란이 계속되자 일부 백성이 한반도까지 피난을 가면서 제지술이 한반도에 전해졌다고 한다. 7세기경에 신라가 삼국을 통일하고 나서부터 제지술이 더욱 발전을 거듭하여 마침내 '고려지高麗紙'가 탄생했고 이것이 중국의 서예가들 사이에 큰 인기를 끌었다. 9세기경에는 실크로드를 통해 인도에도 제지술이 전해졌다. 그리고 나중에 아랍, 스페인, 이탈리아, 프랑스, 독일에 유입되면서 유럽 전역에 제지술이 전파되었다.

제지술의 발달로 문화 교류가 촉진되었을 뿐만 아니라 교육의 범위가 확대되는 등 세계 문명의 발전에도 큰 영향을 주었다. 또한 당나라 시대에 인쇄술이 탄생하는 밑거름이 되었다.

중국에서 인쇄술이 처음 등장한 시대는 수나라 말, 당나라 초기로 추정된다. 가장 먼저 등장한 조판 인쇄술은 시간이 많이 걸리고 원료가 많이 들 뿐만 아니라 잘못 새기면 수정이 어려운 등 여러 가지 단점이 있었다. 특히 목제품은 습기의 영향으로 변형되거나 충해를 쉽게 입어서 보관상의 문제점도 많았다. 이러한 조판 인쇄의 단점을 보완해 송나라 때에 필승畢昇이 활자 인쇄를 발명했다. 북송의 심괄沈括이 지은 《몽계필담夢溪筆談》에 필승이 동일한 규격의 점토에 글자를 새기고 불에 구운 후 냉각시켜 단단한 활자를 만들었으며 이를 종류별로 구분해 보관했다는 기록이 있다. 조판을 할 때는 철판 위에 송진과 밀랍, 종이 재를 바르고 필요한 글자를 배열한 다음 불에 구웠다. 송진과 혼합물이 녹아 글자에 붙으면 목판으로 글자를 눌러서 편평하게 고르고 철판을 냉각시킨 후 인쇄를 시작했다. 이 같은 방법은 인쇄의 효율을 높였고, 인쇄가 끝나고 나면 다시 글자를 떼어내 다음에 사용할 수 있었으며, 보관하기도 쉬웠다.

중국의 조판 인쇄술은 약 8세기경에 일본에 전해졌다. 그 후 이집트 등의 국가로 전파되었고, 13세기경에는 유럽의 탐험가, 여행가들에 의해 유럽에도 전파되었다. 유럽에 인쇄술이 등장하면서 책은 더이상 수도사들의 전유물이 아니게 되었다. 이는 르네상스 운동에도 깊은 영향을 미쳤고, 14,15세기경에는 이미 인쇄술이 널리 보급되어 사용되었다.

중국의 4대 발명품은 이렇게 중국뿐만이 아니라 세계 문명의 발전에도 지대한 영향을 끼쳤다.

▲ 왕희지의 〈난정서蘭亭序〉 일부. 결승 문자[47], 종정문[48], 죽간[49]을 거쳐 종이에 이르기까지 인류는 끊임없이 문명을 기록하는 수단을 발명해냈다.

47) 글자가 없던 시대에 새끼줄이나 띠 따위에 매듭을 지어 기호로 삼은 문자
48) 상주商周와 진한秦漢 시대에 청동기에 주조하거나 새긴 문자로 금문金文이라고도 함
49) 대나무를 엮어 그 위에 글씨를 쓰는 기록 수단으로 종이가 발명되기 전까지 가죽이나 비단과 더불어 사용됨

실크로드 개척

시기: 기원전 119년
인물: 장건張騫
영향: 동서양을 연결하는 교역로 실크로드가 개척된 후 중국은 유럽, 아시아, 아프리카 각국과 우호적으로 교류를 추진하며 경제 문화의 발전을 이룩했다.

끝없이 휘몰아치는 거친 모래바람으로 지금은 옛 자취를 찾아볼 수조차 없지만 한때는 그 어떤 곳보다도 상인들의 떠들썩한 고함소리와 분주한 사신 행렬이 끊이지 않던 곳! 중국인들이 세계 8대 불가사의로 주장하는 진시황의 병마용을 비롯해 불교 예술의 보고로 불리는 둔황의 막고굴, 험준한 요새 자위관, '새들의 왕국'으로 불리는 칭하이 성의 냐오다오 섬 등에는 아직도 '이곳'의 역사적 자취가 남아 있다. 유라시아 대륙을 관통하는 대표적인 교역로, 바로 실

▼ 송·원 시대의 작품 〈잠직도蠶織圖〉

크로드를 말한다. 이국적 분위기가 물씬 풍기는 실크로드는 중국 한 나라의 사신 장건이 개척했다.

건국 초기에 아직 국력이 미약했던 한나라는 호시탐탐 중원 대륙을 노리고 침략을 일삼던 흉노족과 화친할 수밖에 없었다. 기원전 141년에 제위에 오른 한 무제는 경제와 군사력을 증강시켜 흉노에 무력으로 맞서고자 했다. 당시 서역에 있던 월지국은 흉노족의 공격으로 선왕이 죽임을 당해 흉노와는 원수지간이나 다름없었다. 한나라와 그런 월지국 사이에는 흉노가 버티고 있었는데, 한 무제는 월지국에 장건을 사신으로 파견해 협력을 도모하기로 했다.

기원전 139년에 장건은 사절단 100여 명을 이끌고 도성 장안[50]을 떠나 월지국으로 향했다. 그는 본래 허시저우랑河西走廊[51]을 거쳐 강거康居[52]로 이주한 월지국을 찾아가려 했다. 그러나 도중에 흉노에 붙잡혀 10여 년 동안 구금되는 처지가 되고 말았다. 비록 흉노의 죄수 신분으로 전락했지만 장건은 언제나 자신의 사명을 잊지 않고 늘 탈출할 기회를 엿보았다. 오랜 시간이 흘러 흉노의 감시가 소홀해진 무렵, 장건은 수종이었던 감보 노인을 데리고 흉노를 탈출해 다시 월지국으로 향했다.

그러나 그가 도착했을 때 월지국은 이미 새로운 땅에 정착해 평온한 삶을 살고 있었고, 흉노에 대한 적개심은 사라진 지 오래였다. 기원전 128년, 결국 월지국과 동맹을 맺는 데 실패한 장건은 귀국하던 길에 또다시 흉노에 붙잡혔다. 그로부터 3년여가 흐른 후에야 겨우 탈출에 성공하여 기원전 126년에 서역 길에 오른 지 13년 만에 장안으로 돌아왔다. 비록 사신으로서의 임무를 완수하지는 못했지만 장건은 대완, 대하, 월지국, 오손, 엄채 등 서역 국가들과 관련된 대량의 자료들을 한나라에 가져왔다. 한나라는 이 자료들을 바탕으로 신장 변경 지역과 활발한 교류를 도모하고 실크로드를 개척하는 데 토대를 다졌다.

기원전 119년에 한 무제는 장건을 다시 서역에 파견했다. 이번에는 오손과 동맹을 맺어 흉노에 대적하고자 했다. 장건은 300여 명으로 구성된 사절단을 이끌고 오손에 이르렀다. 이번에는 첫 번째 출

---

50) 지금의 시안
51) 황허 강 서쪽, 만리장성 최서단에 있는 복도 형태의 긴 평원을 가리킴
52) 지금의 우크라이나 발하슈 호수(Lake Balkhash) 부근

한 무제

본명은 유철로, 기원전 140년에 제위에 올라 반세기 동안 황제로 군림했다. 문무에 모두 능했으며 진시황이 세운 봉건 중앙집권제를 공고히 다진 인물로 유명하다. 그의 재위 기간에 한나라의 경제, 문화가 크게 번영했으며 문명 대국으로서 그 위상을 만천하에 떨쳤다.

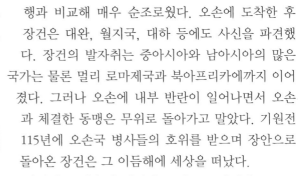

▲ 당나라 시대는 실크로드가 가장 활기를 띠며 번영했던 시기이다. 서방 국가의 상인들은 중국의 실크와 차를 낙타에 가득 싣고 본국으로 돌아가 막대한 이득을 거두었다.

행과 비교해 매우 순조로웠다. 오손에 도착한 후 장건은 대완, 월지국, 대하 등에도 사신을 파견했다. 장건의 발자취는 중아시아와 남아시아의 많은 국가는 물론 멀리 로마제국과 북아프리카에까지 이어졌다. 그러나 오손에 내부 반란이 일어나면서 오손과 체결한 동맹은 무위로 돌아가고 말았다. 기원전 115년에 오손국 병사들의 호위를 받으며 장안으로 돌아온 장건은 그 이듬해에 세상을 떠났다.

한나라는 처음에 정치적 목적으로 서역과 교류를 시작한 것이었지만 한나라의 사신과 상인들이 빈번하게 서역을 드나들고 서역의 사신과 상인들도 한나라에 들어오면서 활발한 교류가 이루어졌다. 당시 중국의 선진 기술을 비롯해 비단, 농작물 재배 기법 등이 서역에 전해졌고 서역 각국의 진기한 보물들이 중국에 선보였다. 포도, 거여목[53], 석류, 호두, 검은 참깨 등도 장건이 서역에서 들여온 것들이다.

적막한 사막 한가운데에 동서양을 연결하는 교역로가 형성되면서 이곳에는 낙타 방울 소리가 끊이지 않았다. 실크로드라는 말은 독일의 지리학자 리히트호펜(Ferdinand von Richthofen)이 그의 저서 《중국(China)》에서 처음 사용했다.

실크로드가 탄생하면서 중국, 인도, 페르시아, 아랍, 고대 그리스, 고대 로마를 아우르는 동서양 경제 문화 교류의 문이 대대적으로 열렸다. 한나라가 눈부신 번영을 이룩하는 데 실크로드는 실로 매우 중요한 역할을 했다. 뒤이어 남해 항로가 개척되자 실크로드의 명성과 역할은 시들해졌다. 그러나 19세기 말엽에 유라시아 대륙에 대한 관심이 다시 높아지자 긴 잠에 빠져 있던 실크로드도 다시 기지개를 켰고 동서양 문명의 교역로로서 제2의 전성기를 열었다.

---

53) 개자리 : 콩과의 두해살이 풀

게르만족의 대이동

시기 : 기원전 1세기
인물 : 게르만족
영향 : 게르만족의 대이동으로 로마의 노예 제도가 붕괴되는 시기가
    앞당겨졌으며 서유럽에서는 새로운 봉건 제도가 등장했다.

게르만족은 북유럽 코카서스 인종의 한 부류로 북유럽에서 가장
오래된 민족으로 꼽힌다. 1세기 초경 원시 부족제가 국가로 전환되
기 시작했고 이때부터 귀족이 등장했다. 또 프랑크족, 고트족, 부르
군트족(Burgundians), 반달족(Vandals), 롬바르드족(Lombards) 등으
로 민족이 나뉘었다. 당시 대부분 게르만족은 라인 강(Rhein river)
동쪽 연안과 도나우 강(Donau river) 북쪽, 비스와 강(Wisła river, 비
스툴라강)과 북해(North Sea)[54) 사이에 펼쳐진 드넓은 대지에 거주했
고 동일한 신앙과 사회 제도를 유지했다. 생산력이 점차 증가하면서
인구도 계속 불어나 경제 발전에 저해 요소로 작용했지만, 귀족들은
그저 사사로이 더 많은 부를 축적하는 데만 혈안이었다. 이때부터
일부 게르만족이 로마제국의 국경 지대로 이주하기 시작했으나 당
시 로마의 국력이 매우 강성해 쉽게 국경을 넘기가 어려웠다. 결국
라인 강과 도나우 강을 사이에 두고 대치 국면이 형성되었다.

▲ 서고트의 초대 왕 알라리크 1세
초상

374년경에 흉노족이 중국 한나라 왕조에 쫓겨 유럽으로 들어오기
시작했고 이들은 곧 게르만족을 위협하는 존재로 떠올랐다. 1년여
지났을 무렵, 흉노족은 동고트족을 몰아내고 러시아 남부 지방에 정
착했다. 곧이어 서고트족마저 몰아내고 그들의 터전을 차지했다. 결
국 게르만족은 생존을 위해 로마제국의 국경을 야금야금 침범할 수
밖에 없었다.

이때의 로마제국은 이미 과거의 영화가 퇴색한 지 오래고 인구도
줄어들어 국력이 약해진 상태였다. 가장 먼저 로마에 진입한 것은
서고트족이었다. 이들은 무기를 버리고 처자를 인질로 넘긴다는 조

54) 노르웨이와 영국 제도 사이에 있는 대서양 북동부의 수심이 얕은 부속해

▶ 서고트의 초대 왕 알라리크 1세 (Alaric I)는 시칠리아 섬(Sicilia, 시실리 섬)과 북아프리카에 대대적인 전쟁을 일으켰다. 그가 병마로 세상을 떠난 후에도 게르만족은 정복 전쟁의 고삐를 늦추지 않았다.

건으로 로마 황제의 허락을 얻어냈다. 로마제국의 눈에 당시 서로마 북부에 정착한 서고트족은 토지를 개간할 노동력과 군대 병력을 동시에 보충해줄 수 있는 최적의 대상이었다. 그러나 로마인들이 서고트족을 업신여기고 핍박하면서 두 민족 간의 모순이 점차 격화되었고 결국에는 팽팽한 일촉즉발의 위기감이 감돌았다. 마침내 터진 전쟁에서 서고트족이 승리했다. 378년에 서고트족이 당시 로마 황제 발렌스(Valens)를 죽이자 테오도시우스 1세(Theodosius Ⅰ)가 제위를 계승했다. 그가 서고트족을 국경 지역에 정착시키고 국경 수비의 임무를 맡기는 것으로 혼란은 일단락되는 듯했다.

그러나 395년에 테오도시우스 황제가 세상을 떠나자 서고트족은 로마제국의 통치에서 벗어나 독립을 선언했다. 왕으로 추대된 알라리크가 로마제국과 전면전을 벌일 것을 선포하여 다시금 전쟁이 발발했다.

알라리크가 이끈 서고트족 군대는 그리스, 코린토스, 아르고스, 스파르타 등 주요 도시를 점령하고 약탈을 일삼았다. 이런 비참한 광경을 목도한 아테네는 알라리크에게 재물과 돈을 바치고 전쟁을 피했다. 이후 이탈리아를 침공한 알라리크는 로마 장군 플라비우스 스틸리코에게 패배해 철수해야 했다.

훗날 스틸리코가 모함으로 목숨을 잃자 그의 부하들이 복수를 다짐하며 알라리크 군대로 몰려들었다. 이에 알라리크는 다시 한 번 전쟁을 일으켜 이탈리아를 수중에 넣고 마침내는 로마까지 포위했다. 로마는 막대한 황금을 주고 이번 전쟁을 피하려 했지만 결국 410년에 알라리크에게 점령당하고 말았다. 알라리크는 이어서 골(Gaul, 갈리아) 지역의 아키텐(Aquitaine)을 점령하고 이곳을 수도로 삼아 서고트 왕국을 세웠다. 로마제국 내에 세워진 최초의 게르만 왕국으로 볼 수 있다.

서고트족에 이어서 수에비족(Suevi), 반달족 등이 차례로 로마를 침공해 이베리아 반도 서북쪽에 수에비왕국과 반달왕국을 세웠다. 반달족은 서쪽으로 계속 전진해 455년에 로마를 함락하고 성 안의 모든 문물을 불태웠다. 이로부터 문화 파괴를 일삼는 행위를 '반달주의'라고 일컫게 되었다.

그 후 부르군트족과 프랑크족도 차례로 로마에 들어왔다. 부르군트족은 5세기 중엽에 골 남부 지역에서 부르군트 왕국을 세웠고 프랑크족은 골 북부 지역에 프랑크왕국을 세웠다. 6세기 초에 이르러 프랑크족은 게르만족 가운데 가장 강성한 세력을 형성했다. 이때 서로마제국은 게르만족의 압력과 국내 노예들의 봉기로 유명무실한 존재가 되어가고 있었다. 게르만족 가운데 마지막으로 로마에 발을 들인 롬바르드족은 이탈리아 북부에 롬바르드왕국을 세웠다. 이렇게 해서 게르만족의 대이동은 막을 내렸다.

게르만족의 대이동은 2세기에 걸쳐 진행되었다. 그들은 로마제국을 멸망시키고 민족마다 개성이 강한 게르만왕국을 세웠다. 게르만족의 이동으로 로마의 노예 제도가 붕괴되고 서유럽에는 봉건제라는 새로운 제도가 등장했다.

게르만족의 대이동은 전쟁과 평화의 이중성을 띠지만 그들의 왕국을 건립하는 결정적 계기였다고 볼 수 있다.

▲ **알라리크 1세의 일과를 보여주는 11세기 프랑스의 역사화**
알라리크는 게르만족을 세계사에 등장시킨 인물로 평가받는다.

게르만족

게르만족은 체격이 건장하고 성격이 우직한 민족이다. 난폭할 정도로 용맹한 성향으로 결코 물러나는 법이 없고 무기와 전우를 절대 전쟁터에 버려두지 않는다. 강력한 세력을 바탕으로 역사 무대에 등장한 게르만족은 향후 유럽 역사의 주역으로 그 역량을 떨쳤다.

로마제국의 건립과 붕괴

시기 : 기원전 27~기원후 476년
인물 : 카이사르(시저), 옥타비아누스(Octavianus), 디오클레티아누스
      (Diocletianus), 콘스탄티누스
영향 : 서로마의 멸망으로 수세기 동안 성행했던 노예제 사회가 막을
      내리고 서유럽에는 봉건 제도가 실시되었다.

▼ 카이사르 대제의 상. 1696년 작

"로마는 하루아침에 이뤄지지 않았다."라는 말처럼 로마제국은 탄생에서 멸망에 이르기까지 천여 년의 긴 여정을 지나왔다. 본래 이탈리아의 한 도시 국가에 불과했지만 점차 세력이 강성해지면서 기원전 510년부터 공화제를 실시했다. 그러나 실제로는 노예 제도를 실시하는 독재 국가였다. 기원전 4세기경에 로마는 내부의 안정을 도모한다는 명목으로 대외 전쟁을 일으켜 이탈리아, 카르타고, 북아프리카, 스페인, 그리스의 마케도니아왕국과 셀레우코스(Seleucid)왕국, 그리고 이집트의 톨레미(Ptolemy, 프톨레마이오스)왕국 등을 점령했다.

그 결과 기원전 2세기경에는 과거 도시 국가의 틀을 벗고 지중해 대국으로 거듭나 있었다. 그러나 노예 제도가 발달하면서 귀족과 노예, 평민 계급 간 모순이 심해지고 원로원과 군 수뇌부의 정권 경쟁이 가열되는 등 내부 갈등이 깊어졌다. 이런 상황으로 스파르타쿠스가 주축이 되어 노예 봉기를 일으킨 이후 귀족과 노예, 평민 계급 간 투쟁은 잠시 소강상태로 접어들었으나 원로원과 군 수뇌부의 전쟁은 점점 격해지는 양상을 보였다.

기원전 1세기에 이르러 로마의 공화제는 점점 힘을 잃었고, 군주제가 이를 대체했다. 군주제는 수많은 야심가가 일으킨 전쟁의 산물이었다. 기원전 1세기 중엽에 카이사르, 폼페이우스, 크라수스가 먼저 삼두 정치(Triumviri)[55]의 서문을 열었다. 삼두 정치 체제는 원로원 대신 로마의 정권을 장악했다. 이후 본래

55) 세 지도자가 동맹하여 실시한 전제 정치. 공화정에서 제정으로 넘어가는 과도기적 정치 형태

이들 가운데 가장 세력이 약했던 카이사르가 차츰 두각을 드러내면서 로마 종신 집정관(Consul)의 권좌에 올랐다.

카이사르가 활약한 시대에 로마는 대전환기를 맞이하고 있었다. 사회적 모순이 첨예하게 대립하면서 위기감이 고조되었고 공화 정치로는 이미 통치 계급의 욕구를 만족시킬 수 없었다. 결국 독재 정치에 가장 걸맞은 인물 카이사르가 모든 권력을 틀어쥐었다.

▲ 골 지방의 베르킨게토릭스 (Vercingetorix) 장군이 카이사르에게 투항하는 장면
정복 전쟁에 열을 올린 카이사르는 방대한 로마 제국을 건립했다.

정권을 장악한 카이사르는 강력한 중앙집권제를 실시했다. 군 수뇌부와 원로원을 다시 구성하고, 오랫동안 전장을 누빈 노장들에게 도지를 대거 분배하고, 역법을 개혁하는 등 개혁을 추진했다. 그 밖에 정복 지역의 이민족에게도 로마 시민권을 획득하는 기회를 열어 두고, 관리도 평민들이 선거를 통해 선발하도록 규정했다. 이러한 일련의 개혁으로 로마는 번영을 누리게 되었으나 카이사르가 암살된 후 다시 분열되었다.

카이사르의 뒤를 이은 옥타비아누스는 기원전 30년경에 정복 전쟁을 일으켜 로마를 통일했다. 그는 독재 대신 공화제를 부활시키고 원로원의 신임을 획득하며 아우구스투스(Augustus)라는 칭호를 얻었고, 그와 함께 로마의 군사, 행정, 종교를 장악했다. 이렇게 해서 로마의 제정帝政이 시작되었다.

옥타비아누스 역시 자신의 통치 체제를 공고히 하고자 일련의 개혁을 실시했다. 원로원의 규모를 축소하여 실질적 권한을 박탈해 원로들은 직위만 높고 실권은 없는 존재로 전락했다. 또 옥타비아누스는 자신의 심복들로 원로원 자문 위원회(consilium)를 구성했다. 행정 제도는 친정을 하거나 원로원에 관할권을 주는 두 가지 방식으로 나누었고, 성마다 자치 제도를 실시하도록 했다. 그리고 각 지방에 퇴역 군인들을 배치해 중앙 집권을 대대적으로 강화했다.

사회 분야에서는 교통, 오락 및 공공시설을 대폭 증축해 수많은

56) 존엄한 자

일자리를 창출하는 효과를 거두었다. 사회 질서는 차츰 안정을 되찾았고 그에 발맞추어 옥타비아누스의 위상과 명망은 갈수록 높아졌다. 또한 그는 법령을 반포해 사회 규범을 바로잡고, 신전을 중건해 종교 발달을 꾀했으며, 출산을 장려해 인구 증가를 유도했다.

옥타비아누스가 행한 일련의 조치들로 사회가 안정되고 경제가 발전하여 로마는 그야말로 '황금시대'를 구가했다. 특히 바퀴를 단 쟁기와 탈곡기가 등장하면서 농업이 크게 발전했고 물방아도 이 시기에 첫 선을 보였다. 한편 대외 무역도 매우 활기를 띠었다. 로마는 향후 200년 동안 평화로운 시대를 누렸고 안토니우스 왕조 시대에 최고의 전성기를 구가했다.

그러나 국경 지대에서 이민족들이 활개를 치고 노예제로 말미암은 사회적 모순이 심해지면서 3세기에 로마제국은 위기에 봉착했다. 농업과 수공업마저 침체되고 상업, 대외 무역도 활력을 잃었으며 내부적으로 봉기가 끊이지 않았다. 통치 계급 간에 갈등이 심화되고 이민족의 침략이 빈번해지면서 귀족들은 자체적으로 용병을 양성하기 시작했다.

이러한 상황은 284년에 디오클레티아누스가 역사 무대에 등장하면서 전환 국면을 맞이했다. 그는 잔혹한 수단으로 골과 아프리카 지역의 봉기를 진압하고 게르만족을 공격해 국경 지대까지 안정시켰다. 내우외환을 모두 해결한 그는 곧이어 내정 개혁을 시작했다. 디오클레티아누스의 개혁으로 로마는 당분간 안정적인 정국을 유지할 수 있었다.

그러나 디오클레티아누스가 권좌에서 물러난 후 로마는 다시금 무질서 상태에 빠졌다. 이러한 혼란 국면은 324년에 콘스탄티누스가 로마를 다시 통일할 때까지 계속되었다. 비록 이 두 황제가 로마의 개혁을 이끌기는 했으나 이미 기울어진 로마의 운명을 되돌릴 수는 없었다. 395년에 로마는 동로마와 서로마로 분열되었고 내부 봉기와 외적의 침입까지 맞물려 서로마제국이 먼저 멸망했다. 서로마의 멸망과 함께 수세기 동안 로마에서 지속되었던 노예제 사회가 막을 내렸고 서유럽에는 봉건 제도가 등장했다.

디오클레티아누스의 정치 개혁

디오클레티아누스는 공화제의 잔여 세력을 모두 숙청하고 원로원의 실권을 박탈했다. 그 결과 국가 권력은 황제와 그 직속 기구의 수중으로 들어갔다. 그는 행정 구역을 네 곳으로 나누고 '사두 정치'를 출범시켰다. 제국을 동서로 양분하고 두 명의 정제(Augustus, 아우구스투스)와 두 명의 부제(Caesar, 카이사르)를 두어 관리하게 한 것이다. 또 군주제를 확립하고 대관식을 거행해 제위에 오르는 등 명실상부한 로마의 제1대 황제가 되었다.

기독교의 탄생과 전파

시기 : 1세기
인물 : 예수 그리스도
영향 : 기독교는 서양의 정치, 문화, 건축, 예술 등에 지대한 영향을
      끼쳤으며 사상과 관념에도 매우 큰 변화를 일으켰다.

세계 3대 종교로 꼽히는 기독교는 신도 수가 가장 많고 영향 범위
또한 가장 방대해 가히 '세계 최대의 종교'로 칭할 수 있다. 1세기
경에 팔레스타인 지방에서 처음 탄생했으며 본래 유대인이 창시한
유대교의 일부였다. 나중에 유대교에서 분리되어 나와 독립된 종교
로서 세계무대에 등장했다. 기독교는 하나님과 하나님의 아들 예수
를 성배하며 세세 각지로 전파되는 과정에서 그리스 정교회, 천주
교, 개신교 등으로 분화되었다.

기독교의 창시자는 예수 그리스도이다. 기원전 1세기에서 기원후
1세기에 이르기까지 '예수'는 유대인들 사이에서 매우 평범한 이름
이었으며, 히브리어로 '하
나님은 구세주'라는 뜻이
다. 예수는 기원전 6년 로
마제국의 유대인 마을 베들
레헴에서 태어났다. 기원후
5년 유대인의 유월절에 예
루살렘에서 처음으로 유대
교 선교사를 만났고, 기원
후 27년에 세례를 받고 갈
릴리 일대에서 선교 활동을
펼치기 시작했다. 선교의
주 내용은 '천국의 도래'와
'복음'을 전하는 것이었다.
예수가 세례를 받은 것을
시작으로 '세례'는 기독교

▼ 〈동방 박사들의 행렬(Procession of the Magi)〉 벽화 일부
이탈리아 화가 고촐리(Benozzo Gozzoli, 1420~1497년) 작
성경에 나오는 이야기를 바탕으로 동방 박사 세 명이 아기 예수를 찾아 떠나는 광경을 묘사한 그림

의 주요 성례가 되었다. 기원후 28년 '산상수훈[57]'을 통해 '팔복 (eight blessings)'을 전파했다. 이를 계기로 신도들은 그를 '그리스도'라 칭했다. 이는 유대인들이 민족의 구세주라는 뜻에서 일컬은 존칭이라고 할 수 있다.

예수의 사상에서 '하나님'과 '천국'을 가장 중요한 개념으로 꼽힐 수 있다. 세상의 모든 사물은 하나님이 정한 기준에 따르며, 인간은 하나님을 믿을 때 비로소 자유를 얻을 수 있다고 강조한다. 하나님은 인간을 위해 '사랑'으로 가득한 '천국'을 준비해두었는데, 그곳에서는 누구나 평등하고 영생을 누린다. 이러한 '복음'의 논리에 따라 초기의 기독교 신자들은 평민, 노예, 수공업자 등 하층 계급이 주류를 이루었다. 이들을 중심으로 예수의 명망이 갈수록 높아지자 로마의 통치 계급은 점차 그의 사상을 위협적인 대상으로 인식했다. 기원후 30년에 로마 통치 계급은 예수의 열두 제자 가운데 유다를 회유하여 유월절 전날 밤에 예수를 체포하는 데 성공했다. 그리고 다음날 바로 '유대인의 왕'을 사칭했다는 죄목으로 예수를 십자가에 못 박았다. 당시 로마의 통치자들은 그로부터 수백 년 후 기독교 사상이 중세 시대의 통치 수단이 될지 짐작이나 했을까?

기독교가 로마에 전파되기까지는 실로 오랜 세월이 걸렸다. 로마는 본래 다문화, 다종교를 표방한 국가였기에 '일신론'을 주장하는 기독교는 매우 이질적인 존재였다. 그러나 기독교에서 설파하는 평등, 호혜와 같은 사상이 가난한 백성의 호응을 얻으면서 점차 신도가 늘어났다. 평등을 갈구하는 백성과 통치 계급 간의 모순이 깊어지면서 기독교는 수차례 통치권자의 탄압을 받았다.

그로부터 두 세기 동안은 기독교에 호의적인 군주들이 등장하면서 기독교는 급속하게 발전했다. 3세기경에는 기독교 신도의 수가 600여 만 명에 달했고 곳곳에 수많은 교회가 들어섰다. 특히 관리, 황족들에게까지 기독교가 전파되었고 기독교는 차츰 통치 계급의 권익을 보호하는 수단으로 바뀌어갔다.

특히 기독교에 귀의한 콘스탄티누스가 '밀란 칙령(Edict of Milan)'을 반포함으로써 기독교는 합법적인 종교로 공인되었다. 몰수되었던 교회 자산은 환원되었고 일요일은 '주일'로 정해졌다. 교

---

57) 산상설교라고도 하며 산 위에서 이뤄진 예수의 설교를 가리키는 말로 신약성서 〈마태복음서〉 5~7장에 기록되어 있음

회는 납세 의무까지 면제받았다. 콘스탄티누스는 교회의 분쟁을 해결하고 교의를 통일하는 등 기독교의 발전에 크게 기여했다.

콘스탄티누스가 반포한 법령과 정책들은 기독교를 보호하는 데서 한 걸음 더 나아가 교회에 일종의 특권까지 부여했다. 그는 기독교의 분열을 막고자 325년에 기독교 사상 최초로 종교 회의인 니케아 공의회(Council of Nicaea)를 개최해 '삼위일체설'을 기독교의 정통 교리로 인정하는 《니케아신조(Nicene Creed)》를 통과시켰다. 콘스탄티누스는 교회를 짓는 데도 아낌없이 자금을 투자했다. 그리고 마침내 392년에 테오도시우스 1세가 기독교를 로마의 국교로 선포했다. 이후 기독교는 중세기 유럽의 정신적 지주로 자리매김했고 이러한 기세는 14세기에 르네상스 운동이 일어나기 전까지 지속되었다.

서로마제국이 멸망한 후 로마를 점령한 게르만족은 외래문화를 쉽게 받아들이는 습성으로 기독교에 귀의하는 사람들이 늘어났다. 고유의 문자가 없을 정도로 낙후된 문명 속에서 교회의 선교사와 수도사들이 문학과 예술의 주체로 부상했고, 기독교는 서유럽 봉건 사회의 사상을 주도하며 1,000여 년 동안 유럽을 지배했다. 이러한 기세는 훗날 십자군 원정으로까지 이어졌다.

1054년 이후 기독교는 그리스 정교회와 천주교로 갈라졌다. 그리스 정교회가 왕권 중심인 반면에 천주교에서는 교회가 권력을 장악했다. 16세기에 종교 개혁 운동이 일어나 천주교를 벗어나려는 개신교들의 움직임이 활발해졌고, 이에 따라 기독교의 교파 간 분열이 가속화되었다. 그러나 무엇보다 기독교가 전 세계로 전파될 수 있었던 계기는 자본주의의 발달과 팽창이라고 볼 수 있다. 이후 기독교 신도의 수는 어느새 15억 명을 돌파했고 기독교를 국교로 삼는 국가도 늘어났다.

기독교는 2,000여 년 동안 서양의 정치, 문화, 건축, 예술 등 방면에 지대한 영향을 끼쳤으며 이는 사상과 관념에도 매우 큰 변화를 가져왔다.

▲ 그리스도의 죽음에 대한 애도
이탈리아 화가 보티첼리 (Botticelli, Sandro, 1445~1510년) 작

성경·구약

《성경》의 《구약》은 히브리인들의 성경으로도 불리며, 유대교 경전의 주요 부분이자 기독교 성경의 전반부에 해당한다. 개신교의 《구약》은 총 39편이고 천주교의 《구약》은 총 40편으로 구성된다. 율서, 역사서, 시가, 선지자의 네 부분으로 나눌 수 있으며 이는 후반부의 《신약》과 일맥상통한다.

노예제 국가 악숨왕국의 흥기興起

시기 : 3세기 말

인물 : 에자나(Ezana)

영향 : 노예제 국가 악숨(Axum)왕국은 중동의 정세에 변혁의 바람을 몰고 와 북아프리카 문화의 중심 지역으로 부상했다.

　에티오피아의 고도 악숨은 4세기경에 로마, 페르시아, 중국과 함께 세계 4대 강국으로 손꼽혔다. 특히 에자나 왕이 통치하던 시기에 최고의 전성기를 맞이하며 찬란한 문명을 꽃피웠다.

　악숨왕국은 아라비아 반도로 이주해온 이민족과 토착민이 함께 건설한 국가로 지리적 특성상 이집트 문명의 영향을 받았다. 기원후 원년을 전후하여 발전의 기틀을 마련했고 3세기경부터 대외 원정에 나섰다. 특히 에자나가 왕위에 오르고 나서부터는 눈부신 발전을 이룩했다.

　에자나 왕은 악숨왕국을 40여 년 동안 통치했다. 이 기간에 에티

▶ **에티오피아의 역사 도시 악숨의 전경**

에티오피아 최초의 국가를 비롯해 수많은 왕조의 수도였다. '도시의 어머니'라는 별칭에 걸맞게 수많은 사원과 조각, 비문 등이 곳곳에 자리하고 있다. 이 가운데 특히 화강암으로 만든 방첨탑(오벨리스크)과 거대한 석주가 눈길을 사로잡는다. 기원후 306년경에 지어진 것으로 보이는 이 거대한 석주들은 악숨을 상징하는 대표적 건축물이다.

◀ 악숨왕국은 토착 원시 종교 대신 기독교를 받아들이고 나라 곳곳에 교회와 수도원을 지었다.

오피아 고원 내륙을 비롯해 쿠시왕국(Kingdom of Kush), 백나일 강 (White Nile), 청나일 강(Blue Nile) 유역과 동방의 힘야르왕국 (Himyarite) 등 아랍의 작은 국가들까지 차례로 정복했다. 악숨왕국이 가장 막강했을 당시 영토는 동쪽으로 아라비아 반도 서남부, 서쪽으로 나일 강 상류, 남쪽으로 소말리아, 북쪽으로 이집트 남단에까지 이르렀다. 에자나 왕은 자신의 통치 체제를 강화하기 위해 일종의 분봉 제도인 '네구스 제도'를 실시했다.

악숨왕국은 전쟁을 통해 획득한 막대한 부와 재물, 노예를 기반으로 농업, 목축업, 수공업 등 경제를 발전시켰다.

농업 분야에서는 밀, 보리, 호밀, 깨, 포도 등을 재배했고 당시에 벌써 계단식 논이 발달했다. 또 관개 기술과 우경 농법도 광범위하게 사용되었다. 발달된 농기구와 영농법을 바탕으로 악숨왕국의 농업 생산량은 크게 증가했으며 다양한 품종의 농산품이 다른 국가에까지 유입되었다. 목축업은 따로 이 분야를 관리하는 관직이 있을 정도로 매우 발달했다. 일찍부터 소, 양, 염소, 낙타, 노새 등의 가축 사육 기술을 보유했을 정도였다. 이 밖에 양조법, 도자기업, 조선업, 철광석 제련업, 무기 제조업 등 수공업 분야도 다른 나라보다 앞선 수준에 이르렀다.

네구스 제도

에자나 왕이 군주제를 강화하기 위해 실시한 제도로, 국왕이 전쟁에서 얻은 영토를 귀족과 공신들에게 분봉하고 이들이 다시 하위 귀족들에게 분봉하는 식으로 등급제를 엄격히 유지했다. 국왕은 귀족들과 그 부속 토지에 대해 절대적 권력을 보유했고 그들의 생명까지 좌우할 수 있는 유일한 존재였다.

국내 경제가 발달하자 대외 무역도 활발해졌다. 악숨왕국의 수출품은 농산품이 주를 이루었고, 출입하는 선박들에 세금을 부과해 재정 수입을 늘렸다. 경제가 번영하면서 화폐가 등장했다. 악숨왕국은 아프리카에서 가장 먼저 금속 화폐를 주조한 국가이다. 당시 주조한 금화는 지금도 아름다운 문양은 물론 화폐에 새겨진 문자까지 또렷하게 보인다.

악숨왕국은 문자 개혁, 기독교 도입 등 문화 분야에서도 눈부신 발전을 이룩했다. 자음과 모음을 병기하던 것에서 모음만 표기하는 것으로 바꾼 표기법은 오늘날까지 이어져 에티오피아의 통용 문자로 자리 잡았다. 에자나 왕의 집권기에 도입한 기독교는 토착 원시 종교 대신 악숨왕국에 폭넓게 전파되었다. 그는 기독교를 전파하기 위해 나라 곳곳에 교회와 수도원을 짓기도 했다. 악숨왕국의 유적 가운데 거대한 비석과 석주, 왕릉 등은 당시 건축 예술의 정수를 보여주는 걸작으로 꼽힌다.

에자나 왕의 집권기에 선진 국가의 문화를 흡수하고 대외 무역으로 경제를 한층 발전시킨 악숨왕국은 동시대에 가장 우수한 문명을 선보인 국가라 할 수 있다. 그러나 7세기부터 점차 국력이 쇠퇴하여 8세기에는 해상 무역의 패권까지 잃고 점차 역사의 뒤편으로 사라졌다.

흉노족의 유럽 침입

시기 : 4세기 초
인물 : 아틸라(Attila)
영향 : 흉노족이 세운 왕국은 비록 단명했지만 유럽 역사의 전환기를
       여는 계기가 되었다. 게르만족이 이들에게 삶의 터전을 빼앗겨
       로마를 침략하면서 유럽의 역사 무대에 등장했고 로마제국은
       멸망의 길로 들어섰기 때문이다.

▲ 한나라 무제
그의 흉노 정벌 정책으로 쫓겨
난 흉노족은 먼 방랑의 길을 떠
났다.

흉노족은 중국 역사상 가장 오래된 소수 민족이다. 몽골 초원을 무
대로 유목 생활을 했고 기원전 3세기경에 중국 변경 지대를 중심으로
큰 세력을 형성했다. 주변 이민족들과 끝없이 마찰을 빚다가 1세기
중엽부터 중원의 한나라와 긴 전쟁의 역사를 써내려갔다. 한나라 왕
조는 장건을 서역으로 파견해 동맹국을 모색하는 등 흉노족에 대한
견제를 늦추지 않았다. 마침내 한나라가 대대적인 흉노 정벌을 시작
하자 흉노족 가운데 일부는 한나라에 귀의해 한족과 함께 살며 동화
되어갔고, 이를 거부한 나머지 흉노족은 먼 방랑의 길을 떠났다.

그로부터 200여 년 동안 흉노족이 어떻게 생활했는지는 알려지지
않았다. 그들의 자취를 담은 어떠한 사료도 남아 있지 않기 때문이

◀ 이탈리아에 쳐들어온 아틸라
왕을 설득하러 나서는 교황 레
오 1세
이탈리아 화가 라파엘로(1483~
1520년) 작. 아틸라는 당시 흉
노족의 왕좌를 차지한 인물이
었다.

다. 그리고 4세기 초, 이들은 갑자기 유럽의 역사 무대에 모습을 드러냈다. 카스피 해 북안과 돈 강(Don River) 유역의 초원에 터를 잡고 살다가 점차 동유럽 헝가리 평원까지 잠식했다. 처음에는 식량과 가축의 사료가 절실해 어쩔 수 없이 이곳까지 쫓겨온 신세였지만 점차 동맹을 맺거나 정벌하는 등의 방식으로 러시아 우크라이나 산지를 비롯해 프랑스 라인 강 유역의 대초원까지 차지하며 세력을 확장했다. 360년경에는 본격적으로 유럽 정복 전쟁에 돌입했다. 그들의 첫 번째 정복 대상은 돌궐족(튀르크족)이 세운 알란(Alan)왕국[58]이었다.

당시 알란은 매우 강성한 나라였는데 흉노와의 전쟁에서 패해 멸망하고 말았다. 이 사건은 서방의 여러 나라에 큰 충격을 주었다. 첫 번째 전쟁에서 승리한 흉노족은 서쪽으로 계속 전진해 마침내 게르만족과 대치하게 되었고, 동고트족과 서고트족을 차례로 몰아낸 후 남러시아 초원을 차지했다.

한편 삶의 터전을 잃은 게르만족은 로마의 국경 지대로 옮겨갔다. 당시 국력이 극도로 쇠했던 로마제국은 이미 이들을 막을 만한 힘도 없는 상태였다. 결국 로마 황제는 흉노족에게 공물을 주고 전쟁을 피했다. 남러시아의 비옥한 초원과 더불어 피 한 방울 흘리지 않고 공물까지 얻은 흉노족은 러시아 초원에 방대한 흉노왕국을 건설했다.

432년경 흉노족은 통일을 이룩했고, 2년 후 아틸라가 그의 형 블레다와 함께 흉노의 통치권을 계승했다. 이들 형제의 통치 아래 흉노족은 갈수록 강성해져 어느새 로마까지 위협했다. 마침내 아틸라는 로마가 흉노족의 반역자들을 비호한다는 명목으로 전쟁을 일으켰다. 이에 로마는 그 이듬해에 더 많은 공물을 주고 몇 개 도시를 더 개방하는 조건으로 흉노족과 타협해 겨우 명맥을 유지할 수 있었다.

그로부터 5년이 지났을 무렵, 흉노족은 페르시아제국을 공격했으나 성공하지 못하자 다시 로마를 공격했다. 도나우 강을 건너 일리리아(Illyria) 지역까지 점령한 그들은 또다시 콘스탄티노플을 포위한 채 공격을 퍼부었고 골 지방까지 위협했다. 로마는 하는 수 없이 다시 막대한 재물을 주고 흉노족 군대의 발길을 돌렸다. 이렇게 해서 로마에서 돌아온 후 아틸라는 형 블레다를 죽이고 흉노의 유일한 통

블레다

흉노족의 왕 루아(Rua)의 조카로 434년에 동생 아틸라와 함께 흉노족의 공동 통치자가 되었다. 같은 해에 비잔틴제국을 공격해 승리했으며, 전쟁 포로를 넘겨주고 막대한 재물을 획득했다. 그러나 군사, 정치적인 면에서 모두 동생 아틸라의 적수가 되지 못해 결국 445년에 동생에게 살해되는 비극적 최후를 맞았다.

---

58) 중국 한나라 때의 사서에 '엄채奄蔡'라는 이름으로 등장하며, 지금의 아랄 해(Aral Sea) 북쪽에 자리를 잡았다가 흑해 북쪽으로 이동한 것으로 알려졌음

◀ 아틸라 대왕의 그림(Feast of Attila)

1870년 작. 아틸라는 흉노족이 유라시아 대륙을 정복할 당시 이들을 이끈 인물로 나중에 흉노의 왕이 되었다. 동로마와 서로마를 여러 차례 공격해 로마제국이 쇠퇴하는 데 영향을 끼쳤다.

치자가 되었다.

　그 후로도 아틸라의 서유럽 공격은 계속되었다. 그는 알프스 산맥을 넘어 이탈리아 본토까지 쳐들어가 서로마 황제를 내쫓고 동쪽으로 아랄 해, 서쪽으로 대서양 해안, 남쪽으로 도나우 강, 북쪽으로 발트 해(Baltic Sea)에 이르는 방대한 영토를 구축했다. 그리고 정복한 국가마다 자신과 맹약한 흉노 귀족을 통치자로 파견해 태평한 시기에는 공물을 받고 전시에는 징병하는 정책을 추진했다.

　아틸라가 죽은 후 흉노는 내부적으로 치열한 왕위 쟁탈전이 벌어져 내란에 휩싸였고 결국 급속하게 와해되고 말았다. 흉노족이 세운 왕국은 비록 단명했지만 유럽 역사의 전환기를 여는 계기가 되었다. 게르만족이 이들에게 삶의 터전을 빼앗겨 로마를 침략하면서 유럽의 역사 무대에 등장했고 로마제국은 멸망의 길로 들어섰기 때문이다.

《유스티니아누스 법전 (Codex Justinianus)》의 반포

▲ 유스티니아누스 1세(483~565년)
483년에 지금의 유고슬라비아 타우레시움 부근에서 태어나 527년에 비잔틴제국의 왕이 되었다.

시기 : 528~534년
인물 : 유스티니아누스 1세
영향 : 《유스티니아누스 법전》은 세계 최초의 노예제 성문 법전으로 유럽 각국의 법학, 법률이 발전하는 데 큰 영향을 끼쳤다.

고대 그리스인을 비롯해 로마인, 히브리인은 인류 문명, 특히 서양 문명의 발전에 절대적 영향을 끼친 존재라고 할 수 있다. 그리스인의 철학 사상은 서양 철학의 근간을 이루었고 히브리인의 종교는 천여 년 동안 유럽을 통치했기 때문이다. 그렇다면 로마인은 어떤 공헌을 했을까? 바로 법률의 제정이다.

여기에서 지칭하는 로마법은 로마제국이 형성된 초기부터 유스티니아누스가 로마를 통일하고 법전을 편찬한 때까지 제정된 모든 법률을 아우른다. 전설적인 로마제국의 일곱 왕 가운데 6대 왕인 세르비우스 툴리우스(Servius Tullius)는 기원전 6세기 중·후반기에 대대

▶ 유스티니아누스 황제는 그가 편찬한 법전으로 세계적 명성을 얻었다. 이 법전은 그가 즉위하면서 바로 실시되었다고 한다. 로마의 법학 지식이 총망라된 이 법전은 훗날 수많은 국가에서 법전의 모델이 되었다.

적으로 개혁을 실시해 로마 법률의 틀을 마련했다. 기원전 5세기 중엽에는 진정한 의미의 성문법에 해당하는 《12표법(lex duodecim tabularum)》이 선을 보였다.

《12표법》이 등장하기 전에 있었던 모든 법률은 귀족 통치자와 평민 대표가 공동으로 구두 협약을 체결하는 형식이었고 민중의 이익을 어느 정도 보장했다. 그러나 공화정 시대에는 갈수록 원로원 세력이 강성해져 법률까지 좌우했다. 이러한 상황은 민중의 불만을 불러일으켰고, 그 결과 귀족에 반대하는 평민들의 투쟁으로 이어졌다. 이에 원로원은 새로운 입법 체계를 확립한다는 데 동의하지 않을 수 없었다.

기원전 449년에 기존 로마 법률의 관례를 정리해 명문화한 로마 최초의 성문법 《12표법》이 제정되었다.

기원전 3세기부터 대외 확장 정책을 실시하며 원정을 감행한 로마는 곧 유럽, 아시아, 아프리카 세 대륙을 잇는 거대한 제국을 건설했다. 방대한 영토에서 통치 체제를 확고히 하려면 특히 법제의 정비가 필수적이었다. 그래서 점령지의 법률을 바탕으로 노예주의 권익을 옹호하는 법률을 제정했고, 재산 관계를 명료하게 정리한 내용이 주를 이루었다. 그 후 게르만족, 이탈리아 등에서도 이를 모방한 법률이 제정되었다. 그러나 시간이 지날수록 기존의 법률은 시대적 요구에 부응하지 못하는 단점들을 드러내기 시작했다.

395년, 로마는 동서 양국으로 분리되었고 내부 봉기와 외적의 침입으로 먼저 서로마제국이 멸망했다. 동로마제국은 지리적으로 유리한 위치에 있어 명맥을 유지할 수 있었으나 여전히 곳곳에 위험이 도사리고 있었다. 이 같은 위기 상황에서 동로마의 운명을 바꿀 위대한 왕 유스티니아누스가 등극한 것은 로마에 커다란 행운이었다. 그는 로마의 옛 영토를 수복하고 전 세계에 기독교를 전파한다는 것을 목표로 삼고 국력을 키워나갔다. 그리고 시대에 뒤떨어진 법률의 문제성을 인식하고 입법 위원회를 구성해 새로운 법전인 《로마법 대전(Corpus Juris Civilis)》, 즉 《유스티니아누스 법전》을 제정했다. 로마의 영토를 수복하는 대외 전쟁 시기에 제정된 이 법전은 인류 문명의 위대한 유산으로 평가받는다.

유스티니아누스는 재위 2년째인 528년에 트리보니아누스(Tribonianus)를 수장으로 하여 법전 편찬 위원회를 구성했다. 그로

유스티니아누스 1세

그는 483년에 지금의 유고슬라비아 타우레시움 부근에서 태어났다. 비록 농민 출신이었지만 교육을 받았고, 젊은 시절에 삼촌 유스티누스 1세(Justinus I)를 따라 군인이 되었다. 유스티누스 1세는 혁혁한 전공을 인정받아 비잔틴의 황제 자리에 올랐으며, 조카 유스티니아누스가 콘스탄티노플에 온 후 많은 도움을 주었다. 527년에 유스티누스 1세가 사망하자 유스티니아누스는 황제로 임명되어 565년까지 재위했다. 만년에는 신학 연구에 심취하여 국정에는 그다지 관여하지 않았다.

▶ 유스티니아누스 1세가 대지의 여신에게 법전을 바치고 있다.

부터 몇 년 후 드디어 534년에 법전이 완성되었다. 총 12권으로, 연대순으로 칙령과 그 주요 내용을 기록하고 표지에는 칙령을 반포한 황제의 이름을, 결미에는 일자를 적는 방식을 적용했다.

〈칙법휘찬(Codex Constitutionum)〉, 〈학설휘찬(Digesta, Pandectae)〉, 〈법학제요(Institutiones)〉, 〈신칙법(Novellae Constitutiones Post Codicem)〉의 네 부분으로 구성되었으며, '유스티니아누스 법전'으로 불리는 〈칙법휘찬〉이 핵심이다. 원로원의 결의 내용과 황제의 칙령 위주로 구성된 〈칙법휘찬〉은 기존의 자료를 가감하거나 수정하여 완성되었다. 〈학설휘찬〉은 역대 로마 법학자들이 남긴 저서 가운데 핵심만 모은 것이고, 〈법학제요〉는 법학자들의 논문을 바탕으로 법학 원리를 요약한 일종의 법학 교재라고 할 수 있다. 〈신칙법〉은 유스티니아누스 황제가 새로 반포한 칙령으로 행정 법규가 주를 이루며 그 밖에 유산 상속과 관련된 법률도 다루었다.

이 법률들은 유스티니아누스의 재위 기간에 모두 시행되었고 훗날 수많은 국가에서 법전의 모델이 되었다. 이후 유스티니아누스는 '법률의 아버지'로 불렸다.

《유스티니아누스 법전》은 세계 최초의 노예제 성문 법전이다. 공화정 시대부터 유스티니아누스가 재위한 기간까지의 모든 법률과 법학 저서들을 수집하여 정리한 대작으로 내용이 매우 풍부하다. 완벽하게 체계를 갖춘 이 법전은 이후 유럽 각국의 법학, 법률이 발전하는 데 큰 영향을 끼쳤다.

과거 제도의 형성

시기 : 605~1905년

인물 : 수 문제 양견

영향 : 과거 제도는 평민들에게 자신의 능력을 펼칠 기회를 부여하여 관리 체제에 새로운 활력을 불어넣었다. 또 인재 선발 제도를 개선하고 사회 각 계층에 지식과 인재에 대한 경외심을 심어주었을 뿐만 아니라 지식의 보급에도 기여했다.

수나라 문제 양견이 창시한 과거 제도는 시대적 병폐를 개혁하는 일종의 정치 수단이었다. 진秦나라 이전까지 통치자는 분봉제를 실시했고 관직은 대부분 세습되었다. 이러한 특징은 주나라에 이르러 더욱 두드러졌다. 천자, 제후, 경, 사 등으로 신분 계급이 나뉘었고, 이는 절대로 변하지 않을 천리로 여겨졌다. 동주 시대에 '객경客卿[59]', '식객食客[60]' 등 인재에 대한 새로운 개념이 등장하면서 굳건하던 기존의 제도가 흔들렸다. 그리고 한나라 시대에 이르러서는 수백 년 동안 시행되어온 통치 체계가 동요하자 민간에서 재능과 덕을 겸비한 인재를 찾아 조정 관리로 등용했다. 이들의 수가 점점 많아지면서 마침내는 하나의 세력을 형성했다.

위나라를 세운 조비曹丕는 권력을 조정에 집중시키고자 '구품중정제九品中正制'를 실시했다. 관품을 9품으로 나누고 사족士族[61] 가운데 인재를 선발해 세도가가 좌우하던 관리 제도에 변화를 주고자 한 것이었다. 그러나 이들을 선발하는 특권이 명문대가들의 수중에 있었기에 오히려 명문대가의 권력을 강화하는 수단으로 전락하고 말았다. "상품上品에는 가난한 집안이 없고 하품下品에는 명문 귀족이 없네."라는 말이 당시의 현실을 신랄하게 알려준다.

봉건 제도가 확고하게 뿌리 내린 상황에서 구품중정제는 오히려 사족의 벼슬길을 막는 장애 요소였다. 그리고 세도가는 조정을 맘대로 휘두르며 최고 통치자의 권익까지 심각하게 침해했다. '최고 통

---

[59] 다른 제후국 출신의 관리

[60] 세도가에 얹혀 지내면서 문객 노릇을 하던 사람

[61] 선비 계층

수 문제

수 문제 양견은 541년에 북주의 군사 귀족 집안에서 출생했다. 그의 부친 양충楊忠은 북주 주국의 대장군이었으며 양견도 어려서부터 군사 빙면에 재능을 보였다. 열네 살에 벌써 북주의 군대를 지휘했고 수많은 전쟁을 거치며 관직에서도 승승장구했다. 북주의 선제宣帝가 죽고 나서 나이 어린 정제靜帝가 황제에 오르자 양견은 정제를 폐하고 581년에 수나라를 세워 스스로 황제의 자리에 올랐다. 수나라의 국력이 점점 강성해지자 수 문제 양견은 588년부터 먼저 남쪽의 진陳나라를 멸망시키고 지금의 타이완 섬까지 점령해 마침내 중국 통일을 이루었다.

73

▶ 과거 시험장

과거 제도는 수립 시대부터 청
대에 이르는 봉건 왕조 시기에
문관과 무관을 선발하는 제도였
다. 당나라 시대에는 매년 과거
시험이 실시되었고, 문과의 시
험 과목 수가 매우 많았다. 명련
시대에는 문과 시험 과목으로
진사 한 과목만 개설해 '팔고
문'으로 시험을 보았으며 무과
는 말을 타고 활을 쏘는 시험과
역기 등의 무예를 겨루었다.

치자'들은 이 같은 국면을 타파할 새로운 방법을 모색하지 않을 수
없었다. 이러한 배경에서 탄생한 과거 제도는 당시의 시대적 병폐를
개혁하는 일종의 정치 수단이었다. 과거 시험을 통해 인재를 선발하
는 방식은 세도가의 위협에서 벗어날 수 있는 이상적인 방법이었던
것이다. 그래서 과거 제도는 새로운 왕조가 들어설 때마다 통치자의
입맛에 따라 숱한 변화를 겪었다. 송나라 때부터는 출신과 빈부에
상관없이 누구나 과거에 참가할 수 있었다.

수나라 원년에는 '명경', '진사' 두 과목을 개설하고 사회 각 계
층에서 능력 있는 인재라면 누구나 시험에 참가할 수 있게 했다.

과거 제도는 가문과 부富가 운명을 좌우하던 역사에 커다란 변화
를 가져왔으므로 한편으로는 공평한 경쟁의 무대를 제공했다고 생

각할 수 있다. "낮에는 밭을 매던 농부가 밤에는 관리가 되어 있네." 라는 문구가 현실이 된 것이다. 과거 시험은 평민들에게 사회적 지위를 상승시킬 수 있는 기회였기에 빈곤한 선비 계층들은 밤낮으로 책을 파고들었다. 십여 년의 노력 끝에 과거에 급제한 이들은 주변 친척과 친구들에게까지 활로를 열어주어 사회에 구조적 변화를 몰고 오기도 했다.

피땀 흘려 공부해 마침내 관리가 된 선비들은 민간의 고충과 기존 관리들의 폐단을 너무나도 잘 알고 있었다. 그래서 관리의 부패를 막는 효과도 어느 정도 기대할 수 있었다. 특히 안일한 관료 체제에 새로운 피를 수혈해 정부 기구의 업무 능력을 향상시키는 이점도 있었다.

중국의 영향을 받아 한국, 일본, 베트남 등의 나라에서도 과거 제도가 시행되었다. 또 중국에서 시행하는 과거 시험에 응시하기 위해 먼 길을 오는 사람들도 생겨났다.

청나라 광서光緒 31년(1905년)에 무려 1,300여 년이나 지속된 과거 제도가 마침내 폐지되었다.

명나라 이후로 시험의 내용이 고리타분한 틀을 벗어나지 못하는 등 많은 폐단이 생겨나 응시자들의 실력을 제대로 평가하지 못했던 것이다. 과거 시험에 합격하기 위한 수단이 되어버린 공부로는 사서오경과 팔고문의 속박에 갇혀 창의력과 올바른 사고 능력을 키울 수 없었다. 정말로 문학과 예술에 조예가 깊은 사람들은 이처럼 틀에 박힌 시험 방식에 적응하지 못했고 실력 있는 인재들이 오히려 시험에 낙방하기 일쑤였다. 과거 제도의 폐단이 갈수록 심화되자 통치자들도 이를 외면하게 되면서 결국 폐지되는 상황에 이른 것이다.

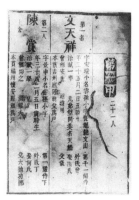

▲ 과거 시험 성적 순위표

당나라 건립

시기 : 618년

인물 : 당 태종 이세민李世民, 당 현종 이융기李隆基

영향 : 당나라는 중국 역사상 경제, 문화, 국력 면에서 최고의 전성기를
구가한 왕조로 아시아뿐만 아니라 전 세계에 그 명성을 떨쳤다.

▲ 당 태종 이세민 초상

당 태종 이세민

이세민은 개황(65) 18년(600년)에 당나라를 세운 고조 이연의 차남으로 태어났다. 부친을 도와 전쟁에서 혁혁한 공을 세웠는데, 이 때문에 형 이건성의 시기를 받았다. 위기를 느낀 그는 먼저 '현무문의 변(66)'을 일으켜 형을 제거하고 황태자로 책봉되었다. 이후 그는 궁중의 실권을 장악하고 고조에게서 황위를 선양받아 당나라 제2대 황제로 등극했다. 시호는 '태종', 연호는 '정관'이라 했다. 한 무제 이후 최고의 황제로 평가받으며 봉건제 사회의 최전성기를 보여주었다.

세계에 중국이 알려지기 시작한 것은 당나라 시기부터이다. 지금도 중국인과 화교를 '탕런唐人(62)', 이들이 모여 사는 차이나타운을 '탕런제唐人街(63)'라고 부른다.

당나라는 618년에 세워졌고 중국 역사상 가장 번성한 시대로 꼽힌다. 당나라가 이렇게 번성할 수 있었던 데는 당 태종 이세민의 역할이 컸다.

그는 20여 년에 걸친 재위 기간에 이전 왕조인 수나라의 멸망을 교훈으로 삼아 백성의 생활을 안정시키고 인재를 중용하며 정치적 역량을 강화하는 치국 정책을 펼쳤다. 경제적으로는 균전제와 조용조 정책을 실시하고, 수리 사업을 중시하며 농업 생산량을 확대하는 데 힘을 쏟았다. 이에 정관貞觀(64) 초년부터는 백성이 평온한 삶을 영위했다. 정치적으로는 독선적인 수 양제를 타산지석으로 삼고 삼권분립과 '3성 6부제'를 실시하여 통치 기반을 확고히 다졌다. 특히 인재의 중요성을 일찍감치 깨닫고 전국에서 인재를 구하는 '구현령'을 여러 차례 내리기도 했다. 또 과거 제도를 개선하고 재능과 덕성을 함께 겸비한 인재를 선발하는 데 주력했다. 관리 선발의 범위를 확대하고자 국자감, 태학 등의 교육 기관을 세웠고, 지방에도 수많은 학당이 세워졌다.

당 태종이 집권하던 시기에는 농업 기술이 발달하여 생산량이 크게

---

62) 당나라 사람
63) 당나라 거리
64) 당 태종의 연호
65) 수 문제의 첫 번째 연호
66) 당시 태자였던 이건성이 자신을 제거할 음모를 꾸미는 것을 눈치 채고 이세민이 궁궐문인 현무문에 매복해 있다가 형 건성과 일행을 모두 화살로 쏘아 죽인 사건

증가했고 수공업이 활기를 띠면서 다양한 상품이 등장해 상업도 전
에 없이 번창했다. 이러한 경제 규모는 동시대의 비잔틴제국과 아랍
제국마저 넘어서는 추세였다. 장안, 낙양, 광주, 항주, 양주 등 상업
도시들이 등장했고, 특히 장안은 세계적인 상업 도시로 부상했다.

  당 태종은 이민족과 조화롭게 발전하는 길을 모색하고자 포용하
는 외교 정책을 펼쳤다. 서역을 관할하는 군사·행정 기구 '안서도
호부'를 설치하고, 문성 공주를 티베트의 손챈감포에게 시집보내
두 민족 간에 우의를 다졌으며, 천축[67]에서 설탕 제조 기술을 도입
하기도 했다.

  당 태종 이후에 즉위한 황제들도 이러한 정책 기조를 유지하면서
치국에 힘써 중국의 경제, 문화를 크게 발전시켰다. 특히 당 현종이

67) 지금의 인도

통치한 시기에 이르러서는 최고의 전성기인 '성당盛唐' 시대를 구가했다.

아시아와 유럽 각국에까지 당나라의 명성이 전해지면서 수많은 나라가 당나라와 외교 관계를 수립하고자 찾아왔다. 동아시아의 신라, 발해, 일본 유학생들의 발길이 끊임없이 이어졌고 당나라의 정치, 문화가 이들 국가에 큰 영향을 끼쳤다. 한편으로는 이때 아랍 국가의 에메랄드, 후추, 이슬람교 등이 중국으로 유입되었다.

활발한 국제 교류는 당나라의 경제, 문화에 새로운 활력이 불어넣었고 당나라는 아시아의 문화 중심지로 확실히 자리매김했다. 다양한 문화가 공존하는 개방적인 사회 분위기에 힘입어 이백, 두보,

▲ 영국 맨체스터에 있는 차이나타운 탕런제

현장법사, 유지기, 승려 일행, 손사막 등 걸출한 인물들도 많이 배출되었다.

성당 시기에 유럽에서는 프랑크왕국과 비잔틴제국이 명성을 날리고 있었고, 인도에서는 하르샤(Harsha, 시라디티야)가 국내 분쟁을 해결하고 봉건 제도를 수립한 상황이었다. 일본도 당나라의 문화와 문물을 받아들여 다이카 개신(68)을 추진하고 봉건 제도를 수립해나가기 시작했다.

경제, 문화의 번영과 강력한 국력, 그리고 사상의 자유가 넘쳤던 당나라는 중국 역사상 가장 찬란한 문명을 꽃 피운 시대로 기억된다.

(68) 646년 일본 아스카 시대 고교쿠 천황 재임 중 조정의 혁신파가 벌인 대규모 정치 개혁

현장법사의 인도 기행

시기 : 627~644년
인물 : 당나라 현장법사
영향 : 불교는 중국의 전통 문화와 융화되기 시작하면서 중국에서 문
화, 종교의 한 영역으로 자리매김했고 철학, 예술 방면에도 깊
은 영향을 끼쳤다. 또 중국에서 보관하던 고대 불경은 후에 인
도에서 불교가 부흥하는 데 큰 도움을 주었다.

▼ **각국왕자도**
오대 시대에 중국 서역에 존립했
던 각 나라의 민족의상을 한 눈
에 볼 수 있다. 당나라의 벽화에
는 토욕혼[69], 위구르족, 구자[70],
고창[71], 토번 등 서역 일대의 나
라와 남해 일대에 거주했던 곤륜
인들의 모습이 그대로 남아 있
다. 국제 교류가 빈번해지면서
의상과 장식품들도 서로 영향을
주고받았다. 오대 시대의 벽화에
서는 민족의상을 입고 있는 20여
개국 왕자들의 모습도 볼 수 있
다. 이는 민족별 의상과 장식품
을 연구하는 데 귀중한 자료로
활용되고 있다.

당나라의 현장법사가 불경을 구하기 위해 서역으로 떠난 시기는
627년 가을 무렵이었다.

인도에서 기원한 불교는 한나라 시대에 중국에 전파되었다. 그러

69) 지금의 토족에 해당하는 유목 민족
70) 지금의 신장 위구르 자치구 지역에 있었던 고대 서역국
71) 투루판 일대에 거주했던 소수 민족

▲ 현장야행도

나 불경이 난해한 산스크리트어로 기록된 탓에 전해지는 과정에서 수백 년 동안 음독音讀과 해석이 점점 모호하고 난해해졌다. 그래서 불경의 원본을 구하기 위해 인도로 여행을 떠나는 승려들이 생겨났고, 현장법사는 이들 가운데 가장 성공한 사례라고 볼 수 있다.

현장법사는 602년에 지금의 허난 성 뤄양 뤄저우 거우스 현에서 태어났다. 출가하기 전에는 성이 진陳, 이름은 위褘였고 현장은 그의 법호이다. 인도에서 불경을 구해온 후 사람들은 그를 '삼장법사'라고 불렀는데, 이는 그가 경經 · 율律 · 논論의 모든 불교 경전에 정통했기 때문이었다. 현장법사는 열세 살에 불교에 입문해 불경을 탐독하고 고승들을 찾아가 불도를 익혀 수많은 경전에 정통하는 등 불교에 대한 조예가 매우 깊었다. 그러나 불경을 깊이 파고들수록 오히려 수많은 의혹에 휩싸였다. 고심을 거듭하던 그는 우연한 기회에 알게 된 인도 승려의 소개로 인도에 가서 직접 불경을 구해와야겠다고 결심했다.

627년에 장안을 떠나 인도 여행길에 오른 후 무려 17년 동안 그는 기아와 온갖 고생을 겪었다. 그러나 불경을 구하겠다는 그의 결심은 꺾이지 않았다. 이러한 정성이 헛되지 않았는지 그는 대승불경, 소승불경을 가지고 장안으로 돌아올 수 있었다. 그가 돌아오던 날, 장안의 모든 백성은 물론 당 태종까지 직접 그를 마중하러 나왔다. 현장의 이야기에 매료된 태종은 그에게 환속하여 대신이 되어줄 것을 청했으나 그는 이를 정중하게 거절했다.

▶ 뇌음사 유적지
　현장법사가 서역을 여행하던 중에 이곳에서 수일 동안 불경을 읽었다고 전해진다.

태종과 고종의 적극적인 지원을 얻은 그는 곳곳에서 고승들을 불러 모아 인도에서 가져온 불경의 번역 작업을 추진했다. 그 후 10여 년 동안 《대부산장경》 20권을 비롯해 《현양성교론》 20권, 《해심밀경》, 《인명입정이론》, 《유가사지론》 등 수많은 불경이 번역되었다. 현장이 구술하고 그의 제자 변기辯機가 기록한 《대당서역기》도 이 시기에 완성되었다. 그는 또 중국의 고대 철학 《노자》와 불경 《대승기신론》을 산스크리트어로 번역해 인도에 전파하기도 했다.

고종이 통치하던 652년에 현장의 발원으로 대안탑이 건립되었다. 이 탑은 현장이 인도에서 가져온 불경을 번역하고 보전하기 위해 세운 것이다. 그는 이곳에서 법상종이라는 종파를 세우기도 했다. 수십 년 동안 불경 번역에 심혈을 쏟은 그는 664년에 《주오수》 1권을 끝으로 그해 2월 입적했다. 평생 총 1,335권에 이르는 불경을 번역했고, 그가 번역한 불경들은 후세에 신역新譯이라고 불렸다. 현장법사는 중국 불교 사상 3대 번역가로 꼽힌다.

불교는 중국의 전통 문화와 융화되기 시작하면서 중국에서 문화, 종교의 한 영역으로 자리매김했고 철학, 예술 방면에도 깊은 영향을 끼쳤다. 중국 문화와 결합된 불교는 일본, 한국 등 아시아의 여러 나라에 전파되었다.

그러나 정작 불교의 발원지였던 인도에서는 9세기 후부터 점차 그 세력이 쇠퇴하기 시작했고 13세기에 이르러서는 완전히 자취를 감추었다. 19세기 말에 불교가 인도에서 부흥하기 시작한 데는 중국에서 보관하고 있던 고대 불경이 큰 도움을 주었다.

또 《대당서역기》는 인도, 네팔, 파키스탄, 방글라데시의 역사, 지리, 종교, 문화 및 중국과 서역의 교류를 연구하는 데 귀중한 자료가 되고 있다.

대당서역기

《대당서역기》는 총 12권으로, 현장이 인도로 여행을 떠났다가 돌아오는 과정에서 경유한 모든 나라와 지역의 개황이 총망라된 책이다. 즉 신장과 중아시아 일대를 비롯해 파미르 고원, 타림 분지에 이르는 지역에 있었던 130여 개국의 명칭, 지리, 국토 면적, 사회 풍조, 언어와 문자, 농업 생산, 민속, 종교 등의 내용이 다채롭게 기술되어 있다. 이 책은 현장이 구술하고 그의 제자 변기가 집필한 것이다. 각종 경전에 정통했던 변기의 간결하면서도 유려한 문체는 《대당서역기》의 내용에 한층 매력을 더했다.

마호메트의 이슬람교 창립

시기 : 7세기 초
인물 : 마호메트(Mahomet)
영향 : 이슬람교가 전파되면서 동서양의 문화는 빠르게 융화되었다.
　　　이는 특히 의학, 수학, 물리학, 지리학, 건축학 등의 영역에 눈
　　　부신 성과를 안겨주었다.

▲ 《코란》 경전

　　아라비아 반도는 지리적으로 아시아, 아프리카, 유럽을 잇는 무역
의 요충지이다. 6세기 말에서 7세기 초에 페르시아 만에서 홍해, 나
일 강으로 이어지는 교역로가 막혀버리면서 페르시아와 비잔틴제국
사이에 아라비아 반도를 차지하려는 쟁탈전이 벌어졌다. 당시 아랍
은 원시 공동체 체제에서 씨족 사회로 전환하는 과도기로, 아직 통일
된 국가를 형성하기 전이었다. 귀족들은 사리사욕을 챙길 정복 전쟁
을 벌이는 데만 혈안이었을 뿐 외적의 침입에 대적할 만한 역량조차
없었다. 또 주민들은 대자연, 동 · 식물 조상, 정령, 우상 등 다양한

▶ 장님이 되는 삼손
　렘브란트(Rembrandt
　Harmenszoon van Rijn) 작

원시 신앙을 숭배했는데 기독교와 유대교가 전파되면서 신앙에 타격을 입었다. 이슬람교는 이처럼 특수한 사회적 배경에서 탄생했다.

이슬람교를 창시한 마호메트는 570년경에 메카에서 태어났다. 유복자인 그는 여섯 살에 어머니마저 병으로 잃고 여덟 살 때 조부까지 별세하면서 숙부와 함께 생활했다. 숙부를 따라 시리아, 팔레스타인 등지를 여행하면서 그는 아랍 사회를 속속들이 체험할 수 있었다. 메카의 한 동굴에 은거하며 명상과 수행을 즐겼던 마호메트는 35세가 되었을 무렵 '믿을 수 있는 자'라는 뜻의 'Arain'이라고 불리기 시작했다. 40세쯤 되었을 무렵인 610년경 어느 날 밤, 그는 명상을 하다가 천사의 계시를 받았다. 그리고 이때부터 자신이 알라 신의 사자가 되었음을 선포하고 이슬람교를 전파하기 시작했다.

그는 '알라 신만이 유일한 신'이라는 '일신론'을 주장하며 노예 해방, 백성 구제, 고리대 금지, 평화와 안정 등 당시 사회의 시대적 요구와 부응하는 주장들을 내놓았다.

선교를 시작한 지 3년이 될 때까지 그의 선교 대상은 친지나 친구들이 대부분이었다. 그래서 613년부터는 대중을 대상으로 선교를 시작해 수많은 신도를 양성했다. 이슬람교의 세력이 점점 커지자 원시 신앙을 신봉하던 귀족들은 위협을 느끼고 이슬람교를 핍박하기 시작했다. 결국 마호메트는 622년에 신도들을 이끌고 메디나[72]로 이주했다. 이 사건을 역사적으로 '헤지라(Hegira)'라고 일컬으며, 메디나로 이주한 첫 해가 이슬람교 원년에 해당한다. 마호메트는 627년에 메디나를 통일하고 메카의 카바(Kabah)를 성지로 선포했다.

그리고 630년에 드디어 메카 성을 정복했다. 마호메트가 그들에게 이슬람교를 신봉할 것을 강요한 것은 아니었으나 이슬람교에 귀의하는 사람이 많았다. 이듬해에 아라비아 반도 대다수 부락의 사람들이 메디나에 와서 마호메트를 알현하고 이슬람교를 받아들이면서 마호메트는 아라비아 반도의 통일을 이룩했다.

그는 22년 동안 이슬람교를 전파하고 교리를 확립했다. 특히 알라 신만이 만물을 창조하고 주재하는 유일신이며, 그의 명령을 전하는 천사들은 숭배해서는 안 된다고 강조했다. 또 알라의 교리를 적은 《코란》을 준수하고 선지자를 믿어야 한다고 주장했다. 더불어 현세의 행위는 후세에 반드시 그 업보를 받게 되며 선을 행하면 천국에

---

72) 사우디아라비아의 서부 헤자즈 지방에 있는 도시

갈 것이요, 악을 행하면 지옥에 떨어진다고 설파했다.

이슬람 신도는 매일 코란을 암송하고 기도를 드려 알라에게 좀 더 다가가고, 매년 9월 라마단(Ramadhan) 금식 기간에는 음식, 술, 성교 등 욕망을 절제하고 기도에 전념해야 한다. 또 이슬람교가 정한 기준 이상의 재산을 소유해서는 안 되며, 초과되는 재산은 가난한 사람들을 돕는 데 사용했다. 신도들은 기회가 될 때 평생에 한 번은 성지 메카를 방문해야 한다.

이슬람교의 유일한 경전 《코란》은 마호메트가 알라에게 받은 계시를 모아놓은 것이다. 아랍제국이 건립되면서 이슬람교의 세력도 크게 확대되어 세계 전역으로 전파되었고 현재 신도 수가 10억 명을 넘는 것으로 추산된다.

이슬람교가 창립된 후 아랍제국의 세력도 강성해지며 전에 없는 발전을 이룩했다.

또 동서 문명이 융합되는 계기를 만들어 의학, 수학, 물리학, 지리학, 건축학 등 영역에서 두드러지는 성과를 올렸다. 특히 이슬람교의 전파와 함께 유럽에 대수, 아라비아 숫자, 관측 기기, 상한의[73]를 비롯해 정확한 항해도 등이 유입된 것은 르네상스 운동과 항해 시대의 문을 여는 계기를 마련했다.

코란

《코란》은 이슬람교의 유일한 경전으로 마호메트가 22년 동안 알라 신에게서 받은 계시를 모아놓은 것이다.
《코란》의 가장 중요한 교리는 알라 신과 천사, 선지자를 믿고 세계의 종말과 심판을 믿는 것으로, 특히 알라 외에 다른 신은 없다는 유일신 사상을 강조한다. 《코란》은 이슬람교 신도들에게 신앙과 생활의 지침서라고 할 수 있다.

---

73) 90도의 눈금이 새겨져 있는 부채 모양의 천체 고도 측정기

아랍제국의 건립

시기 : 7세기 중엽

인물 : 우마르(Umar), 마호메트

영향 : 이슬람교는 정복 전쟁을 통해 전 세계로 전파되었다. 그리고 아랍인들은 다른 나라와 교역하는 과정에서 아시아, 유럽, 아프리카의 선진 문명을 받아들이며 아랍의 발전을 이끌었다.

영토 대부분이 사막과 초원이고 폭염이 기승을 부리는 기후 탓에 경제 발전이 매우 더뎠던 아랍국은 6세기에도 원시 공동체 사회 단계에 머물러 있었다. 그러나 그로부터 반세기가 지난 후, 누구도 예상치 못했던 격변의 시기를 거쳐 당대 최고의 상업 지구로 떠올랐다. 이는 아라비아 반도의 지리적 특징과 밀접한 관련이 있다. 이집트, 동로마제국, 페르시아제국 사이에 패권 다툼이 치열했던 당시에는 페르시아 만, 홍해, 나일 강으로 이어지는 교역로가 이미 막혀버린 상태였다. 그래서 안전한 육로를 모색하던 상인들에게 아라비아 반도는 반드시 거쳐야 하는 경유지였던 것이다. 이러한 정세는 아랍의 상업 발전을 크게 촉진했고, 이를 계기로 메카(Mecca, Makkah)[74]는 풍요의 땅으로 거듭났다.

경제가 발전함에 따라 원시 공동체적 성격을 띠던 아랍 사회에도 귀족과 노예가 등장하는 등 점차 변화가 일기 시작했다. 더 많은 영토와 부를 차지하려는 쟁탈전이 심해지면서 귀족들

▼ 우마르는 아라비아 반도의 통일 정국과 정복 지역에 대한 통제를 강화하기 위해 정치, 군사, 경제, 사법 제도를 확립해 아랍 제국을 건립하는 데 기틀을 마련했다.

74) 이슬람교의 창시자 마호메트가 태어난 곳으로 이슬람교 제1의 성지. 사우디아라비아 서쪽에 자리함

85

▲ 고대 아랍의 귀족 연회

은 노예에 대한 착취, 통제를 강화하는 한편 정복 전쟁에 주력했다. 이제 아랍인들에게는 더 이상 평온한 삶이 보장되지 않았다. 평민, 노예들은 귀족들의 핍박과 전쟁의 고통으로 하루하루 고단한 나날을 보내야 했다. 그러나 이들이 결국 폭발하여 빈번하게 폭동을 일으키자 다급해진 귀족들은 대외 정복 전쟁을 감행해 이러한 내부 모순을 해결하고자 했다.

당시 아랍인들의 공통된 염원은 통일 국가를 건립해 이 혼란한 시대의 막을 내리고 안정된 삶을 영위하는 것이었다. 이 같은 상황에서는 무엇보다도 아랍인을 하나로 응집시킬 수 있는 사상이 절실했다. 이슬람교는 바로 이러한 배경에서 탄생했다.

이슬람의 마지막 선지자 마호메트가 창시한 이슬람교는 평민과 노예의 권리 쟁취를 옹호하며 메마른 아라비아 반도에 급속하게 확산되었다. 마호메트는 '일신론'을 주장하며 수많은 제자를 양성했다. 그러나 그의 사상이 메카 최고 통치자의 반감을 사 그는 결국 제자들과 함께 메디나로 쫓겨가게 되었다.

마호메트가 오랜 세월 동안 온갖 역경을 딛고 전파한 이슬람교는 마침내 아랍인의 사상과 신앙을 변화시켰을 뿐만 아니라 아랍을 통일하는 대업의 밑거름이 되었다. 그러나 아랍이 제대로 국가의 체제를 갖추기 시작한 것은 우마르의 통치 시대부터라고 할 수 있다.

우마르 1세(Umar I, 586~644)는 우마르 이븐 알 카타브(Umar ibn al-Khattab)가 본명이며 마호메트와 '헤지라', '한다크 전쟁(Ghazwah al-Khaildaq)[75]' 등 환난의 시기를 함께한 인물이다. 굽힐 줄 모르는 강인한 의지로 마호메트의 신임을 얻은 그는 아랍을 통일하는 과정에도 혁혁한 전공을 세웠다. 마호메트가 죽은 후 함께 마호메트를 보필했던 아부바크르가 초대 칼리프(caliph, 칼리파(khaliifa)[76]로 선출되었고, 우마르는 그에 이어 634년에 2대 칼리프

---

75) 627년에 마호메트가 메디나에서 메카 군의 공격을 성공적으로 막은 사건. 도성 주변에 도랑(한다크, Khaildaq)을 파놓아 승리했기 때문에 이러한 이름이 붙여짐

로 선출되었다. 칼리프를 승계하자마자 그는 가장 먼저 군사력을 확충하는 데 심혈을 기울였다. 전쟁이야말로 아랍의 수많은 부락과 씨족 사회를 하나로 응집시킬 최선의 수단이었기 때문이었다.

아랍 역사상 가장 큰 규모의 전쟁으로 알려진 이번 전쟁의 첫 번째 대상은 오랜 숙적인 비잔틴제국과 페르시아제국이었다. 635년에 아랍 군대는 동서 양군으로 나뉘어 대규모 전쟁을 감행했다. 동로군은 시리아 사막을 통과해서 비잔틴제국으로 진입해 비잔틴의 5만 군대를 섬멸했다. 그리고 그 여세를 몰아 시리아의 수도 다마스쿠스(Damascus)까지 점령하기에 이르렀다. 시리아는 동쪽으로 페르시아제국과 접하고 북쪽은 중앙아시아에 접한 비옥한 땅인지라 이곳을 차지한 아랍 군대는 사기가 하늘을 찔렀다. 특히 군사적으로 정복 전쟁의 전략적 요지를 확보한 셈이었다.

그 후 아랍 군대는 페르시아를 공격했다. 페르시아는 사기충천한 아랍 군대의 기세에 눌려 전쟁을 하기도 전에 후퇴하기 시작했다. 아랍군은 이라크에 이어 이란 고원까지 손쉽게 수중에 넣으며 642년에 페르시아 주력 군대를 대파했다. 1200여 년의 역사를 이어온 페르시아는 이렇게 역사의 무대에서 사라졌다. 한편 서로군은 이집트의 알렉산드리아 항, 카이로 등을 차례로 점령해 '비잔틴제국의 곡창 지대'를 차지했다. 7세기 중엽에는 시리아, 이집트를 모두 점령해 아랍인은 마침내 아시아, 유럽, 아프리카를 잇는 대제국을 건설했다.

이는 알렉산더제국과 로마제국에 이어서 등장한 가장 강력한 제국이었다. 우마르 이후에도 아랍제국은 600여 년이나 지속되었다.

아랍제국의 등장으로 중세기 역사, 문화의 판도에도 큰 변화가 생겼다. 이슬람교는 아랍제국의 정복 전쟁을 통해 전 세계로 전파되었고 아랍인들은 다른 나라와 교역하는 과정에서 아시아, 유럽, 아프리카의 선진 문명을 받아들이며 아랍의 발전을 이끌었다. 이들을 통해 중국의 제지술이 유럽에 전파되어 르네상스 운동에 큰 영향을 끼쳤고 천문 관측 기록 역시 르네상스 시대에 서양의 천문학이 발전하는 데 토대를 마련했다.

▲ 회화·음악·조각 – 고대 이슬람 예술

아랍제국의 개혁 정책

아랍제국은 다민족, 다종교, 다문명으로 이루어진 거대하면서도 복잡한 '신제국' 이었다. 우마르는 이처럼 거대한 제국을 통치해본 경험이 없었음에도 각 민족의 역사 제도를 바탕으로 새로운 관리 체제를 확립하기 위해 노력했다. 경제적으로는 화폐를 통일하고 국고를 건립해 국가 재정의 균형을 맞추고자 했다. 그는 페르시아 제도를 모방해 관리들의 연봉을 등급별로 책정하고 사법 제도를 정비했으며 사법 기구를 설립했다. 모든 군대는 국경 지대에 배치에 전투력을 높이도록 했다. 그는 또 마호메트가 메디나로 천도한 622년을 이슬람력(Muslim calendar) '히즈라(Hijrah)'의 원년으로 정했다.

---

76) 정치와 종교의 권력을 모두 갖는 이슬람 교단의 지배자를 이르는 말로 아라비아어로는 '상속자' 를 뜻함

잉글랜드왕국의 탄생

시기 : 9세기

인물 : 이베리아족(Iberian), 켈트족, 게르만족, 노르만족

영향 : 앨프레드 대왕(Alfred the Great)은 잉글랜드 왕국(England)의 기반을 다져 현대 영국 역사의 틀을 형성했다.

▼ 독서에 심취한 앨프레드 대왕

그는 깊은 학식을 바탕으로 후대의 문화 발전에 큰 영향을 끼쳤다. 《앨프레드 법전》에는 "자신이 하기 싫어하는 일을 남에게 억지로 시키지 말라."라는 원칙이 있는데 이는 모세의 '십계명'과 예수 그리스도의 '산상수훈'에 이어 영국 법률의 근간을 형성한다.

영국 본토는 대서양에 있는 그레이트브리튼 섬이다. 유럽 대륙과 멀리 떨어져 있지만 이민족의 침입이 끊이지 않았음을 역사 자료를 통해 확인할 수 있다.

앵글로족은 본래 이 섬의 토착 민족이 아니다. 기원전 7000년 전에 그레이트브리튼 섬은 유럽 대륙과 연결되어 있었다. 나중에 지각 변동으로 유럽 대륙과 분리되었으며, 구석기 시대부터 이곳에 인류가 거주한 것으로 확인되었다. 기원전 3000년경부터 지중해의 이베리아족이 이 섬으로 이주해왔다.

이베리아족은 앵글로족의 시조라고 할 수 있다. 기원전 2000년경부터 청동기가 유입되어 널리 사용되었고, 특히 켄트(Kent) 지역은 브리튼 섬에서 최초의 문명 중심지로 유명하다. 기원전 800년경 서유럽에서 이곳으로 이주해온 켈트족은 이베리아족을 참혹하게 살육하고 섬을 점령했다. 그들은 섬에서 철 제련 기술과 금제 장식품을 처음 사용했고 켈트어를 썼다. 켈트족 가운데 일부는 이베리아족과 융화되어 '브리튼족'으로 재탄생했다.

수백 년 동안 평온한 나날이 이어지던 브리튼 섬은 기원전 1세기 중엽에 또다시 외적의 침입을 받았다. 켈트 족을 남쪽으로 몰아내고 새롭게 브리튼 섬의 주인이 된 민족은 바로 로마인이었다. 로마제국은 이곳을 400여 년 동안이나 통치했는데, 거리가 너무 먼 탓에 통치력이

점차 약화될 수밖에 없었다. 덕분에 이곳의 문화는 로마에 잠식되지 않고 그대로 유지될 수 있었다. 400년경 내부적으로 위기를 맞은 로마 제국이 브리튼 섬에 주둔하던 군대를 철수시켜 브리튼 섬은 다시 자유를 얻었다.

◀ 앨프레드 대왕과 농가의 아낙
덴마크 해적에게 대배한 앨프레드 대왕이 한 농가에 몸을 은신했다. 농가의 아낙이 그에게 빵을 태운 것을 나무라고 있다.

그러나 곧이어 게르만족이 대이동을 시작하면서 로마인들의 일부는 로마로, 일부는 브리튼 섬으로 이주했다. 브리튼 섬 주민들이 완강히 저항했지만 결국 449년에 게르만족이 섬을 정복했다. 당시 이곳에 거주했던 켈트족 가운데 일부는 프랑스로 이주했고 일부는 서부와 북부로 퇴각해 투쟁을 계속했다. 이들은 훗날 웨일스와 스코틀랜드를 형성했다. 수백 년 동안 투쟁의 역사를 이어왔지만 13세기와 18세기에 각각 잉글랜드에 귀속되었다. 브리튼 섬에 정착한 게르만족은 자치제 형태의 7개국을 형성한 후 수세기 동안 혼전을 거듭했다.

8세기 말엽, 영국은 역사상 최악의 암흑기를 맞이했다. 전쟁에 능한 노르만족이 이곳을 침략하기 시작한 것이다. 브리튼 섬에 정착한 7개국은 서로 단결을 모색하면서 노르만족에 대처할 방법을 찾았다. 828년에 웨섹스(Wessex)왕국의 에그버트(Egbert) 왕이 마침내 7개국을 통일하고 잉글랜드제국을 건설했다. 그러나 그 역시 노르만족을 몰아내기에는 역부족이었다. 잉글랜드가 노르만족을 본토에서 몰아낸 것은 앨프레드 대왕이 등장하고 나서였다.

앨프레드 대왕은 일련의 개혁 정치를 실시해 제도를 정비하고 특히 학교를 세워 학술의 발전을 꾀했다. 그의 노력으로 잉글랜드는 정치, 문화, 사상 면에서 통일을 완성할 수 있었다. 노르만족 역시 잉글랜드와 경제, 문화 교류를 추진하면서 이들의 문화에 점차 융화되었다. 이러한 역사적 토대 위에 잉글랜드는 점차 영국 역사의 주체로서 입지를 굳혀나갔다.

노르만족

노르만족은 바이킹(Vikings)[77]이라고도 불렸고, 본래 덴마크, 노르웨이, 아이슬란드를 무대로 활동하던 해적이었다. 호전적이고 모험을 즐겼던 그들은 8세기부터 침략과 약탈을 일삼았다. 침략 과정에서 기독교에 동화되기도 했으나 호전적인 성향은 변하지 않았다. 용병으로 아랍제국, 비잔틴제국과의 전쟁에 참전하기도 했다.

77) 노르웨이 남쪽에 있는 비크(Vik)라는 지역에서 온 사람들이란 뜻

샤를마뉴제국의 건립과 분열

시기 : 800~843년

인물 : 샤를마뉴(Charlemagne: 다른 이름으로는 샤를 1세, 카를 1세, 카롤
루스 대제, 카를 대제)

영향 : 샤를마뉴제국이 건립되면서 유럽 문명도 크게 발달했다. 그러
나 나중에 제국이 분열되어 독일, 프랑스, 이탈리아 3개국의 전
신이 형성되는 등 훗날 서유럽 근대 국가의 성립을 예고했다.

게르만족은 대규모 이동을 하는 과정에서 서고트왕국을 비롯해 수
에비, 반달, 프랑크왕국 등 수많은 국가를 건설했다. 비록 대부분 국
가가 오래 버티지 못하고 차례로 멸망했지만 프랑크왕국만은 예외였
다. 486년에 골의 북부 지역에 건립된 메로빙거 왕조(Merovingian
dynasty)는 프랑크왕국의 전반기에 해당한다. 6세기 초에 프랑크왕
국은 로마제국 내에서 가장 강력한 게르만족 국가로 군림했다.

그러나 건립 초기에는 정권이 불안정했다. 당시 골 지방에는 프랑
크족을 비롯해 로마인, 부르군트족 등이 거주하고 있었
다. 프랑크왕국을 건립한 클로비스는 골 지방의 마지막
로마인 통치자 시아그리우스를 제거하고 파리 부근의 토
지를 수중에 넣어 새 정권의 기반을 다졌다. 500년경에는
부르군트공국을 정복하고 지금의 프랑스 동남부 론 강
유역까지 차지했다. 그로부터 7년 후, 그는 프랑스 서남
부에 있던 서고트왕국까지 정복해 기독교 국가들 사이에
서 명성을 떨쳤다. 로마제국의 교황이 그에게 '명예 집정
관'의 칭호까지 내릴 정도였다.

클로비스는 생전에 프로방스를 제외하고 골 지방 대부
분을 수중에 넣어 프랑크왕국의 기반을 다졌다. 그러나
새로운 왕조는 왕권이 미약했으므로 중앙에서 멀리 떨어
진 지역까지는 통치력이 미치지 못했다. 그래서 클로비
스가 죽은 후 프랑크왕국은 다시 사분오열되었다.

이러한 상황은 771년에 샤를마뉴 대제가 즉위하면서

▶ **클로비스(Clovis)의 초상**
아름다운 골 지방을 무대로 프
랑크왕국을 건설했다.

◀ 샤를마뉴 대제의 대관식
라파엘로 작(1516~1517년). 기
원후 800년이 되는 성탄절 저녁
에 교황 레오 3세는 그를 로마
의 황제로 선포했다.

전환기를 맞이했다. 그가 세운 카롤링거 왕조는 후반기 프랑크왕국
의 부흥을 예고했다. 샤를마뉴 대제가 즉위할 무렵 프랑크왕국은 이
미 지금의 프랑스, 벨기에, 스위스, 네덜란드, 독일을 아우르는 영토
를 차지하고 있었으나 샤를마뉴 대제의 정복 전쟁은 계속되었다.

그는 먼저 이탈리아를 공격해 북부 지역을 장악하고 독일을 공격
했다. 완강하게 저항하는 작센족을 4분의 1이나 없애고 드디어 승리
를 쟁취했다.

프랑크왕국의 동부와 남부 국경 지대의 안전을 도모하기 위해 아
바르족(Avars), 스페인과 전쟁을 벌이는 등 샤를마뉴 대제는 재위 기
간에 크고 작은 전쟁을 50여 차례나 감행했다. 그 결과 프랑크왕국
의 영토는 지금의 프랑스, 독일, 스위스, 오스트리아, 이탈리아, 네
덜란드, 벨기에, 그리고 스페인 일부 지역까지 확대되었다. 이는 로
마제국 이후 가장 방대한 규모라고 할 수 있다.

그는 자신의 통치 체제를 강화하기 위해 천주교를 적극 지지하고
보호하는 역할을 도맡는 등 교황과 긴밀한 관계를 유지했다. 기원후
800년 성탄절 저녁, 교황 레오 3세는 그를 '로마의 황제'로 선포했
고 이때부터 프랑크왕국은 '샤를마뉴제국'으로 불렸다.

▶ 전쟁에 능했던 샤를마뉴 대제는 재위 14년 동안 롬바르드족, 사라센족, 작센족 등과 크고 작은 전쟁을 50여 차례나 감행했다. 그 결과 유럽의 절반에 해당하는 영토를 수중에 넣었다.

당시 그리스와 로마는 이미 쇠퇴일로에 들어서 있었다. 샤를마뉴 대제는 프랑크제국의 대부분 백성이 문맹인 상황을 타개하고자 학교를 세우고 유명한 학자들을 초청해 강의를 진행하는 등 문화와 교육 사업에 심혈을 기울였다. 빈곤한 가정의 자녀들을 학교에 입학시키고 그중 우수한 인재를 선발해 관리로 등용하는 등 파격적인 인사를 감행해 중세기의 새로운 학교 교육의 포문을 열었다. 또 고대 라틴어와 그리스어로 기록된 문헌들을 수집해 필사하는 전담반을 두기도 했다. 당시에 정리된 문자들은 훗날 약간의 수정만 거쳐 지금도 사용되고 있다. 이 밖에도 수도원 안에 도서관을 설립해 성직자와 고대 그리스 로마 작가들의 작품을 소장했다. 이러한 샤를마뉴 대제의 문화 교육 정책에 힘입어 파괴되었던 고대 문명이 부흥했기에 이 시기의 문화적 성과를 '카롤링거 르네상스'라고 일컫는다.

샤를마뉴 제국의 건립으로 유럽의 정치, 문화는 새로운 발전의 물꼬를 틀 수 있었다. 그러나 이러한 번영도 오래가지는 못했다. 샤를마뉴 대제와 그의 뒤를 이은 왕들이 분봉 제도를 실시하면서 제국의 분열을 초래했기 때문이었다. 결국 843년에 베르됭조약(Treaty of Verdun)[78]이 체결되면서 샤를마뉴 제국은 분열되고 오늘날 독일, 프랑스, 이탈리아 3개국의 전신이 형성되는 등 서유럽 근대 국가의 등장을 예고했다.

카롤링거 르네상스

카롤링거 르네상스는 8세기를 전후한 중세 초에 처음 발생한 문화 개혁 운동을 일컫는다. 이 운동은 카롤링거 왕조의 정치, 종교적 배경과 밀접한 관련이 있다. 서로마 제국의 폐허에서 대량의 문화유산을 발굴해내어 중세의 문화 발전에 기반을 확립하고 유럽 문화의 윤곽을 형성했기 때문이다.

---

78) 루트비히 1세의 세 아들이 프랑크왕국을 셋으로 나눈 조약

대학 창설

시기 : 11~12세기

영향 : 중세기 대학은 이성理性에 대한 인식과 과학의 발전에 토대를 마련해 르네상스 운동의 기반을 형성했다. 이는 진보적 사회로 나아가는 밑거름이 되었다.

대학은 '지식의 보고寶庫'라고 불린다. 파리 대학을 비롯해 옥스퍼드, 캠브리지, 하버드, 예일 대학 등은 너무도 잘 알려진 세계적인 명문 대학들로 저마다 탄생에 대한 비하인드 스토리가 있다.

최초의 대학은 중세기 유럽에서 탄생했다. 그 기원은 5세기까지 거슬러 올라간다. 당시의 가장 큰 사건은 서로마제국의 멸망이었고 뒤이어 그리스와 로마 문명도 쇠퇴일로를 걸었다. 로마를 멸망시킨 게르만족은 고유 문자도 없을 만큼 문명이 뒤떨어져 있었다. 당시 학술을 장악하고 있던 계층은 선교사와 수도사들로, 이에 따라 기독교가 봉건 사회의 사상을 주도하기 시작했다.

교회는 사상을 전파할 인재들을 양성하기 위해 학교를 설립했고, 교재는 《성경》이 주가 되었다. 학교의 규모가 커지고 학생 모집 범

◀ 중세기 **최초의 대학인 파리 대학**
옥스퍼드 대학과 캠브리지 대학의 전신으로 알려졌다.

파리 대학

중세 유럽에 설립된 파리 대학은 본래 파리 노트르담 대성당(Notre-Dame de Paris)의 부속학교였다. 옥스퍼드 대학과 캠브리지 대학 모두 파리 대학이 그 전신이기에 파리 대학은 '유럽 대학의 어머니'라는 별칭으로 불린다. 과학 연구의 산실로도 유명한 파리 대학은 수학, 이론물리학, 화학, 생물학, 기상학, 응용과학 등 기초 연구가 활발하게 이루어지고 있다.

위도 넓어지면서 가르치는 범위도 어법, 수사修辭, 변론, 산술, 기하, 천문, 음악 등 다양해졌다. 그러나 교회에 필요한 인재 양성이라는 학교의 기본 목표는 큰 변화가 없었다. 그래도 초등·고등학교의 구분이 생기고 고대 그리스의 고전과 명저들이 교재로 채택되는 등 실질적인 '대학'이 탄생하는 데 토대가 마련되기 시작했다.

11세기에 이르러 서유럽에서는 봉건 제도가 자리를 잡자 경제가 빠르게 발전하기 시작했다. 특히 수공업은 농업의 부수적인 위치에서 벗어나 상업의 발전까지 주도하는 단계에 이르렀다. 수공업자들은 길드(guild)[79]를 형성하고 내부 제도를 개선하는 등 새로운 경제 발전 모델을 제시하기 시작했다. 이들이 만든 엄격한 규장 제도는 훗날 대학 제도에 롤 모델을 제시했다는 평가를 받는다.

이때부터 상공업자들은 생산과 거래에 편리를 도모하기 위해 한 지역을 중심으로 모여 살기 시작했고 이것이 중세기에 도시가 탄생하는 계기가 되었다. 도시 경제가 국가 경제의 발전을 이끌었고 국가 간 무역도 활기를 띠었다. 이렇듯 활발한 국제 교류는 국내의 문화 발전에 큰 영향을 끼쳤을 뿐만 아니라 국가 간의 문화 교류도 촉진했다. 여러 차례에 걸쳐 진행된 '십자군 원정'으로 서유럽에는 비

▶ 캠브리지 대학

79) 중세 시대에 상공업자들이 상호 부조와 권익 증진을 위해 결성한 조합

◀ 캠브리지 대학의 트리니티 칼리지(Trinity College)

잔틴 문명과 아랍 문명이 유입되었다. 이는 유럽의 문화에 새로운 활력을 불어넣었고 특히 자연과학과 사회과학이 크게 발달했다.

새로운 세계와 접촉하는 기회가 늘자 변화된 사회에 적응하고 이를 주도할 참신한 인력이 절실했다. 그러나 당시의 교회 학교는 이러한 인력을 배출하기에 역부족이었다. 따라서 새로운 고등교육 기관의 필요성이 제기되었다. 경제의 발전으로 학교 발전에 필요한 물질적 기반이 마련되면서 대학의 탄생은 곧 현실로 다가왔다.

확실한 시기는 단정 짓기 어렵지만 11,12세기에 프랑스와 이탈리아에서 대학이 처음 등장한 것으로 추정된다. 수도원 학교가 변형된 형태로, 노트르담 대성당의 부속학교에서 발전한 파리 대학이 가장 전형적인 사례에 속한다. 파리 대학을 전신으로 옥스퍼드 대학이 탄생했고, 캠브리지 대학은 옥스퍼드 대학을 전신으로 삼고 있다. 14세기에 이르러 유럽의 대학은 80여 곳으로 늘어났다.

중세기의 대학은 이성理性에 대한 인식과 과학의 발전에 토대를 마련해 르네상스 운동의 기반을 형성했고, 이는 진보적 사회로 나아가는 밑거름이 되었다. 대학이 탄생하면서 과학적이고 논리적인 사고 체계의 중요성이 대두되자 자연 과학이 크게 발달했다. 그리고 지식의 중요성이 널리 알려져 교육의 필요성을 절감하는 사람들이 늘어났으며, 암울하던 중세기에 서광이 비치기 시작했다.

기독교의 대분열

시기 : 1054년
영향 : 천주교와 그리스정교회 양대 교파로 분열된 기독교는 각각 독
립된 교리를 발전시키며 해당 지역의 문화 발전에 큰 영향을 끼
쳤다.

팔레스타인에서 기원한 기독교는 로마에서 크게 발전했고 중세기 유럽에 정신적 지주로 자리매김했다. 처음에는 하나의 교파로 출발했으나 로마가 동, 서로 분열되면서 기독교도 동서의 양대 교파로 분리되었다. 로마를 중심으로 한 서로마 교회는 서유럽 전반에 영향력을 행사했으며 국가 권력을 교회에 귀속시켰다. 반면에 콘스탄티노플을 중심으로 한 동로마 교회는 동유럽과 발칸 반도 지역에 영향력을 행사했고 황제에게 국가 권력이 귀속되었다. 두 교파는 각기 독립된 교리와 의식을 발전시켜 결국 서로마 교회는 '천주교'로, 동로마 교회는 '그리스정교회'로 나뉘었다. 각자 기독교의 정통성을 내세우면서 두 교파 간의 모순과 갈등은 점점 고조되었다.

11세기에 발생한 기독교의 대분열은 어쩌면 예고된 일인지도 모른다. 기독교는 로마의 동쪽에서 서쪽으로 전파되었는데, 그리스어를 사용하는 로마 동부는 《성경》 원문이 그리스어로 되어 있었다. 반면에 로마 서부는 라틴어를 사용해 그리스어로 된 《성경》을 라틴어로 번역해서 사용했다. 이 번역 과정에서 서양 철학 사상이

▼ 교황 레오 3세가 성상 파괴 운동을 추진하면서 동서 교파 간의 갈등은 더욱 심화되었다.

가미되어 《성경》의 교의 해석에 차이가 생겨났다. 이러한 차이를 해소하기 위해 주교 회의가 개최되기도 했지만 성과는 미미했다.

392년에 테오도시우스 1세가 기독교를 로마의 국교로 정하고 나서 기독교는 단순히 종교가 아닌 통치자의 정치적 수단으로 사용되기 시작했다. 황제는 왕권뿐만 아니라 교회의 권력까지 수중에 넣어 교회를 국가 조직처럼 지역별 교구로 나누어 관리했다. 로마와 콘스탄티노플 교구의 교주는 그 정치적 특수성으로 다른 교구의 교주들보다 월등한 지위를 인정받았다. 330년에 콘스탄티누스 황제가 콘스탄티노플로 수도를 이전하기 전까지는 당시 수도였던 로마 교구의 교주가 최고 지위에 있었음은 부인할 수 없다. 천도 이후 '신新로마'가 된 콘스탄티노플의 교주가 로마 교주와 동등한 지위를 요구했지만 로마 교구 교주의 반대로 무산되었다.

395년에 로마제국이 동로마와 서로마로 분열되자 두 교파 간의 분열도 가속화되었다. 로마 교파는 왕권이 점차 교회에 귀속된 반면에 콘스탄티노플을 중심으로 한 그리스 교파는 동로마제국의 국교가 되면서 그들의 특권을 유지하는 데 그쳤다.

8세기 초에 이르러 동로마 교회에 우상 숭배 풍조가 성행하자 교회가 이를 이용하여 부를 축적하는 현상이 만연했다. 이는 기독교의 '일신론'에 큰 위협을 가해 교회 내부적으로 갈등이 증폭되었다. 우상 숭배 풍조가 국가의 발전과 국왕의 위신을 저해하는 수준까지 이

테오도시우스 1세

테오도시우스 1세는 지금의 스페인 세고비아 지역의 한 기독교 가정에서 태어났다. 379년에 그라티아누스 황제가 그를 공동 황제로 임명한 후 동로마 지역과 일리리아(Illyria) 지역을 다스렸다. 황제로 취임한 지 얼마 지나지 않았을 때 콘스탄티노플 공교회 회의를 열어 《니케아 신조》를 수정하고, 성부·성자·성신의 삼위 일체 사상을 정통 기독교 교의로 확정했다. 또 교구 내 주교의 사법 재판권을 보장하고, 콘스탄티노플 주교와 로마 주교의 지위가 동등함을 선포했다.

◀ **콘스탄티노플 조감도**

르자 교황 레오 3세는 '성상 파괴 운동'을 대대적으로 진행했다. 726년에 첫 '성상 파괴령'을 내리고, 730년에는 교황의 특권과 교구 관할권까지 폐지했다. 이 운동은 117년 동안 계속되었다. 레오 3세의 '성상 파괴령'은 로마 교회의 강력한 반발을 불러일으켜 이를 계기로 두 교파 간의 갈등은 첨예하기 대립하기 시작했다.

9세기 초에 거대한 샤를마뉴제국이 탄생하자 로마 교회는 이를 지원하며 교세를 확장했다. 아울러 샤를마뉴 대제에게 동로마 교황의 교적을 없애도록 종용해 교파 간 갈등이 더욱 악화되었다. 867년에 콘스탄티노플에서 열린 기독교 회의에서 콘스탄티노플 교파가 주축이 된 성직자들이 로마 교황의 추방안을 제기했지만 통과되지 못했다. 오히려 콘스탄티노플의 주교가 강압에 못 이겨 로마 교황의 최고 권위를 인정하고 말았다.

11세기에 발생한 이탈리아 남부 교구 관할권 분쟁은 두 교파를 완전히 분리시켰다. 당시 이탈리아 남부 교구 대부분이 그리스어를 사용한다는 이유를 들어 로마 교황이 이 지역들을 당연하게 자신의 관할권에 포함시키려 했다. 그러나 콘스탄티노플 교구의 주교가 이를 거절하자 화가 난 로마 교황은 콘스탄티노플 교구의 주교는 물론 그를 따르던 그리스 교파 주교들을 모두 로마 교적에서 제명하는 명령을 내렸다. 이에 콘스탄티노플의 주교도 로마 교황과 그를 따르던 주교들을 같은 방법으로 제명시켜버렸다. 이후 로마 교파는 '천주교'로, 그리스 교파는 '그리스정교회'로 각기 발전했다.

기독교의 분열은 교회의 최고 권력을 차지하려는 쟁탈전에서 비롯되었다. 결국 천주교와 그리스정교회 양대 교파로 분열된 기독교는 각기 독립된 교리를 발전시키며 해당 지역의 문화 발전에 큰 영향을 끼쳤다.

십자군 원정

시기 : 1096년
영향 : 십자군 원정으로 동서양의 문화가 충돌을 빚었으며, 이 과정에
　　　서 서유럽의 경제, 문화에 새로운 발전 동력이 부여되었다.

　10세기 초에 서유럽 전역을 휩쓴 가뭄의 피해는 7년 동안이나 계속되었다. 당시 서유럽 국가들은 '장자 세습제'를 시행해 장자가 아닌 귀족들은 모두 기사로 전락했다. 이들 중 일부는 전쟁을 통해 영토를 얻기도 했지만 대부분은 생활이 매우 빈곤했다. 전쟁만이 부를 추구할 수 있는 유일한 길이었다고 볼 수 있다. 그런 상황에서 당시 농민들의 상황은 더욱 비참했다. 대부분이 봉건 영주의 농노로 전락해 교회와 영주의 이중 압박에 시달렸다. 결국 견디다 못한 농민들은 영주와 교회를 약탈하는 도적으로 변모하기도 했다.

▼ 콘스탄티노플을 공격하는 십자군(좌) 도나우 강을 건너 헝가리에 진입한 십자군(우)
약탈과 살인이 자행되는 참혹한 상황이 빚어졌다.

우르바누스 2세

본명은 오도 드 라주리(Odon de Lagery)이며 프랑스 샹파뉴의 귀족 가정에서 태어나 우수한 교육을 받았다. 젊은 시절 랭스 교구에서 대부제가 되었다. 후에 클뤼니 수도원에서 수도사, 부원장, 추기경 등의 직책을 수행했다. 1088년에 로마 교황의 자리에 오른 그는 정치적으로 매우 민감한 교황이었으며, 이슬람교도의 수중에 들어간 기독교의 성지를 되찾기 위해 십자군 원정을 일으켰다.

한편 유럽 상류층에서는 그와 반대로 사치품 소비가 증가하는 기현상이 빚어졌다. 현지 생산품만으로는 도저히 욕구를 만족시킬 수 없자 이들은 동방으로 시선을 돌렸다.

마침 동양에서는 돌궐족이 세운 셀주크제국(Seljuk Empire)이 그 세력을 점차 확장하며 로마제국을 위협했다. 10세기경에 이슬람교를 받아들인 이들은 무서운 속도로 서부 지역을 잠식하며 마침내 티그리스·유프라테스 강 유역까지 차지하기에 이르렀다. 당시 로마는 이미 몰락의 길로 접어들고 있었으므로 돌궐족은 손쉽게 서아시아 지역은 물론 예루살렘 지역까지 점령했다. 당황한 로마 황제는 서유럽 기독교 국가들의 원조를 받을 수 있도록 로마 교황 우르바누스 2세(Urbanus II)에게 도움을 요청했다.

기독교가 분열된 후 역대 로마 교황들은 모두 그리스정교회가 관할하는 지역을 되찾아 기독교를 다시 통일할 수 있기를 간절히 바랐다. 동로마제국 황제의 원조 요청은 이러한 꿈을 실현시킬 수 있는 더할 나위 없이 좋은 기회였다. 기독교를 통일하고 외부 전쟁을 통해 불안정한 서유럽 정세의 돌파구를 찾는 일거양득의 효과를 기대

▶ 1204년 4월 12일 콘스탄티노플을 점령한 십자군은 약탈과 살인은 물론 수많은 고대 유물을 파괴했다. 콘스탄티노플 도서관에 소장되었던 많은 서적이 허망하게 한 줌의 재로 변해버렸고, 성소피아 성당도 약탈당하는 화를 입었다.

할 수 있기 때문이었다. 이에 우르바누스 2세는 1095년에 종교 회의를 열어 이교도가 활개를 치는 성지에서 순례자들이 받았던 고통을 강조하며 기독교 국가들이 연합해 성지를 되찾는 위대한 전쟁을 치르자고 주장했다. 그는 또 원정에 참가하는 사람은 모든 죄를 사면해준다고 선포했다. 아울러 이 원정이 '하나님의 뜻'임을 강조하고 원정군이 가슴과 어깨에 '십+'자 모양의 마크를 새겨넣어 이 연합군은 '십자군 원정대'로 불리게 되었다. 수개월 후 마침내 십자군 원정대는 출발을 감행했고, 이 성전은 200여 년이나 지속되었다.

십자군 원정은 유럽과 중동 지방에도 큰 영향을 끼쳤다. 대규모 전쟁으로 수많은 희생자가 발생했으며, 동서양 문명이 충돌을 빚으면서 그 갈등이 더욱 격화되었다. 한편, 이러한 심각한 충돌 속에서도 문화적 상호 작용이 이루어졌다. 지금도 서유럽 언어에서 중동 문화의 흔적을 찾아볼 수 있다. 오랜 기간 지속된 전쟁은 서유럽 봉건 영주들을 파산과 몰락으로 내몰았다. 전쟁에 동원된 농노들이 대거 장원으로 돌아오지 않으면서 농노제의 몰락이 가시화되었고, 결국 경작하지 않고 놀리게 된 방대한 토지가 모두 국가에 귀속된 것이다. 이는 왕권이 급속하게 강화되는 계기가 되었다. 또한 전쟁을 겪는 과정에서 중동 지역의 옷감과 음식, 향료들이 서유럽으로 전파되었으며 이들 상품을 대상으로 활발하게 무역이 이루어졌다. 이는 훗날 '지리상의 대발견'에 토대를 형성했다.

이뿐만 아니라 십자군 전쟁에 금과 은이 대량으로 유입되면서 서유럽의 화폐 경제가 활성화되었고, 이는 경제 발전을 촉진하는 결과로 나타났다.

몽골제국의 건립

시기 : 13세기 중후반
인물 : 칭기즈칸, 바투, 쿠빌라이
영향 : 칭기즈칸과 그의 후예들이 세운 몽골제국은 인류 역사상 가장
방대한 영토를 자랑한다. 이들은 세계무대에 등장하여 동서양
의 경제, 문명 교류에 깊은 영향을 끼쳤다.

▼ 칭기즈칸 초상

▼ 몽골 기병의 전투도
페르시아 벽화에 나오는 그림으
로, 갑옷을 입은 쌍방의 전사들
이 교전하는 장면을 사실적으로
묘사했다.

몽골의 비옥한 초원은 유목 민족의 낙원이라고 할 수 있다. 수많은 유목 부족이 등장했다가 사라지는 역사가 반복되던 중 마지막으로 이들을 통일한 한 민족, 바로 몽골족이 이곳의 주인으로 자리 잡았다. 몽골족도 초기에는 바이칼 호와 헤이룽 강 상류에서 유목과 수렵을 하며 살아가던 작은 부족에 불과했다. 그러나 4세기에 걸쳐 발전을 계속한 결과, 원시 부족 사회에서 씨족 사회로 거듭났고 11세기에 이르러서는 씨족 사회의 단계도 넘어섰다. 그리고 12세기 후반에 마침내 원시 사회의 모습에서 탈피했다.

당시 고비 사막 이남 지역을 차지한 여진족은 몽골의 영토를 야금야금 잠식하고 있었다. 그러나 식량과 마초를 차지하기 위해 여진족과 몽골족 간에 계속된 싸움은 결국 여진족이 몽골의 신하가 되는 것으로 결말이 났다.

여진족이 세운 금나라가 몽골에서 물러난 후 몽골은 한나라와 직접 교류하며 철기를 들여오고 수공업을 발전시키는 등 선진 기술을 도입하기 시작했다. 특히 한나라 정치 제도의 영향으로 몽골도 내부적으로 제도를 정비하고 외적의 침입에 대처하며 통일 국가의 탄생을 준비하기 시작했다.

마침내 1206년, 보르지긴족의 족장 칭기즈칸이 부족 간의 내전으로 혼란했던 몽골을 통일하고 몽골제국을 건설했다. 그는 성은 베얼즈진, 이름은 테무친으로, 칭기즈칸은 몽골제국을 통일하고 나서 얻은 칭호이다. 테무친은 본래 몽골 고원 보르지긴족의 족장 예수가이의 아들로 풍족한 유년 시절을 보냈다. 그러나 아홉 살이 되던 해에 부친이 숙적에게 독살당해 빈곤한 유목 생활을 하게 되었다. 시련의 나날 속에서 꾸준히 자신을 단련한 테무친은 커서 반드시 부친의 뒤를 잇겠다고 결심했다. 이에 1189년에 부족의 칸에 오른 그는 1200년부터 네 차례 전쟁을 감행해 몽골 초원의 각 부족을 통일하는 위업을 달성했다. 그리고 마침내 1206년에 몽골제국을 세우고 최고의 군주 '칭기즈칸'으로 추대되었다.

그러나 칭기즈칸의 야망은 몽골 초원에 국한되지 않았다. 즉위한 후 남진과 서정 등 정벌 전쟁을 시작한 그는 재위 20년 동안 영토 확장에 온 힘을 쏟아 부었다. 중국 영토 내 서하, 금, 서요, 위구르족을 정복했을 뿐만 아니라 지금의 우즈베키스탄을 비롯해 카자흐스탄, 투르크메니스탄, 아프가니스탄, 이란, 그루지야, 아제르바이잔, 러시아 등에 이르는 방대한 영토를 차지했다. 칭기즈칸은 정복한 지역

◀ 테무친의 군대는 유럽 대륙은 물론 아프가니스탄까지 그 세력을 떨쳤다. 유목 민족의 특성상 원정은 필연적인 결과인지도 모른다.

을 자신의 아들들에게 분봉해 '칸국'을 세우도록 했다.

칭기즈칸이 세상을 떠나고 나서도 후계자들은 그의 유지를 받들어 정복 전쟁은 지속했다. 주치[80]의 장자이자 칭기즈칸의 손자인 바투는 장자들로만 구성된 '장자 원정군'을 결성해 2차 서정에 나섰다. 당시 고려도 몽골의 관할 범위에 포함되었고, 1236년에는 러시아 초원에까지 진입했다. 당시 러시아는 내부 권력 다툼이 치열하게 진행되고 있어 몽골의 침입을 수수방관하고 있었다. 이에 랴잔 (Ryazan), 모스크바, 블라디미르, 키예프 등이 차례로 몽골에 점령당했다. 몽골군은 점령한 도시를 약탈하고 폐허로 만들어버렸다. 잠시 휴식을 취한 몽골군이 1241년에 다시 유럽을 공격해 폴란드와 헝가리를 점령하자 유럽 사회는 큰 충격에 휩싸였다.

몽골군의 기세가 최고조에 올랐을 무렵, 몽골에서 칸의 사망 소식이 전해지자 바투는 정복의 발걸음을 멈출 수밖에 없었다. 그가 볼가 강(Volga River) 유역으로 돌아와 그곳에 킵차크한국을 세우고 정착함으로써 몽골의 서정은 끝이 났다.

1251년 툴루이[81]의 장자 몽케가 '칸'의 자리를 차지했다. 그의 동생 쿠빌라이와 아리크부카 역시 영토 확장에 여념이 없었다. 쿠빌라이는 중국의 윈난 성과 쓰촨 성을 차지하고 인도까지 공격했다. 아리크부카는 이란, 티그리스·유프라테스 강 유역, 페르시아, 바그다드까지 차례로 수중에 넣었다. 칭기즈칸과 그의 후예들의 활약으로 몽골제국은 세계에서 가장 방대한 영토를 형성했다.

몽골군의 발길이 닿는 곳마다 약탈과 파괴가 자행되고 수많은 문명이 파괴되었다. 그러나 한편으로는 동서양 경제와 문명 교류에 깊은 영향을 끼친 점만은 부인할 수 없다. 새로운 무역로가 개척되었고 중국의 화약 기술이 아랍을 거쳐 유럽에까지 전파되었다.

킵차크한국

킵차크한국은 몽골 제국의 서북쪽에 있으며 몽골의 4대 한국 가운데 하나에이다. 칭기즈칸은 정복전쟁으로 얻은 이르티슈 강(Irtysh River) 서부 지역을 자신의 장자 주치에게 하사했다. 주치의 장자 바투는 2차 서정을 통해 러시아의 방대한 영토를 손에 넣었는데, 기존에 주치에게 하사된 영토까지 아울러 킵차크한국을 건설했다. 킵차크한국의 영토는 서쪽으로 도나우 강, 동쪽으로 이르티슈 강, 남쪽으로 코카서스, 북쪽으로 지금의 러시아 볼가리(Bolgary) 지역에 달했다. 그러나 14세기 이후부터 쇠퇴하기 시작해 1395년 티무르제국(Timurid dynasty)에 멸망당했다.

---

80) 칭기즈칸의 장자
81) 칭기즈칸의 넷째아들

르네상스 운동

시기 : 14~15세기

인물 : 단테, 페트라르카, 보카치오

영향 : 개인의 가치관과 창조력을 중시한 르네상스 운동은 천여 년 동
안 지속된 교회의 정통 통치 지위에 영향을 주어 중세기 암흑시
대를 정면으로 타파했다.

중세기 유럽은 '암흑시대'로 불렸다. 외적의 빈번한 침입으로 로
마제국이 붕괴 위기에 몰렸고, 유럽 사회는 문화적 활기를 잃었다.
서유럽은 게르만족과 로마인, 기독교의 혼재 속에 얼떨결에 중세기
에 돌입했다고 볼 수 있다. 비록 봉건 제도가 안정되면서 경제가 발
달하고 도시가 번영을 누리기도 했지만, 이러한 평화는 오래가지 못
했다. 중세기 유럽은 대부분 전쟁과 전염병, 교파 간 분쟁으로 얼룩
진 시기였다. 특히 중세 중하반기에 들어서면서 사회 전반적으로 도
탄에 빠진 분위기가 짙었다.

◀ 성체에 관한 논쟁(Disputa del
Sacramento)
라파엘로 작. 14~16세기까지
유럽을 풍미한 르네상스 운동은
이탈리아에서 가장 먼저 일어났
다. 사상의 자유를 추구한 이들
은 정치, 경제, 예술 각 분야에
서 자신의 관점을 주장하는 논
쟁을 벌였다.

▲ 요나(Jonah)
미켈란젤로 작

그러나 통치자로서 기독교의 지위는 전혀 동요됨이 없었다. 정치와 종교의 결합은 중세 유럽 사회의 가장 큰 특징이라고 볼 수 있다. 기독교의 통치 아래 문화는 침체되고 과학도 종교의 한계를 넘지 못하는 교회의 시녀로 전락한 상태였다. 일례로 교회 학교의 필수 과목이었던 천문학은 부활절을 산출해내는 데 사용되는 것이 고작이었다. 아랍에서 발달한 과학이 서유럽으로 전파되기도 했지만 주목받지 못했다. 다만 이들 과학 서적이 그리스어로 번역되면서 차츰 교회와 신학에 접근하기 시작했다.

기독교가 중세 유럽의 정신적 지주였으므로 문학, 철학, 과학, 예술 등 모든 영역에서 《성경》의 교의를 지켜야만 했다. 만약 교의에 어긋나는 관점을 제기하면 곧바로 교회의 제제를 받았고, 심지어는 그 대가로 생명을 바쳐야 하기도 했다. 이 시기에 문학, 예술, 과학이 침체될 수밖에 없었던 이유를 여기에서 찾을 수 있다.

중세 말기에 이르러 상품 경제가 발전하기 시작했다. 경제가 번영하자 상품 선택과 가격 흥정, 계약 등 방면에서 더 많은 자유를 요구하는 분위기가 무르익었다. 이러한 자유가 보장되려면 먼저 이들의 주체, 즉 인간으로서의 자유가 보장되어야 했다. 자본주의의 맹아가 싹틀 무렵 신흥 자산 계급은 자신들이 원하는 자유를 얻고자 사상의 자유를 보장하는 운동을 전개하기 시작했다. 자본주의는 상품 경제의 발전을 촉진하면서 풍부한 물질적 기초와 이념 연구에 대한 사회적 분위기를 조성해 민중의 의식을 일깨웠다.

중세 유럽이 암흑기를 맞은 반면에 그리스와 로마에서는 자유로운 학술 분위기가 조성되어 문학적으로 큰 성과를 거두었다. 14세기 말 오스만튀르크제국이 동로마를 침공하자 로마인들은 서유럽으로 몸을 피했다. 이때 고대 그리스, 로마의 선진 문명이 유럽에 도입되었

미켈란젤로

르네상스 시대의 위대한 조각가이자 화가이며 건축가, 시인인 미켈란젤로는 인문주의 사상과 종교 개혁의 영향을 받아 자유에 대한 갈망과 투쟁 정신을 작품에 표현했다. 르네상스 시대를 대표하는 예술가로 그의 회화와 조각 작품은 유럽 사회에 큰 영향을 끼쳤다. 1499년 스물네 살의 나이에 〈피에타(그리스도를 애도함)〉를 완성해 명성을 얻기 시작했고 이후 〈무세〉, 〈묶여 있는 노예〉, 〈빈사의 노예〉 등 걸작을 남겼다. 그의 작품 가운데 가장 유명한 작품은 역시 〈다비드〉이다. 육신을 벗은 영혼의 모습을 묘사한 〈다비드〉상은 자유와 투쟁을 상징하며, 르네상스 시대의 정치적 의미가 가장 짙게 담긴 예술 작품으로 평가받는다.

고, 많은 학자가 이탈리아에 학교를 세워 그리스 문명을 전파했다.

이들의 사상은 당시 막 싹 트기 시작한 자본주의 사상과 부합되었다. 고대 그리스, 로마의 문명에 매료된 서유럽 학자들은 이러한 문화의 정통성을 회복하려는 열망에 사로잡혔고, 이러한 분위기는 마침내 문예 부흥 운동으로 이어졌다. 고대 문명의 정통성 회복 운동, '문예 부흥'이라는 뜻의 르네상스 운동은 이렇게 시작되었다.

르네상스 운동이 정확히 언제 시작되어 언제 끝났는지는 명확하지 않지만, 대략 400여 년 동안 지속된 것으로 알려졌다. 이탈리아에서 시작되어 전 유럽을 풍미했고 예술, 과학계에 획기적인 전환기를 마련한 근대 유럽 역사의 발단이라고 볼 수 있다. 르네상스 운동은 문학, 예술 영역에서 가장 먼저 일어났다. 단테(Dante), 페트라르카(Petrarca, Francesco), 보카치오(Boccaccio, Giovanni) 등 지식인들은 고대 그리스, 로마의 문화를 연구한다는 명목으로 인문주의 사상을 전파하기 시작했고 이러한 움직임은 차츰 과학의 영역으로까지 확대되었다. 당시 새로 등장한 자본주의 계급은 자신들의 이익을 보장하기 위해 인문주의 사상을 중심으로 반봉건, 반교회 운동을 전개했다.

르네상스 운동은 시기적으로 크게 세 단계로 구분할 수 있다. 1단계는 르네상스 운동이 발생한 14~15세기 초로 문학계에 나타난 현실주의 창작 기법을 가장 두드러진 특징으로 꼽을 수 있다. 2단계는 르네상스 운동이 가장 활발하게 진행된 15세기 중엽부터 16세기까지로 문학, 사학, 정치학 분야에서 걸출한 인재들이 배출되었다. 르네상스 시대의 3대 거장으로 불리는 레오나르도 다빈치, 미켈란젤로, 라파엘로를 비롯해 위대한 문학가 셰익스피어 등이 이 시기에 활동했다. 17세기 중엽부터는 르네상스 운동이 끝나가는 3단계로 자연과학과 인문과학의 탄생을 가장 큰 특징으로 꼽을 수 있다.

개인의 가치관과 창조력을 중시한 르네상스 운동은 천여 년 동안 지속된 교회의 정통 통치 지위에 영향을 주어 중세기 암흑시대를 정면으로 타파했다. 인간의 사상은 종교의 속박에서 벗어나 종교 개혁 운동으로 이어졌고, 자산 계급 혁명에까지 지대한 영향을 끼쳤다.

영국과 프랑스의 백년 전쟁

시기 : 1330~1450년대
인물 : 영국의 에드워드 3세, 헨리 5세, 프랑스의 필리프 6세, 샤를 5세
영향 : 백년 전쟁이 끝난 후 승리한 프랑스는 군왕의 봉건 전제 정치
제도를 확립했고, 패배한 영국도 봉건 제도의 와해를 어느 정
도 늦출 수 있었다.

앙주 왕조

프랑스 앙주 백작의 칭호에서 유래한 앙주 왕조는 모자에 공작의 깃털을 꽂는 장식을 즐겨 플랜태저넷 왕조(House of Plantagenet)라고도 불렸다. 프랑스의 앙주, 노르망디, 브레티니 등지를 지배했으며 영국과 프랑스 간에 벌어진 백년 전쟁의 도화선을 제공했다. 훗날 영국, 이탈리아, 헝가리로 세분되었다.

영국과 프랑스는 역사적으로 떼려야 뗄 수 없는 관계이다. 중세기에 앙주(Anjou) 백작이었던 헨리가 정략결혼으로 영국의 왕위를 계승했는데 그는 프랑스 귀족이기도 해서 노르망디, 브르타뉴(Bretagne), 기엔(Guyenne), 멘(Maine), 발루아(Valois) 등지의 방대한 영토를 소유하고 있었다. 훗날 프랑스는 영국의 세력을 견제하기 시작했고, 양국의 갈등은 점점 심화되어갔다. 프랑스는 필리프 2세 때 서남부 가스코뉴 지역을 제외하고 대부분 영토를 되찾았으나 영국도 잃어버린 영토를 수복하려는 시도를 멈추지 않아 양국 간의 갈등은 증폭될 수밖에 없었다.

1328년에 프랑스 카페 왕조(Capetian dynasty)의 필리프 4세가 세상을 떠났는데 그는 뒤를 이을 아들이 없었다. 당시 영국 국왕 에드워드 3세는 필리프 4세의 조카로, 프랑스 왕위에 잔뜩 눈독을 들이고 있었다. 그러나 발루아 가문의 필리프 6세가 프랑스 왕위를 계승하자 그는 1337년에 왕위 계승권을 문제 삼아 전쟁을 일으켰다. 바야흐로 영국과 프랑스의 백년 전쟁이 시작된 것이다. 특히 프랑스 서남부의 플랑드르(Flandre) 지역을 차지하려는 싸움이 치열했다. 플랑드르 지역은 당시 유럽에서 가장 발달한 공업 도시로 특히 방직 공업의 중심지였다. 이곳 공장에서 사용되는 원료 대부분은 영국에서 공급되고 있었으므로 플랑드르는 영국 진영에 합류했다.

전쟁 초기에는 플랑드르와 가스코뉴 지역에 대한 쟁탈전이 가장 치열했다. 그러나 프랑스의 봉건 기사단은 영국의 용병 부대에 패배를 거듭해 제해권을 잃고 육전에서도 밀려 칼레(Calais) 항구를 빼앗기고 말았다. 프랑스군은 그 후 10년 동안 군대를 재정비해 다시 영

◀ 푸아티에 전투
이 전투에서 승리한 영국군은
제멋대로 약탈을 일삼았다.

국군과 맞붙었지만 푸아티에 전투에서 또다시 참패했다. 승리한 영
국이 온갖 구실을 붙여 프랑스에서 막대한 세금을 거두어들이는 바
람에 프랑스 내부 경제는 마비되고 크고 작은 봉기가 끊이지 않았
다. 결국 프랑스는 1360년에 루아르 강에서 피레네 산 남부에 이르
는 지역(아키텐과 칼레 시 전역)을 영국에 할양하는 브레티니
(Brétigny) 조약을 체결했다.

이로부터 10년 후 프랑스 국왕 샤를 5세는 잃어버린 영토를 되찾
고자 또 한 번 전쟁을 일으켰다. 지난 전투에서 참패한 원인을 철저
히 분석한 그는 용병 제도를 도입하고 포병 부대와 함대를 새롭게
정비했으며, 세제를 정비해 국가 수입을 늘림으로써 전쟁에 필요한
경제적 기반까지 든든히 마련했다. 그리고 기습 공격과 게릴라 전술
등 새로운 전술을 활용하여 영국군을 연해 지역까지 몰아내는 데 성
공했다. 전쟁에 패한 영국은 프랑스의 중요한 연해 항구 도시라도
보존하기 위해 프랑스와 20년 정전 협약을 맺었다.

그러던 중 1380년에 샤를 6세가 새로이 즉위하면서 프랑스 왕정
내부에 내분이 발생했다. 프랑스 정세를 예의주시하던 영국은 이 틈
을 놓치지 않고 프랑스를 공격했다. 프랑스에서 내부적으로 열세에

▶ 랭스 대성당에서 거행된 샤를 7세의 대관식에 참석한 성녀 잔 다르크. 그녀는 '오를레앙 전투'를 승리로 이끈 것으로 유명하다.

있던 부르고뉴(Bourgogne)파는 영국에 의탁해 프랑스 북부 지역을 장악했고, 결국 프랑스는 영국과 굴욕적인 트루아(Troyes) 조약을 체결했다. 이 조약에는 "프랑스는 영국의 일부분이며 샤를 6세가 사망한 후에는 영국의 헨리 5세가 프랑스 왕위를 계승한다."라는 조항이 있었다. 그러나 이 두 국왕이 모두 1422년에 사망해 왕위 계승을 둘러싸고 치열한 싸움이 시작되었다. 이때 프랑스는 마침내 내홍을 멈추고 온 국민이 단결해 영국의 침략에 맞섰다.

게릴라전으로 영국군을 괴롭힌 프랑스군은 1428년 승리를 거둔 오를레앙 전투를 기점으로 파리, 멘, 노르망디, 기엔 등을 차례로 수복했다. 1453년에 마침내 영국이 항복하면서 백년 전쟁은 막을 내렸다. 그리고 오를레앙 전투를 승리로 이끈 프랑스의 잔 다르크는 민족의 영웅으로 떠올랐다.

영국과 프랑스 간의 전쟁은 116년 동안이나 계속되었다. 대부분 전투가 프랑스 영토에서 벌어진 탓에 프랑스 민중의 고통은 극에 달했고 경제는 바닥까지 떨어졌다. 그러나 군대는 낙후된 군사 제도를 정비하고 상비 용병 부대를 확충하며 화기를 사용하는 등 새롭게 활기를 띠었다. 또 민족의식의 각성과 사회 각 계층의 역량을 결집하는 계기를 마련했다. 이러한 사회적 분위기에 힘입어 왕권이 점차 강화되었고 마침내 군주 전제 체제가 확립될 수 있었다.

영국도 전쟁을 계기로 귀족 계급과 기사 계급의 통치 체계가 더욱 확고해졌고 중앙집권적인 군주제를 확립하기에 이르렀다.

유럽의 흑사병 창궐

시기 : 1348년

영향 : 흑사병의 창궐로 유럽에서는 인구가 급격히 감소했고 봉건 체제도 와해되기 시작했다. 또한 유럽의 정신적 지주였던 로마 천주교회의 지위도 큰 타격을 입었다.

인류 사회의 대변혁은 인위적 요소가 주도적 역할을 하는 경우가 대부분이다. 전쟁, 종교 개혁, 신항로의 발견 등을 그 예로 꼽을 수 있다. 그러나 14세기에 유럽을 강타한 자연재해는 사회 구조를 변화시킨 것은 물론 인류의 신앙마저 무너뜨린 아주 무시무시한 것이었다. 전 유럽을 공포로 몰아넣은 그 주범은 바로 흑사병이었다.

보카치오의 《데카메론》은 당시 유럽의 악몽을 배경으로 쓴 작품이다. 이 책에는 길을 걷다가 갑자기 쓰러져 죽음을 맞은 사람, 집안에서 며칠째 방치되어 있다가 이웃까지 악취가 풍긴 다음에야 겨우 발견된 시신, 교회와 묘지에는 시체가 넘쳐나고 화물차에 짐짝처럼 실려 가다가 그대로 매장되는 실상 등 비참한 상황이 그대로 묘사되었다.

▲ 《데카메론》의 저자 보카치오
《데카메론》은 흑사병이 유행하던 중세를 배경으로 한다.

◀ 《데카메론》에 등장하는 인물들이 흑사병의 공포에 대해 이야기를 나누는 장면

데카메론

르네상스 시대 이탈리아의 대문호 보카치오의 대표작인 《데카메론》은 당시 발생한 흑사병을 배경으로 집필된 문학사상 최초의 현실주의 단편 소설집이다. 흑사병을 피해 길을 떠난 젊은이 열 명이 열흘 동안 펼치는 이야기들로 구성되며, 당시의 금욕주의 세태와 종교, 신학을 신랄하게 비판해 향후 유럽 문학에 큰 영향을 끼쳤다.

인구가 급격히 감소하면서 마을에 인적이 사라지고 가축들이 거리를 활보하며 기아가 전 유럽을 휩쓸었다. 한편에서는 이러한 상황을 이용해 부를 축적하는 사람들도 생겼다. 이들은 얼떨결에 생긴 벼락 재산으로 밤낮으로 연회를 열고 유희를 즐겼다. 선교사와 수도사들까지 이들의 대열에 합류하는가 하면, 국가 재산으로 자기 배를 채우는 정치가들이 속출하면서 사회 질서는 문란해질 대로 문란해졌다.

유럽에 흑사병이 처음 발생한 해는 1348년이다. 흑사병은 발병하면 온 몸에 검은 반점이 생기는 데서 이름이 유래했다. 페스트의 일종으로 아시아 서남부에서 처음 발생한 후 항해 선박을 따라 흑해, 지중해, 북대서양 연안, 발트 해까지 확산되었다. 결국 유럽 전역에 흑사병이 퍼진 것이다. 이 전염병으로 유럽 인구의 절반에 달하는 2,500만 명이 사망했으며 전 세계적으로 7,500만 명이 목숨을 잃었다. 영국과 프랑스 간의 백년 전쟁도 흑사병으로 잠시 중단될 정도였다.

흑사병이 유럽을 휩쓸면서 농민 대부분이 목숨을 잃자 봉건 체제가 동요하기 시작했고 생존자들은 자유를 찾아 도시로 몰려들었다. 이때부터 화폐로 소작료를 대신할 수 있게 되었고 이는 새로운 상품 경제의 탄생을 부추겼다.

흑사병은 봉건 체제뿐만 아니라 당시 유럽 사회의 정신적 지주였던 기독교의 지위에도 큰 타격을 입혔다. 무시무시한 전염병 앞에 성직자들도 고향을 버리고 피난길에 올랐으며 신의 손길이 가장 필요한 시점에 무기력한 종교의 모습을 노출시키며 그 권위를 상실한 것이다. 오히려 점술가들이 제 세상 만난 듯 활개를 쳤다.

▼ 《데카메론》에 등장하는 열 명의 주인공

이후에도 전염병은 수차례 유럽 대륙을 강타했고, 18세기에 이르러서야 그 공포에서 벗어날 수 있었다. 핵폭탄의 위력에 비할 만한 흑사병의 창궐로 유럽에서는 인구가 급격히 감소했고 봉건 체제도 와해되었다. 또 유럽의 정신적 지주였던 로마 천주교회의 지위도 큰 타격을 입었다.

명나라 정화鄭和의 남해 원정

시기 : 1405~1433년
인물 : 정화
영향 : 정화의 남해 원정으로 해외 무역이 활기를 띠게 되었을 뿐만 아
　　　니라 중국의 선진 문명과 과학 지식이 해외로 전파되었다.

　정화는 회족으로 성은 마馬, 이름은 삼보三保이며 본적은 곤명昆明
이다. 조상이 마호메트의 후예라고 알려졌으며 그의 부친은 성지 메
카를 직접 참배한 적이 있다고 한다. 정화는 어린 시절 부친에게서
이국의 이야기를 듣고 그 세계를 동경하게 되었다.

　1382년에 원나라의 중국 내 마지막 점령지였던 윈난 성이 새로운
왕조인 명나라의 군대에 정복되면서 정화는 명나라 군대에 사로잡
혔고, 거세된 후 북평北平[82]의 연왕부로 오게 되었다. 총명하고 심지
가 굳었던 그는 거세당한 불운 속에서도 왕궁의 예절을 익히고 맡은
바 직무에 충실하게 임했다. 그 덕분에 마침내는 연왕의 신임을 얻

▲ 정화 상

◀ 명나라 시대 작품 남도번회도
　南都繁會圖
　강성해진 국력은 정화의 남해
　원정이 성공하는 데 커다란 원
　동력이었다.

82) 지금의 베이징

▲ **명나라 성조 주체朱棣의 초상**
대외 교류를 적극 추진한 그는 영락 3년(1405년)부터 정화에게 일곱 차례나 남해 원정을 실시토록 했다.

견성술

견성술은 중국의 유서 깊은 항해 기술 가운데 하나로 《한서漢書》〈예문지藝文志〉에 '해중성점험海中星占驗', '해중오성경잡사海中五星經雜事' 등 관련 내용이 기록되어 있는 것으로 미루어 진한 시대에 이미 존재했다고 볼 수 있다. 별자리의 위치 변화를 항해에 이용한 이 기술은 특히 북극성과 북두칠성이 해수면과 이루는 각도를 파악해 선박의 위치를 판단했다. 견성술에는 '견성판牽星板'이라는 특수 도구가 사용되었다.

어 그의 호위 무사가 되었다. 이때부터 귀족들과 교제하며 자신의 리더십을 서서히 드러내기 시작했다.

연왕이 정난의 변을 일으켜 조카 건문제를 폐위시키고 스스로 황제[83]에 오르자 정화는 그를 도와 혁혁한 공을 세웠으며, 정4품 벼슬인 내관감 태감에 임명되고 '정鄭'씨 성을 하사받았다.

중국은 당송 시대부터 수많은 항구를 보유했고 조선술과 항해업이 매우 발달했다. 선진 항해 기술과 풍부한 항해 노하우는 정화의 남해 원정에 탄탄한 토대가 되었다. 영락제에게서 남해 원정의 어지를 받은 정화는 항해도를 꼼꼼히 분석하고 '견성술牽星術', '침로부針路簿[84]' 등에 적힌 각종 기능을 익히며 원정을 준비하기 시작했다.

영락 3년(1405년), 정화는 배 240여 척에 선원 2만7,400여 명을 데리고 마침내 남경 소주 유가항을 출발했다. 이 가운데 길이 약 137m, 너비 약 56m의 대형 선박은 돛대 9개, 돛 12폭이 달렸고 닻의 무게가 수 톤에 달해 200여 명이 동원되어야만 비로소 출항할 수 있었다고 한다. 수천 명이 탈 수 있는 이 선박은 당시로서는 세계 최대 규모로 추정된다.

정화는 이처럼 방대한 대오를 지휘부, 항해부, 외교 무역부, 후방 지원부, 군사 호위부 등 다섯 개 부서로 나누어 확실히 역할 분담을 함으로써 항해의 안전을 도모했다.

1405~1433년까지 정화는 모두 일곱 차례 항해를 감행했다. 《정화전鄭和傳》에 기록된 바에 따르면 그는 참파 왕국(Champa Kingdom)[85], 자바(Java), 아덴(Aden), 팔렘방, 말라카, 케냐, 말레이시아, 마린티에, 실론[86], 호르무즈(Hormuz), 인도 등 아시아와 아프리카의 36개국을 방문했으며 홍해와 아프리카 동남 연안까지 도달했다고 한다.

당시 명나라는 안정감이 뛰어나고 대량의 담수淡水 보관이 가능한 배를 제작하는 조선 기술과 지남침, 수기 신호手旗信號, 견성술, 침로부 등 선진 항해 기술을 보유해 원정의 안전성을 기할 수 있었다.

정화는 평화의 사절답게 예를 갖추어 가는 곳마다 큰 환영을 받았

---

83) 영락제
84) 시계 방향으로 자오선의 북쪽 끝에서 배의 이물과 고물을 이은 선까지의 각을 적어 배의 운동 방향을 파악하고 안전한 항로를 택할 수 있게 한 항해 문서
85) 지금의 베트남 중부
86) 지금의 스리랑카

다. 그는 현지의 왕족, 귀족들에게 중국에서 가져온 예물을 선물하는 한편 다양한 물품 교역을 실시했다. 특히 비단, 차, 도자기 등은 꺼내놓기가 무섭게 동이 났다. 귀국길에는 이국의 보석, 향료, 약재 등을 가득 싣고 돌아와 수십 배의 이익을 남겼다고 한다.

당시 중국 연안 지역에는 왜구가 빈번하게 출몰했다. 정화는 왜구를 토벌하는 한편 주변국과 갈등해소에 주력하며 해상 안전을 도모하는 데 일익을 담당했다.

정화의 남해 원정으로 해외 무역이 활기를 띠게 되었을 뿐만 아니라 중국의 선진 문명과 과학 지식이 해외로 전파되었다. 말레이시아와 인도네시아에서는 그의 업적을 기리는 사당이 세워지기도 했다.

선덕 8년(1433년), 귀항하던 도중에 말라리아에 걸린 정화는 인도에서 눈을 감았다.

노예무역의 참상

시기: 15세기 중엽~19세기 말
영향: 노예무역을 통해 막대한 이윤을 획득한 유럽과 아메리카의 식
민 제국들을 중심으로 자본주의가 싹트기 시작했다.

15세기 중엽에서 19세기 말까지는 아프리카에 매우 암담하고 굴
욕적인 시간이다. 유럽의 식민주의자들이 비인간적인 노예무역을
자행했기 때문이다.

14, 15세기에 경제가 신속히 발전하면서 자본주의가 싹텄고, 생산
기술이 크게 향상되어 특색
있는 공업 지구와 농업 단지
가 형성되었다. 여기에서 유
럽 각국은 더 많은 원시 자본
을 축적하기 위해 해외로 눈
을 돌렸다. 초기의 해외 식민
지는 단순히 약탈 대상이었
다. 그러나 시간이 지나면서
식민주의자들은 그곳에서 더
많은 부를 획득하려는 욕심
에 농장을 하나둘 짓기 시작
했다. 기후와 지리 환경이 다
양한 식민지 농장에서는 각
종 농산품을 비롯해 담배, 차
등이 재배되었다. 그리고 얼
마 지나지 않아 식민 제국은
금광을 비롯한 광산 개발에
까지 손을 뻗었다.

식민지에 처음 농장이 들어
섰을 때 이곳의 노동력은 유
럽의 평민들로 채워졌다. 생

▼ 노예 시장에서 알몸으로 팔리고
있는 백인 노예의 비참한 모습

계를 위해 식민지 농장에 발을 디딘 평민들은 농장주와 계약을 맺었고, 기한이 차면 자유의 몸이 되었다. 그러나 농장 규모가 점점 커지면서 이들의 노동력만으로는 목표 생산량을 채울 수 없게 되었다. 노동력을 구하는 데 혈안이 된 농장주들에게 아프리카 흑인 노동력은 더없이 좋은 사냥감이었다. 얼마 지나지 않아 노예 시장이 형성되었다.

◀ 미국으로 향하는 노예 운송 선박
농장주들은 노예를 생사를 좌지우지했으며 농장으로 팔려간 노예들은 인간다운 생활을 영위할 수 없었다.

　포르투갈과 스페인 식민주의자들이 노예무역을 시작한 후 유럽 각국도 차례로 노예 시장에 뛰어들었다. 당시의 경제 발전과 맞물려 노예들은 유럽, 북미, 아시아, 아프리카, 라틴아메리카 등 세계 각지로 팔려갔다. 18세기 초에 유리한 지리적 위치를 앞세운 영국이 노예무역을 독점하기 시작했고, 곧 영국의 리버풀(Liverpool)이 노예무역의 중심지로 떠올랐다. 19세기부터는 미국도 노예무역 시장에 뛰어들었다. 이들 국가는 노예 노동력을 이용해 막대한 이익을 취했다. 당시 기록에 따르면 2억이 넘는 아프리카 흑인이 노예로 팔려갔으며, 도중에 죽임을 당하거나 전염병과 굶주림으로 생명을 잃는 경우가 다반사였다고 한다. 용케 살아남아도 인간적인 생활을 영위할 수 없기는 마찬가지였다.

　노예무역은 세 가지 방식으로 진행되었다. 15세기 중엽부터 16세기 말까지는 해적이나 다를 바 없이 흑인들을 강제로 잡아들였고, 노예무역이 가장 성행했던 16세기 말부터 18세기 후반까지는 노예

아프리카는 아시아에 이어 세계에서 두 번째로 큰 대륙이다. 나일 강 유역은 인류 문명의 발상지로 명성이 높으며, 세계 최대의 사하라 사막과 열곡쬓谷도 아프리카 대륙에 있다. 이집트 문명의 영향을 받은 아프리카에는 수많은 왕국이 건설되었고 특히 4세기경에 존립했던 악숨왕국은 전 세계에서 가장 강대한 국가로서 중동의 판도를 바꿀 정도로 그 위세가 막강했다.

전매 조직이 등장해 노예무역을 독점했다. 마지막으로 18세기 말부터 19세기 말까지는 노예무역에 대한 규탄의 목소리가 높아지면서 노예 밀매가 극성했다.

유럽의 노예 밀매업자들의 수법은 교묘하기 짝이 없었다. 아프리카로 떠나는 선박에는 생활용품과 농산품, 총과 탄약 등 각종 물품을 잔뜩 싣고, 아프리카에 도착해서는 이러한 염가의 물품들로 수많은 노예를 사들였다. 그리고 아메리카로 이동해 노예들을 넘기고 그곳에서 금은을 비롯해 자국에 필요한 생산 원자재를 들여왔다. 유럽으로 돌아오기까지 반년 정도밖에 걸리지 않았기에 이들은 노예무역을 통해 손쉽게 거액을 벌어들였다. 아프리카에서 아메리카로 향하는 배 안에서는 흑인들이 비인간적인 대우를 견디다 못해 바다에 몸을 던져 스스로 목숨을 끊는 경우가 비일비재했다.

노예로서의 비참한 생활을 더 이상 참지 못한 흑인들은 결국 폭동을 일으켰다. 이러한 움직임은 19세기 초에 가장 먼저 노예제 폐지 운동이 일어난 영국에서 지지를 받았고, 이어서 세계 각지에서도 노예제 폐지 운동이 활발하게 벌어졌다. 그리고 19세기 말에 이르러 드디어 노예 해방이 실현되었다.

한편, 노예무역을 통해 막대한 이윤을 획득한 유럽과 아메리카의 식민 제국을 중심으로 자본주의가 싹트기 시작했다. 특히 아메리카 대륙에서는 노예 노동력을 바탕으로 신속한 개발이 이루어졌다. 반면에 아프리카 대륙은 인구 절반이 감소하고 생산력이 크게 저하되면서 인류 문명의 발상지라는 칭호가 무색할 정도로 문명이 퇴보하는 아픔을 겪어야 했다.

코페르니쿠스의 지동설

시기 : 15세기 후반
인물 : 코페르니쿠스(Copernicus)
영향 : 코페르니쿠스는 근대 천문학의 포문을 열고 자연과학의 새 시대를 예고했다. 중세의 암흑기를 빠져나온 자연과학과 철학은 교회의 속박에서 벗어나 비약적인 발전을 이룩했다.

인류는 아주 오래 전부터 우주를 탐구했다. 기원전 6세기에 고대 그리스 철학자들이 지구의 운동 가능성을 제기했으나 당시의 여건으로는 그 주장을 증명할 방법이 없었다. 아리스토텔레스는 지구를 부동不動의 존재로 인식했고, 프톨레마이오스(Ptolemaeus)[87]가 그의 사상을 발전시켜 《천문화 집대성》이라는 저서를 남겼다. 이 책에서 그는 지구는 부동의 존재이며 우주의 중심이라고 주장했다.

아리스토텔레스와 프톨레마이오스의 관점은 기독교의 《성경》에 나오는 일부 내용과 들어맞는 부분이 있었기에 기독교가 유럽의 정신적 지주로 자리매김한 이후 전폭적인 지원을 받았다. 또 한편으로 이러한 학설이 중세 기독교의 통치 체제를 유지하는 데 유리하게 작용했으므로 한 단계 더 발전한 '천동설'로 확립되어 유럽 사회에서 불변의 진리로 자리매김했다. 그러나 르네상스 시대를 거치며 자연과학과 인문과학이 크게 발전하고 천문관측의 정확도가 높아지면서 천동설의 모순이 하나둘 드러나기 시작했다.

코페르니쿠스는 1473년 2월 19일 폴란드 비스와 강변에 있는 토룬에서 출생했다. 성공한 사업가였던 부친은 그가 열 살 되던 해에 세상을 떠났고, 그 후 코페르니쿠스는 로마 천주교의 대주교였던 숙부의 손에서 자랐다.

열여덟 살에 크라쿠프 대학에 입학하면서부터 천문학에 심취했고, 3년 후 르네상스 운동의 발원지인 이탈리아로 건너가 볼로냐 대학과 파도바 대학에서 법률, 의학, 신학 등을 공부했다. 이 시기에

아리스토텔레스

기원전 384년 그리스 북부 스타기로스에서 출생했으며 열여덟 살 때 아테네에 있는 플라톤의 아카데메이아에서 공부했다. 플라톤의 사상을 계승, 발전시킨 그는 "나는 스승을 사랑한다. 그러나 진리를 더욱 사랑한다."라는 명언을 남기기도 했다. 고대 학설의 집대성자로 유명하며, 그의 저서는 고대의 백과전서로 전 유럽에 전파되어 큰 영향을 끼쳤다. 논리학, 경제학, 정치학, 수사학, 시학, 변증법, 수학, 물리학, 철학 등에 두루 능통했으며 주요 저서로 《범주론(Categoriae)》, 《해석론(De interpretatione)》, 《궤변론(Sophistici elench)》, 《형이상학(Metaphysica)》, 《윤리학(Ethica Nicomachea)》, 《정치학(Politics)》 등이 있다.

---

87) 고대 그리스의 지리학자, 천문학자, 수학자

그는 '천동설' 이론에 조금씩 의문을 느끼기 시작했다.

그러나 당시 프톨레마이오스의 천동설은 기독교 신학에 이론적 기초를 두고 있었으므로 그것을 반박하는 자유로운 사상과 과학적 사고는 종교의 속박을 받았다. 이에 코페르니쿠스는 플라우엔부르크에 작은 천문대를 짓고 그곳에서 30년 동안 남몰래 천체를 관측했다. 그 결과 지구를 포함한 모든 행성이 태양을 중심으로 회전한다는 사실을 밝혀냈다. 1514년에 자신의 이론을 담은 소책자를 발간했으나 주변 친척들과 친구들에게 나눠주는 데 그쳤다.

그의 친구들이 교회 고위 성직자들에게 그 이론을 적극적으로 소개했지만 코페르니쿠스 자신은 60세가 될 때까지도 자신의 학설을 당당하게 발표하지 못했다. 그러다 1533년에 로마에서 개최된 일련의 강연에서 '태양 중심설'의 주요 이론을 발표했다. 교회가 그런 자신의 행보에 전혀 관심을 보이지 않자 코페르니쿠스는 70세가 되

▶ 공화당 달력
필리베르 르 로이(Philibert Le Roy) 작

▲ **천체를 관측하는 코페르니쿠스**
플라우엔부르크에 작은 천문
대를 짓고 관측을 계속한 그는
마침내 지동설의 근거를 밝혀
냈다.

던 해에 비로소 《천구의 회전에 관하여(De revolutionibus orbium coelestium, libri)》라는 자신의 저서를 출간했다.

이 책에서 그는 프톨레마이오스의 천동설을 정면으로 반박했다. 지구는 우주의 중심이 아니라 태양의 주변을 회전하는 한 행성에 불과하며 자전한다는 사실도 증명했다. 또 우주의 중심은 바로 태양이라고 주장했다. 사실 그가 주장한 '태양 중심설'은 엄밀히 말해서 정확한 학설이라고 볼 수 없다. 그러나 신학의 우주관에 도전한 그의 학설은 천문학과 자연과학의 발달에 획기적인 전환기를 마련한 것임에 틀림없다.

코페르니쿠스는 근대 천문학의 포문을 열고 자연과학의 새 시대를 예고했다. 중세의 암흑기를 빠져나온 자연과학과 철학은 교회의 속박에서 벗어나 비약적인 발전을 이룩했다.

신항로 개척(지리상의 발견)

시기 : 15~16세기
인물 : 바스코 다 가마, 콜럼버스, 마젤란
영향 : 신항로의 개척으로 세계 시장이 형성되었으며 아프리카, 아시
　　　아, 아메리카 대륙은 유럽의 식민지가 되어 착취와 핍박에 시달
　　　렸다.

　15세기에 등장한 유럽의 자본주의는 봉건 체제 속에서도 급속한
발전을 이룩했다. 상품 경제가 발달하며 화폐 유통이 활발해지자 토
지는 경제 분야에서의 주도적 지위를 상실했다. 그 대신 화폐 주조
에 사용되는 금과 은이 부와 사회적 지위의 상징이 되었다. 상품의
생산량이 많아지자 국가 간 교류도 매우 활발해졌고, 이에 따라 황
금 수요량이 급증했다. 이러한 시기에 중국 원나라의 번화가와 도처
에 깔린 황금, 향료 등 풍요로운 생활상을 소개한 마르코 폴로의
《동방견문록》이 등장해 동양에 대한 유럽인들의 호기심을 자극했
다. 그들은 황금에 대한 꿈에 부풀어 너도 나도 동양으로 통하는 새

▶ 신항로를 개척하는 콜럼버스의
항해는 스페인 왕실의 지지를
받았다.

로운 항로를 개척하려 혈안이 되었다.

아시아에서 들여온 비단, 차, 향료 등은 당시 유럽에서 매우 인기 있는 상품이어서 내놓기가 무섭게 동이 났다. 그러나 이 상품들이 유럽에 닿기 전 지중해를 통과할 때 이미 아랍인과 이탈리아인이 물량을 대거 차지했다. 따라서 유럽에 유통될 때면 가격이 몇 배나 뛴 상태였다. 15세기 중엽에는 오스만튀르크제국이 아시아와 유럽의 무역로를 장악하면서 교역량이 감소하는 등 국제 무역이 쇠퇴하는 양상마저 나타났다. 동양의 상품들은 더욱 희귀해질 수밖에 없었고, 가격이 하늘 높은 줄 모르고 치솟아 사치품이나 다를 바 없었다. 결과적으로 유럽의 국제 무역 수지는 크게 악화되어 새로운 항로 개척이 시급해졌다.

게다가 르네상스 운동이 일어나 입지가 흔들린 기독교는 복음을 전파할 새로운 지역이 필요했다. 발달한 항해 기술과 중국에서 유입된 지남침은 항해의 안전을 도모하는 데 큰 역할을 했다. 이러한 사회적 배경을 바탕으로 마침내 새로운 항로를 개척하기 위한 발걸음이 시작되었다.

15세기 말, 중앙집권제를 확립한 스페인과 포르투갈은 해상 무역을 통해 국내 경제의 전환을 모색하려 했다. 이에 해상 패권을 차지하기 위한 두 나라의 쟁탈전이 치열해졌다. 포르투갈이 먼저 인도로 통하는 항로 탐색에 나서 1488년에 바르톨로뮤 디아스 데 노바에스가 희망봉에 도달했다. 이 소식은 유럽인들을 고무시키기에 충분했다. 1497년 7월 8일에는 포르투갈의 항해가 바스코 다 가마(Vasco da Gama)가 리스본을 출발해 인도로 향하는 해상항로 개척 길에 올랐다. 그는 카나리아 제도(Canary Islands), 희망봉, 모잠비크 등을 경유하여 1498년 5월 20일에 인도 서남부 캘리컷(Calicut)에 도착했다. 그리고 같은 해에 인도에서 출발해 1499년 9월 9일 리스본으로 무사히 귀환했다.

바스코 다 가마의 인도 항로 개척으로 유럽과 아시아 대륙의 무역이 크게 촉진되었다. 이 항로는 1869년에 수에즈 운하가 개통되기 전까지 인도양 연안 국가와 중국을 잇는 주요 노선으로서 큰 역할을 했다. 또 포르투갈을 비롯해 유럽 각국이 식민지를 개척하는 노선으로도 이용되었다. 포르투갈은 백 년이란 시간 동안 수많은 모험과 위기를 겪은 후 지구 절반을 차지한 동방 식민 제국으로 등극했다.

희망봉

1488년 바르톨로뮤 디아스 데 노바에스가 발견했다. 대서양과 인도양이 합류하는 지점에 자리한 희망봉은 케이프타운에서 52킬로미터 떨어진 곳에 있다. 희망봉의 발견은 유럽인의 모험심을 자극해 동서양 간의 항로 개척에 결정적 계기로 작용했다. 현재 유럽에서 수입하는 석유의 3분의 2, 원자재의 70%, 양식의 4분의 1이 이 항로를 통해 운송된다.

▲ 낯선 섬에 도착한 콜럼버스
일행

포르투갈이 성공적으로 신항로를 개척한 사실에 크게 자극받은 스페인은 1492년 8월 3일에 콜럼버스가 이끄는 탐험대를 출발시켰다. 콜럼버스는 범선 세 척에 선원 88명을 데리고 스페인을 출발했다. 아프리카의 작은 섬에 잠시 정박했다가 두 달 동안 서쪽으로 항해를 계속한 끝에 이들은 마침내 육지에 도착했다. 그러나 그가 도착한 곳은 인도도, 중국도 아닌 새로운 땅, 바로 아메리카 대륙이었다. 동서양의 새로운 항로를 개척하러 나섰던 콜럼버스가 뜻밖에 아메리카 대륙을 발견했다는 소식은 전 유럽을 뒤흔들었다. 콜럼버스는 이후에도 세 번이나 항해를 계속해 아메리카 대륙의 해안 여러 곳에 상륙했다.

1492년에 콜럼버스가 아메리카 대륙을 발견한 후 유럽의 수많은 사람이 이곳으로 이주해왔다. 이민자의 숫자가 갈수록 늘면서 이들이 토착 인디언들과 갈등을 빚어 결국에는 인디언의 멸망을 재촉하는 결과를 낳았으며, 한편으로 흑인 노예무역이 발달했다. 이와 함께 아메리카 대륙에도 새로운 국가들이 속속 들어섰다. 특히 미국은 짧은 역사에도 불구하고 경제대국으로 급부상했다.

콜럼버스에 이어 스페인 왕실의 적극적인 지원을 받은 마젤란은 세계 일주를 성공적으로 완수하고 지구 구형설을 입증했다.

신항로의 개척으로 세계 시장이 형성되었으며 대서양이 지중해의 무역 항로를 대신하게 되었다. 이로써 이탈리아는 해상 무역의 패권을 상실했고, 유럽 사회에 황금이 대거 유입되어 금값 하락을 부추겼다. 또 무역의 발달로 막대한 부를 축적한 신흥 자산 계급이 등장하면서 봉건 제도가 급격히 와해되었고 아프리카, 아시아, 아메리카 대륙은 유럽의 식민지가 되어 착취와 핍박에 시달렸다.

인클로저 운동

시기 : 15세기 말~19세기
영향 : 인클로저 운동(Enclosure Movement)으로 대규모 노동력이 시장
으로 유입되면서 영국은 봉건주의 사회에서 자본주의 사회로
변화하기 시작했다.

영국은 본래 농본주의 사회였다. 그러나 자본주의 경제가 발달하면서 방직 산업이 크게 주목받기 시작했고, 이에 따라 양모 가격이 하루가 다르게 치솟아 양을 사육하는 사업이 유망 사업으로 떠올랐다. 그러나 양을 방복하려면 대규모 토지가 필요해 귀족들이 농민을 내쫓고 그 땅에서 양을 키우기 시작했다.

신항로가 개척된 후 영국의 대외 무역도 활기를 띠었고 양모 수출이 크게 늘면서 방직 산업은 더욱 빠른 속도로 발전했다. 양모의 수요가 늘어날수록 양모 가격은 계속해서 치솟았고, 귀족들은 양 사육 규모를 확대하기 위해 혈안이 되었다. 그들은 우선 주인이 따로 없는 공유지, 예를 들면 삼림, 초원, 황무지 등을 활용했으나 수요량을 따라가기에는 턱없이 부족했다. 결국 농민들을 내쫓고 그 마을 주변에 울타리를 둘러 방목지로 만들었다. 영국 전역에 이러한 울타리들이 우후죽순처럼 들어서

▼ 18세기 귀족의 일상을 보여주는 부셰(Boucher, Francois)의 작품

▲ 귀족의 생활을 묘사한 부셰의 작품

서 사유지가 늘어나는 인클로저 현상이 만연했다.

종교 개혁이 일어난 후 교회의 소유지는 대부분 국가에 몰수되었다. 국왕은 이 토지를 새로운 정부 관리에게 하사하거나 농장주들에게 팔았다. 이런 방식으로 토지를 얻은 이들은 훗날 새로운 귀족 계층으로 부상했고 인클로저 운동에 동참했다.

봉건 제도하의 영주들도 토지를 농민에게 경작시키는 것보다 자본가에게 임대하는 편이 이익을 많이 남길 수 있었다. 결국 영국 정부는 인클로저 운동의 금지령을 해제해 영국 토지의 절반 이상이 목장으로 변했다.

경작지에서 쫓겨난 농민들은 유랑민 신세가 되었다. 그러나 영국 정부는 이들을 동정하기는 커녕 오히려 유랑민을 제한하는 법령을 반포해 규정된 기한 안에 반드시 일자리를 구하도록 강압했다. 만약 법률에 정해진 기한 안에 일자리를 구하지 못하면 귀를 자르고 고향으로 돌려보냈으며, 계속해서 동일한 '범죄'를 저지르면 사형에 처하기도 했다. 농민들은 하는 수 없이 턱없이 적은 보수를 받더라도 노역을 해야 했고, 노역을 거부하면 불구자가 되거나 감옥에서 죽음을 기다리는 신세가 되었다. 후에 영국 정부는 다시 규정을 바꾸어 일자리가 없는 사람은 누구라도 본인 대신 그 자녀를 노역에 동원시킬 수 있으며 심지어는 노예로 팔 수 있게 했다.

당시 공장이 있기는 했지만 아직 일정 규모를 갖춘 단계에는 도달하지 못한 상황이었다. 헨리 8세와 엘리자베스 여왕의 통치 시대에는 일자리를 찾지 못한 유랑 농민을 대거 사형에 처하기도 했다. 앞날을 기약할 수 없던 처량한 신세의 농민들은 견디다 못해 농민 봉기를 일으켰다. 이 가운데 1536년과 1537년에 링컨셔(Lincolnshire)와 요크셔(Yorkshire)에서 각각 발생한 농민 봉기가 가장 유명하다. 농민 봉기가 발생하면서 인클로저 운동이 잠시 주춤하긴 했으나 농민들의 운명은 바뀌지 않았다. 어쩔 수 없이 그들은 공장에 들어가 고된 노역에 시달리며 겨우 입에 풀칠이나 하는 생활을 이어갈 수밖에 없었다.

인클로저 운동은 영국 자본주의의 발달을 가속화했지만 농민들에게는 재앙이었다. 그 때문에 농민 인구가 급격하게 감소했고 그만큼 증가한 유랑민들이 도시로 몰려들어 거대한 노동력 시장을 형성했다. 수요보다 공급이 많은 이들의 저렴한 노동력은 자본주의를 발달시키는 동력이 되었다. 인클로저 운동으로 토지는 자본주의 성격을 띠는 농장주들이 대거 차지했고, 소작료도 자본주의의 이윤으로 변질되었다. 농장주들은 이윤을 추구하기 위해 새로운 작물을 끊임없이 유입하고 생산 도구를 개선해 생산량을 늘리기에 여념이 없었다.

인클로저 운동은 세수와 병력 감소로 이어져 결과적으로 봉건 통치 질서를 뒤흔들었다. 이 과정에서 탄생한 신흥 귀족은 신흥 자산 계급으로 변모해 자산 계급 혁명을 주도하는 계층으로 자리 잡았다. 인클로저 운동으로 대규모 노동력이 시장으로 유입되면서 영국은 봉건주의 사회에서 자본주의 사회로 변화하기 시작했다.

엘리자베스 1세의 정책

엘리자베스 1세 집권기에 영국 자본주의는 비약적으로 발전했다. 엘리자베스 1세는 교회와 왕실의 토지를 자산 계급과 신흥 귀족에게 넘기고 인클로저 운동을 적극 추진했으며 해상 패권을 다투던 스페인 선박들을 약탈하도록 고무했다. 그녀가 집권하는 동안 영국인이 해상에서 약탈한 물품은 약 1,200만 파운드에 달했으며, 이로써 영국 자본주의의 물질적 기반을 다졌다고 한다. 또한 엘리자베스 1세는 국내외 무역을 촉진하고 특히 동양으로의 진출을 적극적으로 권장했다.

유럽의 종교 개혁 운동

▲ 헨리 8세의 초상
영국의 종교 개혁 운동을 주도한 헨리 8세는 종교 개혁 운동의 가장 큰 수혜자였다.

시기 : 1517년 10월 31일
인물 : 마르틴 루터
영향 : 종교 개혁 운동은 자산 계급이 봉건주의에 반대하는 형식으로 진행되었으며, 그 결과 천 년 동안 유럽을 통치했던 기독교가 몰락하고 신흥 자산 계급이 새롭게 역사 무대에 등장하는 계기를 마련했다.

▼ 영국 국왕 헨리 8세
그의 아들 에드워드 6세, 그리고 로마 교황의 모습

10세기 초에 기독교 대분열이 일어난 후 각 교파는 교구별로 발전을 추구했다. 한때 기독교는 인류의 정신적인 지주로서, 또 막강한 통치 세력으로서 경제, 문화, 사회 각 영역에 지대한 영향을 끼쳤다. 그러나 중세 말에 이르러 각국이 중앙집권제를 강화하면서 로마 교

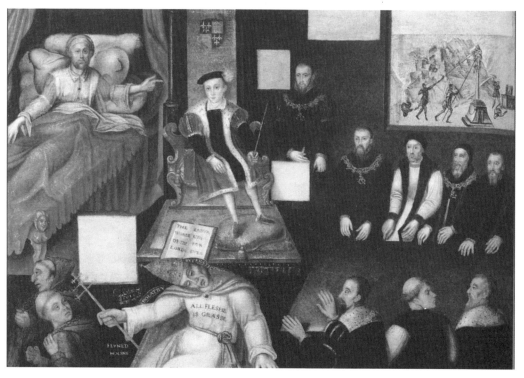

황의 세력은 약화되기 시작했고 교회의 수입도 줄어들었다.

교회는 재정 적자를 막기 위해 각종 명목의 세금을 거둬들였고, 일부 성직자는 뇌물 수수와 사기 등으로 자기 잇속 챙기기에 바빴다. 심지어 이름뿐인 성직자의 직위를 파는 곳도 생겨났다. 교회의 악행

◀ 마르틴 루터(1483~1546년)
16세기 유럽 종교 개혁 운동을 주도했으며 개신교(루터교)를 창시했다.

은 많은 사람의 불만을 샀고, 종교 개혁의 필요성을 제기하는 목소리가 점점 커져갔다. 교회가 인간의 자유로운 사상을 통제하며 자본주의의 발전을 저해하자 자산 계급이 중심이 되어 종교 개혁의 분위기를 조성하기 시작했다. 이러한 상황에서 독일의 교회가 면죄부를 팔아 폭리를 취하자 본격적으로 종교 개혁 운동이 전개되었다.

종교 개혁 운동이 독일에서 시작된 데는 필연적인 이유가 있었다. 당시 독일은 봉건주의 할거세력이 자치제를 운영하며 독자적인 화폐, 경제 제도를 실시하고 있었다. 또한 곳곳에 검문소를 세우고 자유로운 교류를 제한해 경제 발전이 원활하지 못했다. 이러한 상황에서 교회는 재물을 축적하고 할거세력 간에 갈등을 부추기며 이를 이용해 잇속 챙기기에 바빴다. 결국 교회는 일반 민중은 물론 봉건 영주들의 불만까지 사게 되었다.

독일 종교 개혁 운동에 불을 붙인 인물은 마르틴 루터였다. 그는 천주교를 신봉하는 신학 교수였으며, 본래 교회의 진실성과 합리성을 전혀 의심하지 않았다. 그러나 르네상스 운동의 영향을 받은 후 교회의 각종 행보에 의혹을 품기 시작했다. 1517년에 교회가 일반 대중에게 면죄부를 파는 것을 보고 그가 교회 입구에 '95개 조항'을 붙이면서부터 종교 개혁 운동이 시작되었다고 볼 수 있다. '95개 조항'에서 마르틴 루터는 교회를 정면으로 반박하지는 않았지만 교회의 행위에 의혹을 제기했다. 그러나 '95개 조항'으로 권위에 타격을 입은 교회는 그를 교적에서 제명하고 '조항'을 철회하도록 명령했다.

한편 교회에 불만을 품고 있던 독일 민중에게 이 '95개 조항'은 종교 개혁 운동의 도화선이 되었다. 교회는 루터를 제거하려 했지만 민중이 나서서 그를 보호해 뜻을 이룰 수 없었다. 이때부터 루터는 개신교에 대한 자신의 학설을 피력하기 시작했다. 그의 학설은 르네상스 시대의 주요 사상인 자유, 평등에 기초를 두며 교회의 속박에서 벗어나 종교의 자유를 추구할 것을 주장했다. 마르틴 루터의 사상은 마침 중국에서 유입된 인쇄술 덕분에 유럽 각국으로 퍼져나가 전 유럽에서 종교 개혁 운동이 일어나게 되었다.

종교 개혁 운동은 시간이 지나면서 단순한 종교 개혁을 뛰어넘어 반봉건 운동으로 확대되었다. 신흥 자산 계급의 지지 아래 농민 봉기가 발생해 독일에서 기독교의 입지는 크게 흔들렸다. 그리고 1555년에 마침내 제후와 도시의 신앙 선택권이 승인된 아우크스부르크 화의가 체결되었다.

독일 종교 개혁 운동의 영향으로 서유럽에서는 칼뱅의 종교 개혁이 이어졌다. 프랑스와 영국에서도 종교 개혁이 일어나 국가별로 종교를 자유롭게 선택할 수 있게 했다. 영국의 헨리 8세는 교황 클레멘스 7세가 자신의 이혼을 승인하지 않은 데 격분해 교황의 권위를 부정하고 왕을 수장으로 하는 영국 국교회(성공회)를 수립했다. 이에 자산 계급들도 국교회 속의 천주교도를 색출한다는 명목으로 봉건 제도에 반대하는 자산 계급 혁명을 일으켰다. 종교 개혁 운동은 자산 계급이 봉건주의에 반대하는 형식으로 진행되었으며, 그 결과 천년 동안 유럽을 통치해온 기독교가 몰락하고 신흥 자산 계급이 새롭게 역사 무대에 등장하는 계기를 마련했다.

헨리 8세

영국의 종교 개혁 운동을 주도해 영국 국교회를 수립했다. 1534년 국왕지상법을 반포해 행정, 경제 면에서 로마 교황으로부터 완전히 독립했다. 또한 국왕이 영국 국교회의 수장이 되어 최고 권력을 국왕에게 귀속시키고 성직자의 임명권과 교회 회의 개최권을 행사할 수 있게 했다. 천주교의 교의와 예식 등은 그대로 유지했지만 수도원을 국왕에게 귀속시키고 수도원의 자산도 국유화했다. 이러한 종교 개혁 결과 영국은 로마 교황청의 통제에서 벗어나 강력한 왕권을 수립하게 되었다.

네덜란드 혁명

시기 : 1566~1609년
인물 : 오렌지 공 윌리엄 1세
영향 : 네덜란드 혁명은 가장 먼저 성공한 부르주아 혁명으로, 세계 최초로 부르주아 자본주의 국가의 탄생을 이끌었다.

네덜란드는 13세기부터 수공업이 매우 발달했다. 특히 모직 산업은 국제적 명성을 얻고 있었다. 지리적으로 북해에 인접하고 지세가 평탄하며 교통이 편리해 유럽의 상인들이 자주 드나들었다. 이러한 사회적 배경을 바탕으로 14세기에 이미 자본주의가 싹트기 시작했으며, 홀란드(Holland), 질랜드(Zeeland) 두 주는 당시에도 상공업이 발달한 지역으로 매우 유명했다. 신항로의 개척으로 대서양이 지중해의 무역 항로를 대체함에 따라 네덜란드의 경제는 더욱 비약적으로 발전했고, 16세기에는 유럽 최고의 경제 중심지로 자리매김했다. 경제 발달에 힘입어 네덜란드 17개 주에는 300여 개가 넘는 도시가 발달했다. 특히 앤트워프(Antwerp)와 암스테르담은 세계적 무역 도시로 부상하며 유럽 각국의 상사와 지사가 속속 들어섰다. 또한 농촌에도 자본주의 성격을 띤 농장이 나타나기 시작했다.

▲ 네덜란드 혁명을 이끈 윌리엄 1세의 초상
네덜란드의 초대 총독으로 부임했다.

그러나 16세기부터 스페인에 귀속되었는데, 당시 스페인은 여전히 봉건 체제를 유지하고 있었다. 경제가 발달한 네덜란드에서는 이미 신흥 자산 계급, 즉 부르주아 계층이 형성되었지만 봉건 체제 속에서는 그 발전 속도가 더뎌질 수밖에 없었다. 이들은 자본주의의 발전을 저해하는 봉건 체제를 무너뜨리고 새로운 독립 국가 건설을 도모하고자 했다. 신흥 자산 계급은 대부분 칼뱅교를 신봉하고 있었으므로 한층 단결력을 강화할 수 있었다.

당시 스페인 왕조의 국고는 절반 이상을 네덜란드에서 획득한 자금으로 채웠다. 스페인은 네덜란드에 재정과 종교를 관장하는 기구를 설치하고 경제적 착취와 개신교(칼뱅교) 탄압 정책을 실시했다. 펠리페 2세가 집권하면서 네덜란드에 대한 핍박과 착취는 더욱 가중되었다. 네덜란드 귀족은 정치 무대에서 배제되었고, 경제적으로

▲ **프리드리히 2세의 여행**

독일 화가 멘첼(Menzel, Adolf von)의 1850년 작
프리드리히 2세의 사치가 극에 달해 재정이 바닥난 스페인은 네덜란드를 더욱 혹독하게 착취했다. 결국 견디다 못한 네덜란드인들이 반기를 들면서 네덜란드 혁명이 발생했다.

오렌지 공 윌리엄 1세

윌리엄 1세는 독일의 나사우-딜렌부르크(Nassau-Dillenburg) 백작 가문 출신으로 루터교의 영향 속에서 자랐다. 훗날 네덜란드 혁명에 가담하여 스페인 통치에 강력히 반발했으며, 결국 스페인 군대를 물리치고 네덜란드 공화국을 세우는 데 성공했다. 그는 국부國父로 추대되었고 그의 가문을 대표하는 오렌지색은 지금도 네덜란드의 상징으로 여겨진다.

는 통상 특권을 박탈당하고 스페인이 양모 수출 가격을 마음대로 올려 경제 상황이 점점 악화되었다. 대규모 모직 공장들이 연이어 도산하면서 실업률이 급상승했다. 스페인이 국채 상환마저 거부하자 네덜란드 은행의 신용은 땅에 떨어져 심각한 손실을 입었다. 상황이 이러했으므로 네덜란드는 상하 계층을 막론하고 모두 스페인에 커다란 반감을 품을 수밖에 없었다.

네덜란드에 대한 통치를 강화하기 위해 스페인은 종교 정책을 강화했다. 종교 재판의 명목으로 수많은 개신교도를 핍박한 것이다. 결국 견디지 못한 개신교도들이 교회에 진입해 성상을 파괴하는 등 폭동을 일으켰다. 이 폭동은 신흥 자산 계급과 긴밀한 연관을 맺고 있는 홀란드 주 윌리엄 1세와 귀족들의 지원을 받았으며, 네덜란드 혁명의 서막을 여는 사건이었다. 본래 네덜란드 귀족들은 담판과 협상을 통해 문제를 해결하려 했지만 성과를 거두지 못하여 결국 민중과 동맹을 맺을 수밖에 없었다.

스페인 정부는 '네덜란드 폭동'에 맞서 개신교에 대한 탄압을 잠시 중단하고 신흥 귀족들을 회유하기 시작했다. 그리고 다른 한편으로 군대를 이동시켜 진압을 준비했다. 혁명이 발생한 이듬해인 1567년에 스페인 군대가 피비린내 나는 진압을 감행해 윌리엄 1세는 해외로 망명하게 되었다. 그러나 네덜란드 남부 지역에서 유격대가 결성되어 스페인 정부와 투쟁을 계속하는 등 혁명의 불씨는 여전히 살아 있었다. 1572년에 마침내 북부의 홀란드와 질랜

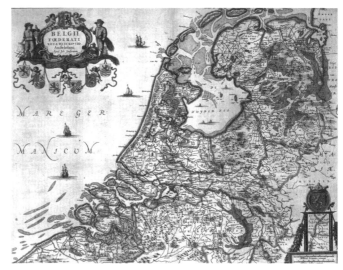

▲ 17세기의 네덜란드 지도

1830년에 남부 네덜란드가 독립하며 벨기에를 세웠고, 1839년에 윌리엄 1세가 이를 승인했다(윌리엄 1세는 같은 해에 세상을 떠났다). 벨기에가 독립한 후 네덜란드의 영토는 지금까지 변함이 없다.

드 두 지역이 자치 정권을 세우는 데 성공하자 네덜란드인들은 다시 투쟁의 의지를 불태우기 시작했다. 곧이어 1576년에 브뤼셀도 스페인의 통치를 벗어났고, 네덜란드 남부의 각 주도 자치 정권을 수립하는 데 성공했다. 당시 네덜란드는 남부와 북부와 나뉘어 있었는데 쌍방이 겐트 조약(Pacification of Gent)을 체결해 통일을 이룩했다.

남북이 통일된 후 네덜란드 혁명의 기세는 더욱 거세졌다. 1579년에 서남부의 각 주도 스페인의 지배에서 차례로 벗어났고 1581년에 북부 7개 주가 연합공화국 정부를 수립했다. 이 가운데 홀란드가 가장 규모가 큰 주였기에 '홀란드 공화국(지금의 네덜란드)'으로 불리게 되었다. 당시 남부 네덜란드는 북부보다 경제가 낙후되었고 봉건적인 색채가 강하게 남아 있었다. 군중의 폭동으로 자신의 권력이 약화될 것을 우려한 남부 영주들은 결국 다시 스페인에 결탁했다. 이로써 네덜란드는 남부와 북부와 분리되었고, 1609년에 스페인이 '홀란드 공화국'의 독립을 승인했다.

네덜란드 혁명은 북부에서 성공을 거두고 최초의 자본주의 국가를 탄생시켰다. 네덜란드는 그때까지 자본주의 발전을 옭아맸던 온갖 속박에서 벗어나 17세기에 황금기를 구가했으며, 해상 패권을 차지하며 그 명성을 떨쳤다.

계몽 운동

시기 : 17, 18세기

인물 : 볼테르, 몽테스키외, 루소

영향 : 계몽 운동은 17세기에 유럽에서 반봉건, 반교회 사상을 주축으로 일어난 사상 문화 혁명이라고 할 수 있다. 천부인권天賦人權, 삼권 분립, 자유 · 평화 주요 이념으로 삼으며 부르주아 혁명의 원동력으로 작용했다.

17,18세기에 유럽은 큰 변혁을 거쳤다. 유럽 각국에서 자본주의가 크게 발달하고 자산 계급, 즉 부르주아 계층이 경제, 사회의 주도적 위치를 차지하기 시작했다. 이에 봉건 통치자들이 몰락하는 체제를 유지하기 위해 온갖 수단을 동원하여 자산 계급을 핍박하면서 쌍방의 갈등은 더욱 격화되었다. 이러한 사회적 배경에서 다시 사상 계몽 운동이 싹트기 시작했다. 영국에서 시작된 계몽 운동은 빠른 속도로 유럽 각국으로 퍼져나가 전 세계에 영향을 끼쳤다.

한 세기 동안 유럽을 풍미한 계몽사상은 종교, 철학, 윤리학, 종교 등 각 영역에 스며들어 수많은 인재를 배출했다. 러시아의 문학가 체르니셰프스키(Chernyshevsky), 벨린스키(Belinskiy), 레싱(Lessing)을 비롯해 음악가 멘델스존(Mendelssohn) 등이 이 시기에 활동한 인물들이다. 특히 프랑스의 볼테르(Voltaire), 몽테스키외(Montesquieu), 루

▶ **계몽 운동의 창시자 프란시스 베이컨**(Francis Bacon, 1561~ 1626년)

과학과 지식을 숭상하고 진리를 추구한 사상가로 유명하며 현대 실험과학의 선구자로 높이 평가 받고 있다.

소(Rousseau), 디드로(Diderot)를 중심으로 한 계몽 사상가들은 다양한 학설을 주장하며 프랑스 민중을 일깨웠다.

르네상스 운동 이후 기독교는 큰 타격을 입었지만 계몽사상이 등장하기 전까지는 여전히 유럽 사상에 지대한 영향을 끼치고 있었다. 당시 네덜란드의 사상가들은 '영생', '전지전능' 등의 사상을 부정하고 '만물의 창조자'는 '자연'이라고 주장했다. 프랑스의 사상가 벨(Bayle)은 종교와 신학을 이성적으로 비판하며 프랑스 계몽사상의 선구자로 떠올랐다.

18세기는 볼테르, 루소 등 뛰어난 이론가들이 등장하며 프랑스 계몽 운동이 최고조에 달한 시기다. 루소는 그의 저서 《사회계약론 (Du contrat social)》에서 그 누구도 타인의 행위를 통제할 권리를 타고나지 않았다고 언급하며 자유와 평등을 가장 중요한 이념으로 강조했다. 또 사회 질서는 인간과 인간의 '약속'으로 규정된 것이라고 주장했다. 그의 사상은 유럽 사회에 큰 충격을 주었으며 자산 계급 혁명에 물꼬를 터주었다.

볼테르 역시 자유와 평등을 중시한 사상가이다. 자유와 평등은 사회 질서의 기반이며, 특히 '인간은 본질적으로 평등하다'는 점을 강조했다. "모든 시민은 생존과 행복을 추구할 권리가 있고, 이는 태어날 때부터 이미 보장된 것이다. 법률 앞에 인간은 모두 평등하다." 이는 그의 유명한 천부인권 사상을 담은 말이다.

1734년에 《철학 서간 (Lettres philosophiques)》[88]을 발표하며 민주, 자유,

---

88) 영국 서간(Lettres anglaises)이라고도 함

사회계약론

《사회계약론》은 루소의 대표 저서이다. 그는 '인간 대 정부'가 아니라 '인간 대 인간'으로 계약을 맺는 사회가 이상적인 사회라고 생각했다. 인간은 태어날 때부터 자유로운 존재이지만 방임적인 자유를 포기할 때 비로소 계약으로 발생한 자유를 누릴 수 있다고 주장했다.

▼ 루소가 아이에게 젖을 먹이고 있는 어머니에게 꽃을 바치는 모습

철학자, 교육자로도 유명한 그는 어린 아이는 천성적으로 바른 성격을 지니므로 자녀 교육에 대한 부모의 책임이 중요하다고 강조했다.

▶ 젊은 가정교사
프랑스 화가 샤르댕(Chardin)
작

평등 사상을 고취하고 교회의 통치를 신랄하게 비판했다. 볼테르는 특히 이상적인 정치에 대해 다음과 같이 정의했다. 유능한 군주가 철학가의 건의를 받아들여 국가를 통치해야 하며 상원, 하원, 국왕이 서로 견제하는 체제를 확립해야 한다는 것이다. 그는 민주 정치에 대해서는 반대 입장을 밝혔다.

《법의 정신(Esprit des Lois)》으로 유명한 몽테스키외는 전제 정치의 불합리성을 비판하며 영국의 입헌군주제를 모델로 입법, 행정, 사법의 삼권 분립을 주장했다.

이 밖에도 영국의 경험주의 철학자 베이컨은 "아는 것이 힘이다."라는 명언을 남기며 계몽 운동에 박차를 가했다.

계몽 운동은 17세기에 유럽에서 반봉건, 반교회 사상을 주축으로 일어난 사상 문화 혁명이라고 할 수 있다. 천부인권權, 삼권 분립, 자유·평화 주요 이념으로 삼으며 부르주아 혁명의 원동력으로 작용했다. 특히 미국의 독립 전쟁, 프랑스 대혁명 등에 결정적인 영향을 끼쳤으며 아시아, 아프리카, 라틴아메리카 대륙의 사상 해방을 이끌었다.

영국의 시민 혁명

시기 : 1640~1688년
인물 : 크롬웰
영향 : 영국의 시민 혁명은 새로운 정치 제도를 탄생시켰다. 이후 유럽의 다른 나라들도 영국을 모델로 삼아 하나둘 봉건 제도를 탈피하기 시작했다.

신항로의 개척으로 대서양이 지중해의 무역 항로를 대신하면서 대서양 연안의 국가들은 적지 않은 혜택을 누리게 되었다. 특히 대서양 항로에 자리한 영국이 가장 큰 수혜자였다고 볼 수 있다.

영국은 대외 무역이 활기를 띠면서 국내 자본주의 경제 발전까지 촉진되는 효과를 얻었다. 여기에 16세기 유럽에 번진 인클로저 운동의 결과로 농지를 떠난 유랑 농민들이 저렴한 노동력을 제공하면서 자본주의 경제는 더욱 빠르게 발전했다. 농업 경제도 자본주의 과도기에 들어서는 양상을 보였다.

◀ 영국의 시민 혁명을 이끈 크롬웰의 모습

16,17세기 초까지 영국은 튜더 왕조(Tudor dynasty)의 통치 시대였다. 헨리 8세는 종교 개혁 운동을 직접 주도하며 영국 국교회를 수립했고 자본주의 경제 발전에 유리한 정책들을 추진했다. 엘리자베스 1세의 집권기에는 해상 약탈 행위를 장려하는가 하면, 대외 무역을 적극적으로 권장해 자본주의의 발전에 토대를 형성할 막대한 자금을 확보했다. 이렇게 하여 대내외적으로 시장 규모가 크게 확대되자 영국 경제는 눈부신 발전을 이루었고 런던은 일약 유럽의 경제, 금융 중심지로 부상했다.

▲ 크롬웰이 의회에서 장로교 신도
는 의원이 될 수 없다고 주장해
의회와 크롬웰 사이에는 논쟁이
끊이지 않았다.

이처럼 자본주의 경제가 급속한 발전을 거듭하던 시기에 스튜어
트 왕가(House of Stuart)가 영국을 통치하기 시작했다. 스튜어트 왕
가의 제임스 1세와 그 뒤를 이은 찰스 1세(Charles Ⅰ)는 '신이 왕권
을 부여했다'는 점을 강조하며 봉건 전제주의를 고수했다. 한편 17
세기 초에 자본주의의 발달과 더불어 신흥 세력으로 부상한 시민 계
층과 신흥 귀족 계층이 정권에 대한 야망을 불태우면서 왕실과 첨예
하게 대립했다. 이에 찰스 1세는 통치 체제를 강화하고자 종교적인
전제 정치를 실시하며 영국 국교회 신도를 제외한 교인들을 핍박했
다. 특히 시민 계층이 주를 이루는 '청교도'가 탄압의 주요 대상이
되었고, 의회까지 폐쇄되어 정국은 긴장감이 팽배했다.

이러한 상황에서 청교도가 대부분이던 스코틀랜드인들이 먼저 왕
실에 반기를 들었다. 찰스 1세는 이들의 반란을 진정시키기 위해 의
회를 복원시킬 수밖에 없었다. 영국의 시민 혁명은 이렇게 서막이
열렸다. 그 후 왕권을 옹호하는 왕당파와 의회를 중심으로 왕을 비
판한 의회파의 대립이 첨예하게 지속되었다. 결국 크롬웰을 위시한

의회파가 4년여의 대립에 종지부를 찍으며 승리했고 찰스 1세는 단두대의 이슬로 사라졌다. 그리고 영국은 1649년에 공화국으로 거듭났다.

그러나 크롬웰이 사망한 후 영국은 다시 혼란의 시대로 접어들었다. 스튜어트 왕가가 다

◀ 의회에 출석하는 크롬웰의 모습

시 복벽復辟에 성공하면서 시민 계층과 신흥 귀족의 입지는 좁아졌다. 그러나 더 이상의 유혈 사태를 원치 않았던 이들은 제임스 2세를 퇴위시키고 그의 사위이자 네덜란드 총독이었던 윌리엄 3세를 옹립하는 왕실 정변을 일으켰다. 역사적으로는 이 사건은 무혈혁명 또는 명예혁명으로 불린다. 시민 계층과 신흥 귀족은 《권리장전(Bill of Rights)》을 반포해 의회 정치의 기반을 확립했고 영국은 이때부터 입헌군주제를 실시했다.

영국은 시민 혁명을 통해 봉건주의 체제에서 자본주의 체제로 성공적으로 전환했다. 영국의 사례는 다른 유럽 국가들에 체제 전환의 모범을 제시했다. 이때부터 영국의 자본주의 경제는 비약적인 발전을 이루었으며 18세기에 일어난 산업혁명의 발판을 형성했다.

입헌군주제

입헌군주제는 전제군주제와 대립되는 개념으로 군주제는 유지하되 군주의 권한을 제한하고 공화정을 실시하는 제도이다. 군주(황제, 국왕, 교황 등)는 국가 원수로서의 자격만 갖춘다. 입헌군주제는 '양원제'와 '의회제'로 나뉘며 현재 대부분 입헌군주제 국가에서는 '의회제'를 채택하고 있다.

뉴턴의 역학 체계 확립

시기 : 1687년

인물 : 뉴턴(Newton)

영향 : 뉴턴이 역학 체계를 확립하여 현대물리학과 천문학의 발전 토
대를 마련했다. 아울러 최초로 천체역학과 물체역학의 체계를
정리해 새로운 우주관을 정립했다.

물체의 운동을 연구하는 역학은 물리학의 가장 기본이자 중요한
학문이다. 일찍이 고대 그리스의 철학자 아리스토텔레스가 '힘과
운동'에 대한 이론을 제시했지만 학설에 오류가 매우 많았다. 그러
나 그의 관점은 수천 년 동안 유럽 학계에 지대한 영향을 끼쳤다. 르
네상스 운동을 계기로 측량 기술 수준이 대폭 향상되고 실험을 통해
역학 현상을 관찰하면서 자연과학은 비약적으로 발전했다. 브루노
(Bruno), 갈릴레이, 케플러(Kepler) 등 수많은 과학자의 노력으로 역
학은 드디어 오류로 가득했던 전통의 속박에서 벗어날 수 있었다.

▶ **뉴턴**
19세기 영국의 유명 화가 윌리
엄 블레이크(William Blake) 작

17세기 후반에 이르러 역학의 체계가 수립되기 시작했는데, 이는 천재적인 물리학자 뉴턴이 있었기에 가능한 일이었다.

뉴턴(Isaac Newton)은 1642년 12월 25일에 영국의 링컨셔 울즈소프에서 태어났다. 어릴 때부터 매우 총명했던 그는 특히 기계 분야에서 천부적인 재능을 보였다. 열아홉 살에 완벽에 가까운 성적으로 고등학교를 졸업하고 캠브리지 대학의 트리니티 칼리지에 입학했다. 당시 학계에서는 여전히 아리스토텔레스의 이론이 기조를 이루고 있었다. 그러나 뉴턴은 갈릴레이, 코페르니쿠스, 케플러 등 선구적인 천문학자들의 앞선 이론에 더욱 흥미를 느꼈다. 1665년 스물네 살에 대학을 졸업하고 고향으로 돌아온 그는 일반적인 '이항 정리' 공식을 발견하고 수학 이론을 연구하기 시작했다. 이 공식이 바로 나중에 미적분학으로 알려진 수학 이론이다. 뉴턴은 광학에도 관심을 기울여 최초로 반사 망원경을 발명했으며 1704년에 유명한 저서 《광학(Opticks)》을 발표했다. 그가 발명한 반사 망원경은 천문 관측에서 광범위하게 사용되었다.

뉴턴은 역학 분야에서 가장 눈부신 업적을 남겼다. 1679년부터 역학 연구에 매진해 1684년에 《운동에 관하여(De Motu)》라는 저서를 발표했고, 이 책에서 그는 "구심력은 거리(회전 반경)의 제곱에 반비례한다."라는 공식을 증명하고 힘과 질량의 관계를 밝히기도 했다.

사과가 떨어지는 모습을 보고 만유인력의 법칙을 발견했다는 뉴턴의 일화는 너무나 유명하다. 그는 행성이 운동하는 힘과 지면의 물체에 작용하는 중력이 같은 유형의 힘이라는 것을 발견했다. 그러나 이 같은 중력의 작용 속에서 물체가 어떻게 움직이는지 그 관계를 수학적으로 계산하는 방법은 쉽게 찾을 수 없었다. 그는 20여 년

◀ 뉴턴의 초상

갈릴레이

갈릴레이는 르네상스 운동이 한창이던 1564년에 이탈리아에서 태어났다. 전통 학설에 의혹을 느끼고 스스로 망원경을 만들어 관찰을 반복한 결과, 그는 2,000여 년 동안 유럽을 지배한 아리스토텔레스의 학설에서 오류를 발견해냈고 코페르니쿠스의 지동설을 증명했다. 실험물리학의 선구자로 역학, 철학, 물리학, 수학 분야에 큰 업적을 남겼으며 '근대 과학의 아버지'로 불린다.

동안 연구를 계속한 결과, 마침내 1685년에 미적분법을 이용하여 자신의 이론을 증명해냈다. 그리고 행성들이 운동 과정에서 태양의 인력에 영향을 받아 타원형의 궤도를 형성한다는 사실을 밝혀내고, 이를 바탕으로 우주의 모든 행성은 서로 잡아당기는 힘이 존재한다는 '만유인력의 법칙'을 발견했다.

1687년에 뉴턴은 역학 체계를 정리한 《자연철학의 수학적 원리(Philosophiae Naturalis Principia Mathematica)》를 발표했다. 이 책은 《광학》과 함께 근대과학에 가장 중요한 책으로 꼽힌다.

《자연철학의 수학적 원리》에서 그가 정리한 역학의 3대 법칙은 다음과 같다. 첫째, 물체는 외부에서 힘이 작용하지 않는 한 그 상태를 유지하려 한다. 둘째, 운동량의 변화는 가해진 힘에 비례한다. 셋째, 모든 작용에는 크기가 같고 방향이 반대인 반작용이 있다.

뉴턴은 역학 체계를 확립해 현대 물리학과 천문학의 발전 토대를 마련했다. 또 최초로 천체역학과 물체역학의 체계를 정리해 새로운 우주관을 정립했다.

표트르 대제의 개혁

시기 : 1698~1725년
인물 : 표트르 대제(Peter the Great)
영향 : 표트르 대제의 개혁 정치로 러시아는 낙후된 상황에서 벗어나 서양과 어깨를 견주는 강대국으로 변모했다. 이는 또한 러시아의 영토 확장에 발판을 마련해주었다.

17세기 말까지 러시아에는 농노 제도가 그대로 유지되고 있었고 공장이라고는 30여 개에 불과했다. 이마저도 모두 수공업 형태를 벗어나지 못해 러시아 국내의 수요를 만족시키기에는 역부족이었다. 따라서 부족한 물품을 수입에 의존할 수밖에 없었다. 당시 유럽에서는 이미 자본주의 경제가 싹트고 르네상스 운동과 종교 개혁이 활발하게 진행되고 있었으나 러시아는 이러한 영향을 전혀 받지 못한 채 유럽보다 수백 년이나 낙후된 상태가 지속되었다.

그러나 이로부터 반세기 후, 러시아는 당당히 세계무대에 등장했다. 표트르 대제가 러시아의 개혁 정치를 이끌면서부터였다.

▶ 표트르 대제의 초상

표트르 대제는 러시아가 낙후될 수밖에 없었던 원인을 지리적 편벽성에서 찾았다. 서양과의 교류와 협력을 모색하려면 해상 루트가 절실했다. 이에 그는 튀르크의 속국이었던 타타르족의 세력권에서 아조프 해를 빼앗고자 친히 부대를 이끌고 전쟁을 일으켰다. 아조프

표트르 대제

러시아 제국의 발전 토대를 마련한 표트르 대제는 역사상 가장 뛰어난 차르로 평가받는다. 서양의 과학 기술과 문명을 적극적으로 받아들인 그의 노력으로 러시아는 봉건주의 보수 국가에서 벗어나 진정한 근대적 제국으로 거듭날 수 있었다.

해를 차지한 후에는 250여 명에 이르는 방대한 사절단을 이끌고 서유럽으로 긴 여행길에 올랐다. 1697~1698년까지 그는 혼신의 힘을 다해 서양의 문화, 과학 기술, 군사, 공업, 경영 등을 배웠다.

1698년에 러시아로 돌아온 표트르 대제를 대신들이 마중 나왔다. 그런데 갑자기 그가 마중 나온 대신 한 명의 수염을 잘라버렸다. 이 사건을 시작으로 러시아는 경제, 군사, 사회 각 분야에서 대대적인 개혁을 추진했다. 표트르 대제의 개혁은 군사 방면에서부터 시작되어 러시아 최초로 해군 함대를 구축하고 신식 무기와 훈련 방법을 도입했다.

경제 분야에서는 서양의 기술자를 초빙하고 러시아에 공장을 세우는 것을 허가해 공업과 상업의 발전을 꾀했다. 문화 분야에서는 단계별 학교를 세우고 인쇄소와 박물관 등을 설립했으며 러시아 문자의 자모를 간소화하고 러시아 최초의 신문을 발간하기도 했다. 정치 분야에서는 국가 행정 기구를 재정비하고 전국을 50개 주로 나누었으며 관직의 세습을 금했다. 또 양복 입기, 커피 마시기 등을 적극적으로 장려해 서양의 생활 습관을 익히도록 유도했다.

표트르 대제의 개혁 정치는 매우 성공적이었다. 러시아는 경제, 사회적으로 비약적인 발전을 이룩했고 특히 군사 분야에서 유럽과 어깨를 견줄 만한 우수한 군대를 양성했다. 그로부터 반세기 후 러

▶ 여행에서 돌아온 표트르 대제가 마중 나온 대신의 수염을 자르는 장면

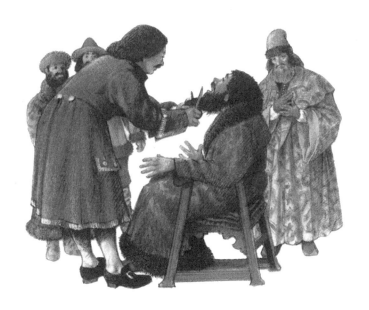

◀ 1698년에 표트르 대제는 암스테르담에서 자신이 건조에 직접 참여한 함선에 올랐다. 그는 해군의 역량을 매우 중시하여 네덜란드의 선진 조선 기술과 항해 기술을 도입했다.

시아는 베를린을 공격해 프리드리히 대제의 코를 납작하게 눌렀다.

표트르 대제의 개혁 정치는 일본의 메이지 유신과 유사한 점이 많다. 양국 모두 개혁을 통해 부국의 길을 찾은 사례이기 때문이다. 중국의 변법자강 운동도 표트르 대제의 개혁 정치에서 어느 정도 영향을 받았다고 할 수 있다. 표트르 대제는 전쟁을 감행하면서 개혁 정치를 추진했다는 점이 주목할 만하다. 남쪽으로는 튀르크와 전쟁을 일으켰고 북쪽으로는 스웨덴을 향해 진군했다. 집권 말기에는 서쪽으로 발트 해, 동쪽으로 태평양, 북쪽으로 북극해에 이르는 방대한 영토를 보유했다.

표트르 대제는 대내적 개혁과 대외적 전쟁을 병행하며 강력한 러시아 제국을 건설했다. 다른 나라들은 20세기가 되어서야 서양의 과학 기술을 받아들인 반면에 그는 18세기에 이미 서양 문물을 적극적으로 흡수했던 것이다. 그의 이러한 선견지명이 있었기에 러시아는 훗날 서양 강국들과 어깨를 나란히 할 수 있게 되었다.

1차 산업 혁명

▲ 증기 기관을 발명한 제임스 와트(James Watt)의 초상

시기 : 18세기 중엽~19세기 중엽
영향 : 산업 혁명은 표면적으로는 기술 혁명에 불과해 보이지만 실제로는 사회 구조와 생활 패턴을 획기적으로 바꾼 사회 변혁이라고 볼 수 있다.

18세기 중엽에 유럽의 대부분 국가는 봉건주의 체제를 무너뜨리고 자본주의 사회로 진입했다. 봉건 체제의 붕괴로 소농小農 중심 경제가 와해되면서 농지를 떠난 유랑 농민들이 방대한 노동력과 시장을 형성했고, 이로써 자본주의 수공업이 발전할 수 있는 발판이 마련되었다. 또한 정복한 해외 식민지에서 거두어들인 막대한 자금은 수공업 발전을 촉진했다. 그러나 방대한 규모의 국제 시장이 형성되자 수공업 형태로는 시장의 수요를 만족시킬 수 없었다. 이에 자산 계급은 막대한 자금력과 독립적인 정치적 지위, 풍부한 노동력을 바탕으로 기술력 개발에 매진했고, 이와 함께 산업 혁명의 막이 올랐다.

산업 혁명은 수제 수공업에서 기계화 단계로 진입하게 한 기술 혁신 혁명이라고 할 수 있다.

산업 혁명이 가장 먼저 일어난 곳은 영국으로, 이는 당시 영국의 사회적 배경과 밀접한 관련이 있다. 신항로가 개척된 후 영국은 스페인과 네덜란드를 차례로 무찌르고 해상 패권을 차지해 세계 무역 시장을 주도하는 위치에 올랐다. 18세기부터는 프랑스를 누르고 유럽의 최강자로 떠올라 세계 최대의 식민 제국으로 군림하기 시작했다. 막대한 자금이 영국으로 유입되었고, 인클로저 운동으로 유랑민이

▼ 산업 혁명 시대의 푸어드리니어 제지 기계(Fourdrinier Machine)

된 농민들은 수제 수공업에 필요한 노동력을 제공했다. 여기에 영국의 풍부한 광산과 편리한 교통은 산업 혁명에 유리한 조건을 충족시켰다.

당시 영국에서는 방직 산업이 가장 발달했기에 기술 혁명은 방직 산업에서 먼저 시작되었다. 이에 18세기 중엽부터 제니방직기(spinning jenny), 수력방직기(water frame), 크럼프턴(Samuel Crompton)의 뮬 방직기 등이 차례로 선보이며 방직 산업의 기계화 시대를 열었다. 방직 산업이 발전함에 따라 제련업과 광산업도 크게 활기를 띠었는데, 이와 함께 동력의 공급 문제가 대두되었다. 이 문제를 해결한 사람이 제임스 와트이다. 1769년에 그가 발명한 증기 기관은 철도, 기선, 기차 등 교통업 전반에 혁명을 일으켜 삶의 질을 크게 개선하는 효과를 가져왔다.

증기 기관이 발명되자 수공업 노동자들의 생산 효율은 기존의 수십 배로 향상되었다. 공장 부지도 반드시 하천 유역을 고집할 필요가 없어졌다. 수제 수공업은 기계 공업 시대로 접어들었고, 이에 따라 인력과 축력[89]을 혹사시키지 않아도 무방해졌다. 영국 전역에 대규모 공장이 우후죽순으로 세워졌고 방직, 제련, 교통, 운수 산업이 비약적으로 발전했다. 이후 증기 기관이 유럽과 미주 대륙의 자본주의 국가로도 유입되면서 세계는 바야흐로 '증기 기관의 시대'로 들어섰다. 영국의 산업 혁명은 19세기 중반까지 이어졌다.

프랑스, 미국, 일본 등 국가에도 19세기부터 산업 혁명이 진행되면서 자본주의 경제는 눈부신 발전을 이루었다.

와트

제임스 와트(1736~1819)는 스코틀랜드의 작은 마을에서 태어났다. 부친은 공장을 경영하던 건축가로, 와트는 어릴 때부터 부친의 공장을 놀이터 삼아 많은 기능을 익혔다. 1763년에 글래스고 대학(University of Glasgow)에서 교학기기 수리공으로 일하면서 당시 저명한 학자들과 교제할 기회를 얻은 그는 '열 이론'과 같은 선진 지식을 습득했다. 이는 그가 훗날 증기 기관을 발명하는 데 지식의 밑바탕이 되었다.

산업 혁명은 표면적으로는 기술 혁명에 불과해 보이지만 실제로는 사회 구조와 생활 패턴을 획기적으로 바꾼 사회 변혁이라고 볼 수 있다. 자본주의 경제가 급속하게 발달하면서 빈부 격차가 심해져 자산 계급과 무산 계급이 양분되는 결과가 나타났다. 산업 혁명 이후 세계 여러 나라에 자본주의 제도가 뿌리 내렸지만, 동서양의 경제 수준이 현격하게 벌어지면서 아시아, 아프리카, 라틴아메리카 대륙의 국가들은 서양의 식민지로 전락했다. 식민지를 수월하게 통제하기 위해 교통, 운수 산업이 비약적으로 발전했고, 이는 전 세계적인 교통 네트워크를 형성해 자본주의 시장을 확대해나갔다.

◀ 산업 혁명 기간에 수많은 신기술이 생산 영역에 활용되면서 경제의 발전을 촉진했다.

---

89) 가축의 노동력

미국의 독립 전쟁

시기 : 1775~1783년

인물 : 조지 워싱턴

영향 : 미국의 독립 전쟁은 식민지 독립 투쟁 가운데 가장 규모가 큰 전쟁이다. 영국에서 독립한 후 미국은 자본주의 경제가 발전하는 데 유리한 여건을 조성해나갔다.

시민 혁명에 성공한 영국은 18세기 중엽부터 전쟁을 통해 해외 식민지를 확장해나가기 시작했다. 특히 프랑스와 벌인 7년 전쟁을 승리로 이끌어 해상 패권을 장악하면서 방대한 해외 식민지를 차지했다. 그러나 이 과정에서 막대한 경제력을 허비했을 뿐만 아니라 전쟁에 치중하느라 식민지의 통치에 다소 소홀할 수밖에 없었다. 이 틈을 타서 북아메리카 대서양 연안의 13개 주가 발달한 공업을 바탕으로 영국을 위협하는 존재로 떠올랐다. 이에 영국은 군사력의 손실

▼ 존 트럼벌(John Trumbull)의 대표작
〈독립 선언(The Declaration of Independence)〉
독립 선언의 체결은 최초로 문서의 형식으로 국민의 주권을 보장했다는 데 의의가 있다.

을 막고 식민지의 경제 발전을 제한하기 위해 기존에 시행하던 관대한 정책들에 제동을 거는 법령들을 하나둘 발표했다.

17세기 초부터 북아메리카 대륙으로 몰려든 유럽 이민자들은 이곳의 토착민인 인디언들을 내쫓고 버지니아 지방에 터전을 잡았다. 영국은 18세기 중엽까지 북아메리카 대륙에 13개 주를 건설하는 등 방대한 식민지를 형성했다. 당시에는 노예무역이 매우 성행하여 백인 계약 노예와 흑인 노예들이 북아메리카 지역에도 유입되었다. 인구가 증가하고 13개 주의 상호 교류가 빈번하게 이루어지면서 어느덧 '아메리칸' 이라는 새로운 민족의식이 형성되었다. 이렇게 비약적인 경제 발전을 이룬 아메리카 대륙은 한편으로 종주국인 영국과 빚는 갈등이 갈수록 깊어졌다.

영국은 프랑스와 7년 전쟁을 마친 후 식민지에서의 수탈을 강화하는 한편, 법령을 제정하여 식민지의 경제 발전을 제한하기 시작했다. 식민지를 영국에 필요한 원자재 공급지로 국한시키고 제조업과 상품의 수출입을 엄격히 통제했다. 그러나 이런 제한 조치에도 북아메리카의 경제는 급속하게 성장했다. 공업 생산량이 계속해서 증가했고 농작물 재배 면적도 점점 확대되었다.

이러한 상황에서 영국은 각종 명목으로 세금을 징수하고 북아메리카 대륙에 군대를 주둔하는 등 압박을 강화했다. 결국 영국의 압박에 반발하며 북아메리카 13개 주가 무력 항쟁을 벌이기 시작했다. 1774년 9월에 제1차 대륙 회의가 개최되었고, 이 자리에서 13개 주

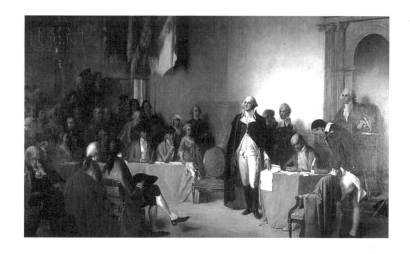

◀ 1775년 5월에 열린 제2차 대륙 회의에서 대륙 식민지군 총사령관으로 임명된 조지 워싱턴의 모습

필라델피아에 당시 회의가 열렸던 식민 정부의 회의실이 있다.

조지 워싱턴

조지 워싱턴은 1732년 2월 버지니아 주에서 부유한 농장주의 아들로 태어났다. 당시 부농의 자녀들처럼 영국으로 유학을 가지 않고 현지에서 교육을 받았다. 열여섯 살에 토지 측량 기사가 되었으며, 몇 년 후 프랑스전에 참전하여 공을 세우고 육군 준장이 되었다. 1789년에 미국 대통령 선거에 당선되어 초대 미국 대통령이 되었고 재임 기간인 4년 동안 연방 정부 구성, 사법 조례 반포, 대법원 설립, 공공 토지 법안 인가, 국립 은행 설립 추진 등 국가의 기틀을 확립하는 데 힘을 쏟았다. 1793년에 재선에 성공하고 나서 다시 선거에 출마하지 않을 것을 선언하여 대통령 연임제의 토대를 마련했다.

는 연합 항쟁을 결의했다.

1775년에 보스턴 인근에 군사 창고가 있는 것을 알아챈 영국군이 이곳으로 진격했다. 이에 맞서 렉싱턴과 콩코드 현지 부대가 반격을 가하면서 마침내 독립 전쟁의 서막이 올랐다. 1775년 5월에 열린 제2차 대륙 회의에서는 탁월한 군사 지휘 능력을 인정받은 워싱턴이 식민지군 총사령관으로 임명되었다. 8년에 걸친 기나긴 전쟁을 치른 끝에 독립 전쟁은 결국 식민지군의 승리로 막을 내렸다. 1783년에 체결된 파리강화조약에 따라 영국은 북아메리카 대륙에서 미국의 독립을 인정했고, 북아메리카의 13개 주는 미연방을 구성한 최초의 주들이 되었다.

미국의 독립 전쟁은 식민지 독립 투쟁 가운데 가장 규모가 큰 전쟁이다. 영국에서 독립한 후 미국은 자본주의 경제가 발전하는 데 유리한 여건을 조성해나갔다. 더불어 다른 식민지 국가들의 민족정신 고취와 독립 운동에도 큰 영향을 끼쳤다. 특히 계몽 운동의 영향을 받아 전쟁 중에 탄생한 '독립선언문'은 최초로 국민의 주권을 문서화한 것으로 역사적 의의가 매우 크다.

바스티유 감옥 점거

시기 : 1789~1799년
영향 : 프랑스 대혁명의 결과, 수세기 동안 프랑스를 통치했던 봉건 전
　　　제주의가 무너지고 자산 계급을 주축으로 자유, 평등, 박애 등
　　　진보 사상이 전파되기 시작했다.

　18세기의 프랑스에는 성직자, 귀족, 평민의 세 가지 신분이 존재
했다. 자본주의 경제가 급속하게 발전하면서 자산 계급은 가장 부유
한 계층으로 부상했지만 여전히 평민인 제3신분에 속했으므로 정치
적으로는 아무런 권한도 없었다. 오히려 통치 계급의 착취 대상에
불과했다고 볼 수 있다.

　이러한 상황에서 등장한 계몽 사상은 당시 자산 계급이 처한 현실
을 극복하도록 독려하는 기폭제로 작용했다. 그러나 통치 계급은 위
기감을 느끼기는커녕 오히려 봉건 전제 정치를 더욱 강화하며 사치
와 향락에만 빠져 지냈다. 호화로운 생활을 지속적으로 영위하려면

◀ 유화 〈민중을 이끄는 자유의
여신〉

프랑스 낭만주의 화가 외젠 들라
크루아(Eugene Delacroix) 작
볼테르 등 계몽 운동가들이 주
장한 자유, 민주, 평등 등 계몽
사상은 1789년의 프랑스 대혁
명에 사상적 기반을 마련했다.

제3신분 계층에서 더 많은 세금을 거둬들여야 했으므로 계급 간의 갈등의 골은 더욱 깊어질 수밖에 없었다.

루이 16세의 집권기에 이르러 국고는 텅 비고 수년간 계속된 자연재해로 평민들의 생활은 궁핍하기 이를 데 없었다. 거리는 온통 굶주림 속에 죽음을 기다리는 사람들과 실직자들로 들끓었다. 1789년에 루이 16세가 결국 삼부회(États-Généraux)[90]를 소집해 제3신분 계층에 증세를 요구하려 했으나 자산 계급을 주축으로 한 제3신분 대표들은 오히려 왕권 축소와 조세 감면을 요구했다. 이렇게 쌍방의 의견이 첨예하게 대립하면서 삼부회는 아무런 성과도 없이 끝나고 말았다.

1789년 6월 17일, 제3신분의 대표들이 대다수 민중의 지지를 받으며 국민 의회를 구성했다. 이에 루이 16세는 군대를 소집하여 국민 의회의 회의장을 폐쇄해버렸다. 그러나 루이 16세의 강력한 조치에도 국민 의회는 그해 7월 9일 자본주의의 발전에 유리한 헌법을 제정했고 명칭을 제헌 국민 의회로 개칭했다. 루이 16세가 다시 군대를 파견해 의회를 강제 해산하려고 하자 성난 민중은 거리 유세에

▶ 1789년 7월 14일에 성난 파리 시민들이 바스티유 감옥을 점거했다.

90) 소수 특권층인 성직자와 귀족, 그리고 대다수 민중을 포괄하는 제3신분의 대표로 구성된 프랑스의 신분제 의회

나섰고 결국 군대와 정면충돌했다. 이 과정에서 심각한 유혈 사태가 발생하면서 거리 유세는 순식간에 폭동으로 변질되었다.

그리고 7월 14일, 성난 민중이 프랑스 봉건 전제 정치의 상징인 바스티유(bastille) 감옥을 점거했고 지방에서는 농민들이 봉기를 일으켜 땅 문서를 불태우는 등 정국은 더욱 혼란해졌다. 이에 국민 의회는 자유와 평등을 중심 사상으로 한 '프랑스 인권 선언(Déclaration des droits de l'Homme et du citoyen)'을 채택했다. 후에 입헌군주제를 주장했던 정당이 정권을 장악하고 부르봉(Bourbon) 왕조가 복귀하자 이에 불만을 품은 민중이 다시 대거 봉기를 일으키면서 1792년에 마침내 프랑스에 제1공화국이 탄생했다.

그 후 프랑스에서는 정권 쟁탈이 치열해지면서 심지어는 무정부 상황에까지 이르는 혼란 국면이 계속되었다. 이러한 상황을 틈타 오스트리아·프로이센·영국 연합군이 프랑스를 공격했고, 이 같은 혼란은 1799년에 나폴레옹이 등장해 프랑스의 정권을 장악하면서 일단락되었다. 나폴레옹은 대관식을 거행하며 프랑스공화국을 다시 프랑스제국으로 개칭하고 독재 정치를 시작했고, 이로써 프랑스 대혁명은 막을 내렸다.

프랑스 대혁명의 결과, 수세기 동안 프랑스를 통치했던 봉건 전제주의가 무너지고 자산 계급을 주축으로 자유, 평등, 박애 등 진보 사상이 전파되기 시작하면서 세계사에 큰 변화의 바람을 몰고 왔다.

브뤼메르 쿠데타

1799년 11월 9일에 자코뱅 당(Jacobins)의 음모에서 프랑스 제1공화국을 보호한다는 명목으로 나폴레옹이 무력으로 총재 정부 체제를 전복한 사건을 가리킨다. 이때부터 나폴레옹의 독재 정치가 15년 동안 지속되었다. 이 사건은 프랑스 혁명력 8년 브뤼메르(Brumaire) 18일에 벌어져 '브뤼메르 쿠데타'라고 불린다.

제너의 종두법 발명

시기 : 1796년 5월 17일

인물 : 제너(Jenner)

영향 : 제너가 종두법을 발명한 후 천연두는 인류가 완전히 정복한 유일한 전염병이 되었다. 종두법은 인체의 면역 기능을 발견하는 중요한 계기가 되었으며, 또한 이때부터 '면역학'이라는 새로운 의학 분야가 탄생하는 계기를 마련했다.

1980년 5월 8일에 열린 제3회 세계보건기구(WHO) 총회에서 '천연두'는 인류가 공식적으로 박멸한 첫 전염병으로 기록되었다. 1960년대부터 우두 백신으로 예방 접종을 지속적으로 실시한 결과

▼ 19세기 회화 〈종두〉

마침내 천연두와의 지긋지긋한 전쟁을 끝낸 것이다. 우두 백신을 처음 발명한 사람은 영국의 외과의사 제너다.

천연두는 기원전 1000년경의 이집트 미라에서도 그 흔적이 발견될 정도로 인류 역사상 가장 오래된 전염병에 속하며, 중세 유럽에서 가장 많이 유행한 전염병이기도 했다. 그러나 종두법이 발명되기 전까지는 그저 피하는 것 외에는 다른 대처 방법이 전혀 없는 무서운 병이었다.

바이러스가 옮기는 천연두는 치사율이 매우 높은 까닭에 일부 통치자들은 발병하기가 무섭게 환자와 환자의 가족까지 몰살하기도 했다.

중국에서는 일찍이 천연두 환자의 몸에서 소량의 고름을 채취해 건강한 사람의 몸에 주입하는 인두종법을 실시했다. 병을 앓은 적이 있는 사람은 면역이 생겨서 그 병에 다시 걸리지 않는다는 사실을 인지했던 것이다. 이 방법은 18세기 초에 유럽으로 전파되었다고 한다.

제너 역시 초기에는 이러한 인두종법을 사용했다. 그러나 인두종법은 천연두를 완벽하게 예방하지 못했다. 접종하고 나서 운이 좋은 사람은 상처가 남는 데 그쳤지만, 운이 없으면 목숨을 잃는 일도 종종 발생한 것이다. 제너는 좀 더 안전한 예방법을 찾고자 고심을 거듭했다.

천연두가 크게 유행할 당시 제너는 농장에서 견습생으로 일하고 있었다. 그런데 신기하게도 농장의 인부 가운데 우두를 앓은 적이 있는 사람은 천연두에 걸리지 않았다. 이 사실에 근거하여 우두 접종이 인두 접종보다 안전할 수 있다고 생각한 그는 우두에 걸린 사람의 손에서 고름을 채취해 실험에 돌입했다.

반복적인 실험과 관찰을 거쳐 우두 접종에 대한 확신이 서자 제너는 한 남자 아이에게 우두 고름을 접종하는 실험을 실시했다. 아이는 우두에 걸렸지만 곧 건강해졌다. 두 달이 흐르고 나서 제너는 다시 그 남자 아이에게 천연두 바이러스를 투입했다. 초조하게 몇 주가 흐르고, 다행히 그 아이는 천연두에 걸리지 않았다. 마침내 제너는 이를 토대로 우두 접종으로 천연두를 예방할 수 있다는 결론에 도달했다. 그러나 그는 자신이 발견한 사실을 성급하게 세상에 발표하는 대신 우두에 걸린 소의 고름을 가지고 같은 실험을 반복했다. 이 역시 면역 효과가 있다는 것을 확인한 후 다시 성인들을 대상으

천연두

천연두는 역사가 매우 오래된 전염병으로 천연두 바이러스에 감염되어 발병한다. 천연두 바이러스는 공기를 통해 전염되며, 천연두에 걸린 적이 없거나 예방 접종을 하지 않으면 누구나 걸릴 위험이 있는 무서운 전염병이다. 감염되고 나서 열흘 정도의 잠복기가 지나면 바로 발병하며, 두통과 구토, 변비, 불면증을 동반하고 치사율이 매우 높다.

▶ 제너가 '우두 백신의 원인과 결과에 관한 연구'를 발표한 후 천연두 예방접종법은 신속하게 확산되었다. 영국에서 육군과 해군을 대상으로 강제 접종을 실시한 후, 종두법은 세계 전역으로 전파되었다.

로 종두법을 실시해 성공을 거두었다. 제너는 드디어 '우두 백신의 원인과 결과에 관한 연구(An Inquiry into the Causes and Effects of the Variolae Vaccinae, a Disease Known by the Name of Cow Pox)'라는 제목으로 자신의 연구 성과를 발표했다. 나폴레옹의 집권기에 프랑스는 전국적으로 제너의 종두법을 실시했고, 이에 각국의 의사들이 이 천연두 예방법을 배우려 몰려들었다. 이후 종두법은 유럽 전역에서 광범위하게 실시되었다.

제너가 종두법을 발명함으로써 천연두는 인류가 완전히 정복한 유일한 전염병이 되었다. 종두법은 인체의 면역 기능을 발견하는 중요한 계기가 되었고, 이때부터 '면역학'이라는 새로운 의학 분야가 탄생하는 계기를 마련했다.

나폴레옹 제국의 흥망

시기 : 1804~1815년

인물 : 나폴레옹

영향 : 나폴레옹 제국(Napoleonic Empire)은 정복 전쟁의 패전국에서
막대한 배상금을 받아내고 수많은 금은보화와 예술품을 갈취했
다. 그뿐만 아니라 패전국은 프랑스의 원료 공급지와 상품 시
장으로 전락해 그 처지가 식민지와 다를 바 없었다.

프랑스 혁명 중에 내부적으로 당파 간에 정권을 잡기 위한 투쟁이
치열하게 벌어졌다. 1794년에 정국 안정을 외치며 결성된 테르미도
르(Thermidor) 당이 집권에 성공했으나 이들도 통치 기반이 불안정
하기는 마찬가지였다. 이처럼 혼란한 정국은 어쩌면 나폴레옹과 같
은 독재자의 등장을 예고한 것인지도 모른다.

나폴레옹은 1793년에 툴롱(Toulon) 전투에서 영국군을 섬멸하며
혜성처럼 등장했다. 1797년에는 총사령관으로 이탈리아 원정에 나

◀ 1804년에 나폴레옹이 전투에서
공을 세운 부하에게 훈장을 수
여하는 모습

▲ 〈알프스 산맥을 넘는 나폴레옹〉
쟈크 루이 다비드(Jacques-Louis David, 1748~1825년) 작

나폴레옹법전

자본주의 국가에서 제정한 최초의 법전인 《나폴레옹법전》은 프랑스 《민법전》의 별칭으로 1804년에 정식으로 시행되었다. 자유와 평등, 소유권, 계약 자치 등의 내용을 포함하며, 지금도 영향력을 행사한다. 나폴레옹은 임종 전에 "내 평생 이룬 40번의 승리가 워털루 전투 단 한 번의 패배로 빛을 잃었다. 그러나 이 법전만은 영원히 사람들의 기억 속에서 빛을 발할 것이다."라고 말했다고 한다.

서서 승리를 거두어 일약 프랑스의 국민 영웅으로 떠올랐다. 이듬해에 이집트 원정을 감행했으나 프랑스 내부의 정국이 혼란해지면서 중도에 돌아올 수밖에 없었다. 그는 탁월한 전적을 바탕으로 각계각층의 지지를 얻었고 1799년에 브뤼메르 쿠데타에 성공해 정권을 잡았다.

나폴레옹의 집권 과정은 전쟁의 연속이었다. 영국, 프로이센, 러시아, 오스트리아, 스웨덴 등이 '반 프랑스 동맹'을 결성해 프랑스와 맞섰기 때문이다. 1800년에 제2차 반 프랑스 동맹에 맞서 나폴레옹은 이탈리아로 진군했고, 모두의 예상을 뒤엎고 승리를 거두었다. 이로써 프랑스는 유럽의 강자로 떠올랐다. 이에 원로원은 나폴레옹을 '종신 집정관'으로 임명하고 후임자와 원로원의 구성원을 선정하는 권한도 부여했다. 그러나 프랑스는 이 때문에 오히려 다시 전제 국가 시대로 퇴보했고, 나폴레옹은 황제가 되려는 야망을 품기 시작했다.

그는 자신의 통치 기반을 강화하기 위해 우선 법령 형식으로 권력을 안정시켰다. 이를 위해 1804년에 프랑스 《민법전》, 즉 《나폴레옹법전》을 반포했다. 이 법전은 프랑스 대혁명의 이상을 실현하고 자산 계급이 대혁명 기간에 귀족과 성직자들로부터 쟁취한 재물을 합법화하며 자본주의의 사회 질서를 유지하는 등의 내용을 포함했고, 향후 유럽 각국의 입법 체제에도 큰 영향을 끼쳤다. 그러나 무엇보다 가장 중요한 점은 이 법전이 나폴레옹이 황제의 자리에 오르는 데 발판을 마련했다는 것이다. 1804년에 나폴레옹은 프랑스공화국을 프랑스제국으로 개칭하고 대관식을 거행하여 황제, 즉 나폴레옹 1세로 등극했다. 특이하게도, 이러한 상황에서도 자산 계급의 이익을 옹호하는 체제는 변하지 않았다.

나폴레옹 제국의 역사는 전쟁의 역사였다고 해도 과언이 아니다. 1805년에 제3차 반 프랑스 동맹이 결성되었고, 나폴레옹은 이를 몇 시간 만에 모두 평정하여 '유럽의 왕좌'를 굳건히 지켰다. 이후에도 제4차, 제5차 반 프랑스 동맹이 계속해서 결성되었지만 유럽의 패권자로서 나폴레옹의 위치는 흔들리지 않았다. 오히려 유럽 전역에 정복 전쟁을 일으켜 승승장구하며 1811년에는 수많은 식민지와 속국, 동맹국에 이르기까지 영토를 크게 확장했다. 그는 이들 국가에서 수많은 보물을 약탈했다.

그러나 프랑스 내부에서는 민생이 피폐하고 전쟁을 반대하는 목소리가 높아지는 등 위기감이 고조되고 있었다. 대외적으로도 프랑스에 반대하는 민족 운동의 분위기가 심상치 않았다. 이 와중에 나폴레옹은 1812년 6월에 러시아 원정을 감행하는 절체절명의 실수를 저질렀다. 50만 대군을 이끌고 러시아에 진군해 손쉽게 모스크바를 점령하는가 싶었지만, 갑자기 대형 화재가 발생해 모스크바가 한 줌의 재로 변해버렸다. 게다가 동절기 한파가 불어 닥치면서 철수하는 프랑스군의 발목을 잡았다. 후퇴 당시 나폴레옹의 군대는 위풍당당하게 진군할 때의 10%만이 남아 겨우 명맥을 유지했다.

프랑스로 돌아온 나폴레옹은 곧이어 제6차 반 프랑스 동맹군의 공격을 받았다. 중과부적의 상태로 라이프치히 전투에서 참패한 그는 1814년 4월 황제 자리에서 물러나고 지중해 엘바 섬에 유배되었다. 그로부터 1년 후에 프랑스로 도주하여 기적처럼 다시 황제의 자리에 올랐으나, 100일 후 워털루 전투에서 참패해 다시 대서양의 세인트헬레나 섬에 유배되었다. 이렇게 해서 나폴레옹 제국은 완전히 멸망했다.

나폴레옹 제국은 정복 전쟁의 패전국에서 막대한 배상금을 받아내고 수많은 금은보화와 예술품을 갈취했다. 그뿐만 아니라 패전국은 프랑스의 원료 공급지와 상품 시장으로 전락해 그 처지가 식민지와 다를 바 없었다. 그러나 이러한 전쟁을 통해 프랑스는 자본주의가 크게 발전했고 유럽에서는 봉건주의 체제가 뿌리부터 흔들리게 되었다.

전기의 발명과 활용

> 시기 : 1830년대
> 인물 : 영국의 물리학자 패러데이(Michael Faraday)
> 영향 : 전기가 발명된 후 인류는 바야흐로 전력의 시대에 진입했다.
> 이로써 증기 기관은 역사의 무대에서 사라지게 되었다.

전기는 인류에게 '광명'을 선물했다. 전기가 생활 구석구석에 파고들면서 삶의 질이 크게 향상되었고, 자본주의 경제는 비약적으로 발전했다. 이러한 경제 발전에 힘입어 19세기 후반부터는 자연과학이 크게 발달하기 시작했다. 특히 물리학 영역에서는 영국의 물리학자 줄(Joule, James Prescott)이 '에너지 보전의 법칙'을 발견하고, 패러데이가 '전자기 유도' 현상을 증명했으며, 에디슨은 전구를 발명했다.

'전기'는 일찍이 고대 그리스 시대에 발견된 바 있다. 고대 그리

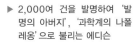

▶ 2,000여 건을 발명하여 '발명의 아버지', '과학계의 나폴레옹'으로 불리는 에디슨

스인은 보석의 일종인 호박을 잘 문지르고 나서 가만히 두면 주변의 작은 물체를 끌어당기는 힘이 있다는 것을 알아냈다. 그러나 그 원리를 밝혀내지는 못했기에 당시에는 '신의 계시' 정도로 이해했을 것으로 추정된다. 17세기에 이르러 영국인이 이 현상을 '전력'이라고 명명했고, 18세기 초에는 프랑스에서 전기 현상을 해석하려는 시도가 있었다. 십여 년이 흐른 후 '전류'가 발견되면서 '전기'의 신비는 하나둘 베일을 벗기 시작했다.

전기는 제2차 산업 혁명 시기에 발명되어 본격적으로 활용되었다. 그리고 19세기 초에 자기장과 전류의 관계에 대한 연구가 시작되면서 전기 흐름의 방해하는 작용, 즉 전기 저항 현상이 발견되었고, 1831년에 패러데이가 마침내 '전자기 유도' 현상을 발견했다. 이 발견으로 기계에너지와 전기에너지의 상호 호환 가능성이 제기되었으며 이 연구는 발전기와 전동기 등이 발명되는 데 발판을 마련해주었다. 패러데이는 이탈리아의 물리학자 볼타(Volta)가 발명한 배터리를 비롯하여 마찰 전기, 전자기 유도 전기 등을 연구하며 전기의 본질을 밝혀내고자 애썼다. 1832년에 자신의 연구 결과를 종합한 저서를 출간하기도 했다.

1860년대부터 독일의 기술자 지멘스(Siemens)가 직류 발전기를 발명한 것을 시작으로 프랑스의 전기 기술자 그람(Gramme)이 전동

▼ 영국의 물리학자 패러데이

수없이 실험을 반복한 끝에 그는 마침내 전자기 유도 현상을 발견하고 자신의 실험 결과를 종합해 '전자기 유도 법칙'을 만들어냈다. 그의 연구 결과는 전기 공업 기술, 무선 전기 기술 등 전자학 분야의 발전을 촉진했다.

백열 전구

발명의 아버지로 불리는 에디슨은 스무 살부터 전등 연구에 심취했다. 아크등(arc lamp)을 개조하기 위해 1877년부터 대나무 코튼 (bamboo cotton), 흑연, 탄탈 (Ta, tantal) 등의 물질 천여 종을 필라멘트 재료로 이용해 실험을 반복했다. 그 결과 1879년에 마침내 탄소선 전구(carbon filament lamp)를 발명했다. 이 전구는 1908년에 텅스텐 필라멘트 전구 (tungsten filament lamp)가 등장하기 전까지 사용되었다.

기를 발명하는 등 전기 제품이 속속 세상에 선을 보이기 시작했다. 이로써 기존에 동력을 생산하던 증기 기관은 역사의 무대에서 사라지게 되었다. 1876년에는 벨(Bell)이 전화를 발명했고 1879년에 에디슨은 전등을 세상에 선보였다. 다양한 전기 제품이 등장하면서 삶의 질이 크게 향상되었지만, 전력의 수요와 공급, 원거리 수송과 같은 관련 문제들이 계속해서 등장했다. 1882년에 프랑스의 전기공학자 마르셀 드프레즈(Marcel Deprez)가 최초로 장거리 전력 수송 실험에 성공하여 그 해답의 실마리를 제공했고, 뒤이어 에디슨이 미국에서 첫 번째 발전소를 건립했다.

발전소를 세우기는 했지만 대부분 직류 발전 전기로 수송되어 역시 거리의 제약이 뒤따랐다. 이러한 문제점은 19세기 후반에 세르비아 출신의 미국 발명가 니콜라 테슬라(Nikola Tesla)가 '교류 발전 수송 시스템'을 구축하면서 해결되었다. 곧이어 '3상교류발전기'가 선보이며 전력의 새로운 시대를 열었다.

새로운 에너지원이 된 전력은 공업 분야에 편리하고 저렴한 동력을 제공하여 생산력을 높이고 교통, 통신 분야의 발달을 이끌었다. 또 전력 공업과 전기 설비 공업 분야 등 관련 산업의 발전을 촉진했다. 전기가 발명되고 나서 인류는 전력의 시대에 진입했으며, 이로써 증기 기관은 역사의 무대에서 사라지게 되었다.

아편 전쟁

시기 : 1840~1860년

영향 : 아편 전쟁의 패배로 중국은 일부 주권을 빼앗기고 막대한 배상
금을 치르게 되어 대내적으로 커다란 혼란이 초래되었다. 이로
말미암아 결국에는 농민 전쟁이 발생하고, 중국 근대사의 막이
올랐다.

중국은 다른 고대 문명국가들과 마찬가지로 전형적인 농본주의
사회였다. 수천 년 동안 지속된 농본주의 전통을 바탕으로 자급자족
의 경제 구조가 형성되어 있어 자본주의 경제가 싹틀 틈이 없었다.
또한 '천조상국天朝上國', 즉 세계의 중심국임을 자처하며 외래 문물
을 도입할 필요성을 전혀 느끼지 못했다. 명나라 때 자본주의 경제
가 나타날 징조가 잠시 보였지만 곧 봉건 전제 정치가 강화되면서

▼ 동인도 회사의 상선
1600년에 건립된 동인도 회사
는 본래 무역 회사였으나 점차
인도를 침략하기 위한 수단으로
변해갔다.

사라지고 말았다.

중국 역사상 최고의 태평성대로 일컬어지는 청나라 '강건성세康乾盛世[91]' 시대에는 눈부신 경제 발전을 이루었다. 그러나 건륭 황제 집권기 후반부터 통치 기반이 흔들리면서 경제도 위기 상황을 맞이했다. 특히 인구의 대부분을 차지하는 농민이 토지를 소유하지 못한 경우가 많은 데다 각종 명목의 세금에 시달리면서 사회 혼란이 가중되고 있었다. 게다가 청나라 역시 명나라에 이어 쇄국 정책을 실시했기에 외부 세계의 변화를 전혀 감지하지 못했다.

19세기 후반부터 청나라는 국고가 텅 비고 군사 기강이 문란해졌을 뿐만 아니라 사상적으로도 침체기에 접어들어 서방 자본주의 국가들보다 발전 정도가 백여 년 정도 낙후되었다. 아편 전쟁이 발발하기 전, 중국은 내부적으로 사회 갈등이 격화되고 경제 발전이 부진한 상황이었지만 봉건 통치하에서 완전한 주권을 보유한 독립 국가 체제를 유지하고 있었다.

동시대에 영국, 프랑스, 러시아, 미국 등 서양의 자본주의 사회는 18세기 중반까지 산업 혁명을 완료하고 더 많은 원료 산지와 상품 시장을 찾아 해외 식민지를 개척하는 발걸음을 재촉하고 있었다. 그러니 이들의 눈길이 드넓은 영토와 수많은 인구를 보유한 중국에 쏠린 것은 너무나 당연한 일인지도 몰랐다. 가장 먼저 영국이 그들의 상품을 들고 중국의 문호를 두드렸다. 그러나 당시 중국은 자급자족의 경제 구조가 확립되어 영국 상품에 대한 수요가 많지 않았다. 오히려 중국의 차와 비단 등이 영국인의 사랑을 받으면서 영국의 대중국 무역 수지는 큰 폭으로 적자를 기록했다. 갈수록 무역 적자가 심각해지자 이러한 상황을 타개할 궁여지책으로 영국 상인들은 중국에 아편을 밀수출하기 시작했다.

아편을 밀수출하면서부터 영국의 무역 수지는 곧바로 반전되었지만, 중국은 반대로 재정이 바닥나고 사회 기강이 문란해지는 등 혼란이 가중되었다. 청나라의 도광 황제가 금연 정책을 발표했지만 아무런 성과도 거두지 못했고, 오히려 아편 밀수출은 더욱 기승을 부렸다. 이에 아편 흡식을 아예 금지하자는 임칙서의 주장에 따라 아편 금지 운동이 활발하게 전개되었다.

▼ 마카오 기념관에 세워져 있는 임칙서의 동상

---

91) 4대 황제인 강희 황제부터 6대 건륭 황제에 이르는 안정된 통치 시기

그러자 영국이 중국의 아편 금지 운동에 불만을 품고 원정군을 파견하여 아편 전쟁의 서막이 올랐다. 영국군은 본래 광저우에 상륙하려 했으나 청나라군의 완강한 저항에 부딪혀 샤먼으로 뱃머리를 돌렸다. 그러나 이 역시 성공을 거두지 못하고 다시 딩하이로 공격 목표를 바꾸었다. 마침내 딩하이에서 승리를 거둔 영국군이 텐진까지 함락하며 북경을 압박하자 당황한 도광 황제는 영국과 불평등 조약인 난징 조약을 체결하게 되었다. 이 조약으로 마침내 중국의 문호가 열렸고, 영국에 이어 다른 열강도 줄지어 중국을 침략하는 상황이 벌어졌다. 청나라는 이어서 미국과 망하 조약, 프랑스와 황포 조약 등을 체결하며 반식민지 상태가 되고 말았다.

아편 전쟁에 패배한 중국은 일부 주권을 빼앗기고 막대한 배상금을 치르게 되어 대내적으로 커다란 혼란이 초래되었다. 이로 말미암아 중국의 자급자족 경제 체제는 와해되었고 서양의 상품 시장과 원료 산지로 전락하면서 농민 봉기가 발생했다. 이와 더불어 중국 내에서 과거의 구습에서 벗어나 새로운 세계에 눈을 떠야 한다고 주장하는 진보주의자들이 등장해 적의 장점을 배워서 적을 제압하자는 신흥 운동을 전개했다.

난징 조약

1842년에 아편 전쟁의 결과로 체결된 중국 최초의 불평등 조약으로, 중국이 여러 항구를 개방하게 되어 서방 열강에 침략의 발판을 마련해주었다. 또한 홍콩을 영국에 할양하고 막대한 배상금을 치르게 되었다.
난징 조약의 체결로 중국의 사회 구조는 큰 변화를 맞으며 근대사의 첫 걸음을 딛게 되었다.

《공산당선언》 발표

시기 : 1848년

인물 : 마르크스, 엥겔스

영향 : 근대사의 중요한 한 획을 그은 《공산당선언(Manifest der
Kommunistischen Partei)》은 무산 계급의 사상적 버팀목이 되었
을 뿐만 아니라 사회주의가 탄생하는 기반을 마련했다.

산업 혁명이 급속히 진행되는 가운데 19세기 중반에 유럽에서는
자본주의의 생산 방식이 이미 체계화 단계에 이르렀다. 그러나 시간
이 흐를수록 자본주의 경제의 모순점이 하나둘 드러나기 시작했다.
특히 주기적으로 발생하는 경제 위기는 갈수록 무서운 파괴력을 발
휘했다.

산업 혁명을 계기로 노동자 계급도 그 역량을 강화하여 자본주의
사회에 등장했다. 그러나 경제 위기가 발생할 때마다 자본가 계급과
노동자 계급의 양극화 현상은 더욱 극명해졌다. 노동자 계급의 생활

▶ 카를 마르크스

여건과 노동 환경은 갈수록
열악해졌고, 이러한 현상을
타개하기 위한 노동자들의
봉기가 줄을 이었다.

초기의 봉기는 생산 기계
를 부수는 등 파괴적인 행
위가 대부분이었지만 시간
이 지날수록 경제적, 정치
적 지위를 얻기 위한 투쟁
의 형식으로 바뀌었다. 특
히 산발적이던 시위 형태가
점차 특정 목표를 달성하기
위한 조직적인 규모로 변모
되었다. 프랑스 리옹의 노
동자 봉기를 비롯해 영국의

◀ 마르크스, 엥겔스의 가족

차티스트 운동(Chartism), 독일의 슐레지엔(Schlesien) 방직공 봉기 등이 발생했으나 모두 실패로 끝이 났다. 이렇게 노동자 계급이 그들 간의 결속을 다질 사상적 지주를 절실히 원할 때 마침 마르크스주의가 등장했다.

마르크스주의는 마르크스와 엥겔스에 의해 탄생했다. 마르크스는 1843년부터 경제학자 애덤 스미스, 데이비드 리카도(David Ricardo)의 노동 가치 이론과 생 시몽(Claude-Henri de Rouvroy, comte de Saint-Simon), 푸리에(Jean Baptiste Joseph Fourier), 마이클 오언(Michael Owen) 등의 공상주의 사상을 연구하면서 사회주의 학설의 기초를 다졌다. 이러한 연구 결과를 바탕으로 《포이어바흐에 관한 테제(Thesen über Feuerbach)》, 《독일 이데올로기》, 《철학의 빈곤》 등의 저서를 발표했고 인간의 사고와 진리에 대한 탐구가 녹아든 유물주의 역사관을 선보였다.

당시 마르크스는 각종 노동자 조직에 적극적으로 참여하며 자신의 사회주의 이론을 소개했다. 그 결과, 1847년 6월에 '공산주의 동맹'의 브뤼셀 지구 지도자로 선출되었다. 1848년에 엥겔스와 함께 독일로 돌아와서는 《공산당선언》을 발표하고 자산 계급 혁명에 참

마르크스(1818~1883년)

독일 라인 트리어의 유대인 가정에서 태어난 마르크스는 독일어를 비롯해 라틴어, 그리스어, 프랑스어, 영어, 이탈리아어에 능통할 만큼 총명하고 열성적인 인물이었다. 1835년 10월에 본 대학(University of Bonn)에 입학해 법학을 수학했고, 1년 후 베를린 대학 법률학과에 다시 입학했다. 그는 법학 외에도 역사, 철학, 예술 이론 등 다방면에 관심을 보였고 1837년부터 헤겔 철학에 심취했다. 1841년에 철학박사 학위를 받고 1842년부터 각종 언론에 자신의 이론을 게재하며 주목받기 시작했다.

▶ **무산 계급의 시위 행렬**

노동자 계급은 단지 '빵'이 아니라 각종 정치 권익을 위해 투쟁했다. 《공산당선언》은 노동자 계급의 주장에 법률적 근거를 마련해주었다.

여했다. 《공산당선언》은 공산주의자 동맹의 강령으로 삼기 위해 집필한 소책자로 마르크스주의의 토대를 형성했다. 마르크스와 엥겔스의 철학적 관점, 세계관, 사회주의 역사관, 무산 계급 혁명 이론, 사회주의와 공산주의 사회 건설 등의 내용을 총망라한 《공산당선언》은 노동자 계급의 지도 사상에 해당한다고 볼 수 있다.

근대사에 중요한 한 획을 그은 《공산당선언》은 무산 계급의 사상적 버팀목이 되었을 뿐만 아니라 사회주의가 탄생하는 기반을 마련했다.

크림 전쟁

시기 : 1853~1856년

인물 : 알렉산드르 2세

영향 : 크림 전쟁(Crimean War)에서 패한 후 제정 러시아는 유럽의 패
권자 자리를 내놓아야 했다. 게다가 전쟁에 막대한 자금을 투입
해 국고는 바닥나고 농노제는 위기를 맞았다. 결국 제정 러시아
는 농노제의 개혁을 추진할 수밖에 없었다.

기원전 1000년부터 인류 문명이 발생한 크림 지역은 차례로 로마,
고트족, 흉노족, 비잔틴, 킵차크한국 등의 지배를 받다가 1783년부
터 제정 러시아가 관할했다. 제정 러시아의 유럽 남부 지역에 자리
한 크림 지역은 흑해 북부 연안과 맞닿아 있어 전략적으로 매우 중
요한 요충지였다. 이 지역을 놓고 제정 러시아와 튀르크 사이에 수
차례 전쟁이 벌어지기도 했다.

19세기 중반부터 오스만튀르크제국이 쇠퇴일로에 들어서자 유럽
각국이 발칸 반도에 눈독을 들이고 쟁탈전을 시작했다. 당시 농노

◀ 1856년에 알렉산드르 2세는 크
림 전쟁을 마치고 모스크바로
돌아왔다. 이후 그는 미국에 알
래스카를 720만 달러에 넘겨주
고 러시아 농노제의 개혁에 박
차를 가했다.

제도의 폐단이 드러나면서 국내 정세가 어수선해진 제정 러시아는 국민의 관심을 해외로 돌리기 위해 대외 전쟁을 감행하여 유럽으로 세력을 확장하고자 했다. 유럽으로 세력을 확장하려면 반드시 바다로 향하는 교두보를 확보할 필요성이 있었다. 따라서 당시 국력이 쇠퇴할 대로 쇠퇴한 튀르크제국은 제정 러시아에 더 없이 좋은 공격 대상이었다. 게다가 튀르크제국은 영국과 프랑스의 사주를 받아 제정 러시아의 크림 지역과 코카서스(카파카스) 지역을 노리고 있었다.

이러한 상황에서 1852년에 그리스정교회와 천주교가 팔레스타인 '성지'의 귀속 문제로 갈등을 빚는 사건이 발생했다. 제정 러시아는 그 이듬해에 튀르크의 지배하에 있던 그리스정교회에 대한 보호권을 주장했지만 튀르크가 이를 거절하자 국교를 단절하고 도나우 강변에 자리한 튀르크공국에 군대를 주둔했다. 영국과 프랑스를 등에 업고 기세가 등등하던 튀르크는 그해 10월에 제정 러시아에 선전 포고를 감행했고, 이로 말미암아 크림 전쟁이 발발했다.

시노페 앞바다에서 벌어진 1차 교전에서 제정 러시아가 승리를 거두자 지중해 지역의 이권을 빼앗기지 않을까 초조해진 영국과 프랑스가 바로 참전했다. 영국과 프랑스의 연합 함대는 1854년에 흑해에서 제정 러시아의 군대와 대치했고, 성능이 뛰어난 증기선을 앞세워

▶ 1854년에 제정 러시아와 영국-프랑스 연합군 간에 벌어진 흑해 교전
제정 러시아는 낙후된 군사 설비 탓에 전쟁에서 참패할 수밖에 없었다.

그해 9월 크림 반도에 상륙했다. 이어서 제정 러시아가 세바스토폴(Sevastopol)에 방어 진지를 구축하고 수비 태세에 들어가자 영국과 프랑스 연합군은 육로와 해로 양쪽에서 격렬한 대포 공격을 벌였다. 그러나 세바스토폴은 함락되지 않았고 결국 장기간의 포위전에 돌입했다. 그 와중에 오스트리아가 담판 형식으로 중재를 시도했으나 수포로 돌아갔다.

쌍방 모두 뚜렷한 성과를 거두지 못한 채 전쟁이 길어지고 있을 무렵 사르데냐왕국(Kingdom of Sardinia)이 영국과 프랑스 연합국으로서 참전했다. 결국 1855년 9월에 세바스토폴이 연합군에 함락되면서 제정 러시아는 퇴각했다. 그 이듬해 파리에서 강화 조약을 체결한 제정 러시아는 흑해에서의 모든 군사적 권한을 잃었다.

크림 전쟁은 발칸 반도를 차지하기 위해 제정 러시아와 영국–프랑스 연합군 사이에 벌어진 전쟁이었다고 볼 수 있다. 전쟁에 패한 제정 러시아의 차르는 위신이 땅에 떨어졌고 유럽의 패권자로서의 영향력도 상실했다. 전쟁 비용으로 막대한 자금이 투입되어 국고는 바닥나고 농노제는 폐단을 드러내며 무너지기 시작했다. 이는 제정 러시아가 농노제의 개혁을 추진한 직접적인 원인이 되었다.

크림 전쟁에서는 강선포[92], 철갑 증기선, 대포 등 당시로서는 매우 앞선 기술의 무기들이 선보였고 처음으로 기차, 전보 등의 교통·통신 기술이 사용되었다. 또 기자와 간호사 등이 전쟁터에 등장하기도 했다. 기자들은 국내에 전쟁 상황을 빠르게 보도했고, 간호사들의 노력으로 부상자 수는 현저하게 줄어들었다.

---

92) 강철선으로 몸통을 감아서 만든 포

내연 기관 발명

시기 : 19세기 중·후반
인물 : 오토
영향 : 내연 기관이 발명된 후 기계, 동력 공업이 비약적으로 발전하면서 인류의 생활수준이 크게 향상되었다.

초기의 인류는 주변의 다양한 생물에서 에너지원을 얻었다. 물론 당시로서는 인간의 노동력이 더해져야만 가능했다. 문명의 발달과 더불어 풍력, 수력 등을 동력으로 사용하기 시작했으나 그 규모는 아직 그리 크지 않았다. 그러다 18,19세기에 이르러 산업 혁명이 진행되는 가운데 등장한 증기 기관은 동력의 획기적인 변화를 일궈냈다.

▼ 내연 기관의 발명은 기차 동력의 혁신을 이루어냈다.

증기 기관은 열에너지를 기계의 운동에너지로 바꿔주어 생산 효율을 크게 높일 수 있었다. 그러나 거대하고 육중한 보일러를 사용해야 했기에 열량의 낭비가 많았고, 당시 생산 기술력의 결함으로 보일러가 폭파할 위험이 컸다. 게다가 증기 기관은 경제 발전의 속도를 따라잡지 못할 만큼 효율성이 떨어졌다. 그래서 체적이 작으면서 편리하고 안전한 동력 장치가 시급했다.

그 무렵 프랑스의 과학자 카르노(Sadi Carnot)가 열기관 이론과 연관된 '카르노 순환(Carnot cycle)[93]' 이론을 발표했고 이 구상은 내연 기관이 탄생하는 데 실마리를 제공했다. 그로부터 20년이 지난 후 가스 기관이 탄생했는데, 안전성과 크기 면에서는 증기 기관을 능가했지만 열 효율성은 크게 개선

---

93) 열에너지를 역학적인 에너지로 전환시키는 이론

◀ 내연 기관과 그 설계사들의 모습

되지 않았다. 바로 내연 기관 내부에 공기 압축 장치가 없기 때문이었다.

　가스 기관은 수많은 과학자의 영감을 자극해 1862년에 마침내 4행정 내연 기관에 대한 이론이 첫 선을 보였다. 그리고 1876년에 독일의 공학자 오토(Nikolaus August Otto)가 4행정 내연 기관을 설계하는 데 성공했다. 이 내연 기관은 가스 기관의 장점과 더불어 열 효율성을 크게 제고할 수 있었다. 이러한 내연 기관을 대량 생산하기 위해 오토는 가스내연기관주식회사를 설립했다. 이 회사는 몇 년 후 석유를 원료로 하는 내연 기관도 선보였다.

　석유를 원료로 하는 가솔린 기관은 열 효율성을 크게 제고한 동시에 교통 운수 방면에 혁명을 일으켰다. 1880년대에 자동차가 탄생하고 1890년대에 자동차 산업이 비약적으로 발전했다. 이어서 원양 증기 어선과 트랙터, 비행기 등이 속속 발명되었고 가솔린 기관의 수요량은 점점 늘어났다. 이에 따라 석유 개발 산업과 제련업이 빠르게 발전했으며, 철강 산업은 최고의 호황을 누렸다.

　내연 기관이 발명된 후 기계, 엔진 공업이 비약적으로 발전하면서 인류의 생활수준이 크게 향상되었다. 또 오토의 연구 결과 내연 기관을 대량으로 생산할 수 있게 되면서 인류 문명은 획기적인 전환기를 맞이했다.

오토(1832~1891)

독일의 공학자 오토는 열여섯 살부터 점원, 판매원 등 다양한 직업을 거쳤다. 1860년부터 내연 기관 연구에 매진했고, 그로부터 2년 후 4행정 내연 기관을 개발했다. 그러나 점화 장치를 해결하지 못해 한동안 연구가 진척되지 않았다. 나중에 가스 기관을 발명하여 특허를 획득했고, 이 기술력을 바탕으로 1876년에 마침내 실용적인 내연 기관을 개발하는 데 성공했다.

《종의 기원》 발표

시기 : 1859년

인물 : 다윈

영향 : 《종의 기원》은 인류의 오랜 탐구 과제였던 생명의 기원에 대해
해답을 제시하여 유심론과 형이상학의 기반을 흔들어놓았다.
특히 근대 생물학의 새로운 영역을 개척하는 성과를 거두었다.

▲ 다윈의 초상
그의 저서 《종의 기원》은 생물
학의 혁명을 일으켰다.

▶ 비글 호 항해를 다룬 상상도
1831년에 비글 호의 항해에 합
류한 후 다윈은 과학자로서 새
로운 전환기를 맞이했다.

1859년 11월 24일, 영국 런던의 학계는 한 권의 책으로 크게 술렁
였다. 바로 진화론의 창시자이자 생물학자인 찰스 다윈이 발표한
《종의 기원》 때문이었다. 그의 이론은 '창조론'과 '종의 불변설'을
뒤집는 생물학계의 혁명과도 같았다.

다윈은 1809년 2월 12일에 영국의 한 의사 가문에서 태어났다. 부
친은 다윈이 가업을 잇기를 바랐지만 다윈은 어려서부터 자연과 채
집 등에 남다른 관심을 보였다. 1825년에 에든버러 대학에 입학해
의학을 전공했으나 그는 여전히 자연과학에 심취해 있었다.

1831년 8월, 다윈은 그의 인생을 바꿔놓은 전환기를 맞이했다. 영
국의 해군 탐사선 비글(Beagle) 호를 타고 지구촌 탐험에 나선 것이
다. 원양 항해가 학업에 영향을 끼칠 것이라는 부친의 우려를 뒤로

하고 떠난 이 항해에서 그는 '종의 가변설'을 발견하는 데 결정적 실마리를 얻었다. 자연계의 희귀 생물을 연구하면서 그는 창조론에 의혹을 느꼈고, 5년 동안의 항해를 마친 후 '종의 가변설'과 관련된 저서를 집필하기 시작했다.

전대 학자들의 연구 결과를 바탕으로 자신이 직접 관찰한 결과를 분석하여 종의 기원을 탐구하는 데 매진한 그는 1844년에 《종이 변종을 형성하는 경향에 관하여(On the Tendency of Species to Form Varieties)》라는 제목의 에세이를 완성했다. 이는 《종의 기원》이 탄생하기에 앞서 이론적 테두리를 형성한 저서라고 볼 수 있다. 그리고 20여 년 동안 연구를 거듭한 끝에 1859년에 마침내 생물학계에 혁명을 일으킨 《종의 기원(Origin of Species)》을 완성했다. 그 후에도 다윈은 '사육에 의한 동식물의 변이(The Variation of Animals and Plants under Domestication)', '인간의 유래 및 성에 관한 선택(The Descent of Man and Selection in Relation to Sex)', '인간과 동물의 감정 표현(The Expression of the Emotions in Man and Animals)' 등의 논문을 발표했고, 《비글 호 항해의 동물학(The Zoology of the Voyage of the Beagle)》 등을 속속 출간했다.

이러한 저서를 통해 그는 생물의 변이는 하등한 존재에서 고등한 존재로, 또 간단한 존재에서 복잡한 존재로 진행된다고 기술했다. 그의 주장은 천여 년 동안 유럽의 사상을 지배해온 종교계에 마치 핵폭탄과 같은 것이었다.

종의 기원

《종의 기원》은 영국의 생물학자 다윈이 집필한 저서로 생물의 진화에 대한 이론이 소개되어 있다. 자연 선택과 인공 선택에 따른 종의 기원을 밝히고자 한 그의 주장은 19세기의 학계에 큰 논란을 불러일으켰다. 지금은 그의 대부분 주장이 과학계의 수긍을 얻고 있으며, 《종의 기원》은 1985년에 미국 잡지 〈라이프(Life)〉가 선정한 인류 역사상 최고의 서적으로 꼽혔다.

▶ 1859년에 다윈의 저서 《종의 기원》이 발표되었다. 그의 진화론은 '창조론'과 '종의 불변설'을 뒤집고 과학적인 사고로 생물의 기원을 밝혀 생물학의 새로운 영역을 탄생시켰다.

《종의 기원》을 발표하고 나서도 다윈은 연구 활동을 계속했다. 그러나 가정생활은 그다지 행복하지 못했다. 사촌누나와 결혼해서 낳은 자녀 열 명 가운데 여섯 명이 건강에 이상이 있었기 때문이다. 이러한 불행한 가정사마저 종의 수정에 대한 그의 연구에 기폭제가 되었다. 1876년에 그는 '식물계에서 타가수정과 자가수정의 효과(The Effects of Cross and Self Fertilization in the Vegetable Kingdom)'라는 논문을 발표해 타가수정과 자가수정이 식물의 생명력에 끼치는 영향을 상세하게 기록했다.

다윈은 자신의 평생을 과학 연구에 바친 인물이다. 생물학의 혁명으로 일컬어지는 《종의 기원》은 인류의 오랜 탐구 과제였던 생명의 기원에 대해 해답을 제시하여 유심론과 형이상학의 기반을 흔들어 놓았다. 특히 근대 생물학의 새로운 영역을 개척하는 커다란 성과를 거두었다.

러시아의 농노제 개혁

시기 : 1861년
인물 : 알렉산드르 2세
영향 : 농노의 해방으로 자본주의 경제 체제가 확립되는 데 필요한 풍부한 노동력이 마련되고 구매력이 증가하는 등 자본주의 경제가 발전하기 위한 토대가 형성되었다.

19세기 초, 유럽 각국이 산업 혁명을 거쳐 자본주의 국가 체제를 확립해나갈 당시 러시아는 여전히 농노제라는 낙후된 정치 체제에 발목이 잡혀 있었다. 서유럽의 선진적인 생산 방식이 러시아에도 영향을 끼치면서 차츰 농공업이 발전하고 동부를 중심으로 자본주의 경제 체제에 근거한 고용 방식이 나타나기는 했으나 대부분 노동력이 여전히 토지에 매여 있는 상황이었다. 노동력 시장과 상품 시장이 이처럼 제한을 받는 여건에서 자본주의의 발전을 기대하기는 어려웠으므로, 자연히 러시아의 경제는 서유럽보다 매우 낙후된 수준이었다. 특히 크림 전쟁에서의 참패는 러시아 농노 제도의 폐단을 여실히 드러내는 계기가 되었다.

▲ 알렉산드르 2세
크림 전쟁에서 참패한 후 알렉산드르 2세는 농노제의 개혁을 결심했다.

수백 년 동안 제정 러시아 황제들은 농노제 문제로 골머리를 앓았다. 표트르 대제나 예카테리나 2세(Yekaterina Ⅱ)도 농노제의 폐단을 인식하기는 했지만 차마 개혁의 손길을 뻗지는 못했다. 알렉산드르 1세가 개혁을 시도했다가 실패로 끝났으며, 알렉산드르 2세 때야 비로소 실질적인 개혁이 이루어졌다.

알렉산드르 2세의 본명은 '알렉산드르 니콜라예비치 로마노프'로 니콜라이 1세의 장자이다. 어려서부터 철저하게 황제로서의 교육을 받은 그는 세계 각국을 여행하며 견문을 쌓았으며, 이러한 경험이 황제가 된 후 그가 진행한 개혁에 원동력이 되었다고 볼 수 있다. 일찍이 농노제의 폐단을 인식한 그는 즉위하자마자 농노제의 개혁을 시작했다.

1857년에 농민사무위원회를 설립하고 1861년 2월 19일에 '농노해방령'을 반포했는데, 농노제 폐지와 농노에게 완전한 신체적 자유

▲ 알렉산드르 2세와 왕후(붉은 계단 위에 서 있음)가 민중에게 인사하고 있다. 알렉산드르 2세는 농노제를 개혁함으로써 민중의 부담을 줄여주어 그들의 사랑을 받았다.

를 부여하는 내용이 주를 이루었다. 즉 농노들이 이주, 혼인, 직업 선택, 재산 소유, 계약 체결 등을 자유로이 할 수 있게 한 것이다. 토지는 모두 지주의 소유로 하고, 농민이 토지 경영권을 얻으려면 몸값의 일부를 치르고 나머지는 정부가 유상 채권 방식으로 대신 지급하는 형식을 취했다. 그러면 농민은 최대 49년에 걸쳐 반드시 원금과 이자를 상환해야 했다.

그러나 알렉산드르 2세의 개혁은 아직 봉건 제도의 잔재가 남아 있어 완벽한 성과를 거두지는 못했다. 특히 낙후된 정치 제도는 전혀 개선되지 않아 귀족과 지주가 여전히 국가 권력을 장악하고 대규모의 토지를 관할했다. 개혁의 결과, 오히려 농민의 부담이 더욱 가중되는 상황이 발생했다. 자유는 얻었지만 토지가 줄어들었고 가혹한 조건에도 귀족의 토지를 임대할 수밖에 없었으므로 착취당하기는 매한가지였던 것이다.

◀ 1855년 알렉산드르 2세의 즉위식

신식 교육을 받은 알렉산드르 2세는 농노제를 개혁하며 러시아 사회의 변화를 이끌었다.

비록 '위로부터의 개혁'이기는 했으나 알렉산드르 2세의 개혁이 러시아 역사의 전환점이 된 것만은 분명하다. 자본주의 경제가 발달하고 2월 혁명이 일어나는 데 발판을 형성했기 때문이다. 레닌은 "1861년 2년 19일은 농노 시대에 성장한 자산 계급이 러시아의 역사를 새로 쓰기 시작한 날이다."라고 평가했다. 어쩌면 '위로부터의 개혁'이었기에 최대한 유혈 사태를 줄이면서 사회 구조를 전환시킬 수 있었는지도 모른다.

또 알렉산드르 2세는 '두마' 제도를 창설했다. '두마'는 '의회'라는 뜻으로 오늘날 러시아 연방 의회의 하원을 가리킨다. 총 의석 450개로, 21세 이상의 러시아 시민이면 의원이 될 자격이 있으며 임기는 4년이다.

농노의 해방으로 자본주의 경제 체제가 확립되는 데 필요한 풍부한 노동력이 마련되고 구매력이 증가하는 등 자본주의 경제가 발전하기 위한 토대가 마련되었다. 러시아의 경제도 빠른 속도로 발전하여 1880년대에 산업 혁명이 이루어졌고, 이러한 사회 변화는 근대 러시아로 진입하는 발판을 마련했다.

2월 혁명

1917년 3월(러시아력으로 2월에 해당함)에 발발한 2월 혁명은 러시아 차르 니콜라스 2세의 통치에 반대하며 노동자들이 일으킨 무장 봉기이다. 이 혁명의 결과 300년 동안 지속된 제정 러시아의 왕정이 막을 내리고 자본가 계급과 농민 노동자 계급의 대표로 구성된 소비에트 정부가 탄생했다. 2월 혁명은 또한 이후 러시아 무산 계급 혁명이 일어나고 사회주의 제도가 형성되는 데 토대를 마련했다.

미국의 남북 전쟁

시기 : 1861년 4월~1865년 4월

인물 : 링컨

영향 : 남북 전쟁은 미국이라는 국가의 주권을 보장하고, 자본주의 경제 발전에 필요한 방대한 시장과 풍부한 노동력을 제공하여 미국에서 근대 자본주의 경제가 발달하도록 토대를 마련했다.

독립 전쟁에서 승리한 후 북아메리카 대륙에는 연방공화국이 건립되었다. 그러나 남부와 북부의 경제, 문화적 배경이 판이하여 갈수록 격차가 심화되었다. 자본주의 경제가 빠르게 발달한 북부는 자본가 계급이 정권을 장악했고, 대농장이 발달한 남부는 농장주들이 정치 요직을 차지했기 때문이었다. 그래서 표면적으로는 남부와 북

▶ 남북 전쟁의 단면을 보여주는 회화, 사진 작품

부 모두 연방제를 표방했지만 실제로는 자본가 계급과 농장주들이 각기 독립된 체제로 운영하는 상황이었다.

두 계급이 서로 돌아가면서 집권하는 동안 시장과 노동력 등 경제적 이권을 두고 빈번하게 마찰을 빚었다. 북부의 자본가 계급은 생산을 제고하기 위해 자유민 신분의 풍부한 노동력과 방대한 시장이 필요한 반면에 남부의 농장주들은 농장을 경영하는 데 고정적인 노예 노동력이 필요했기 때문이었다. 이러한 갈등과 모순은 경제 발전과 더불어 점점 격화되었고, 19세기 중엽에 마침내 전쟁으로 치달았다.

전쟁의 도화선은 19세기 초에 서부 개척이 시작되면서 불거졌다. 남부의 농장주들은 이곳에 노예제를 도입하려고 한 반면에 북부의 자본가 계급은 서부가 자유 주로 남아 그들의 상품 시장이 되기를 바랐던 것이다. 당시 집권당이었던 남부 농장주 대표들이 정치적 우세를 이용하여 기어코 자신들이 뜻한 바를 이루자 남부 지역의 일부 자유민까지 포함된 민중이 불만을 터뜨리며 곳곳에서 봉기를 일으켰다.

1860년에 치러진 대선에서 링컨이 승리하면서 남북 간의 모순은 더욱 격화되었다. 자본가 계급을 대표하는 링컨은 노예제를 반대하는 쪽이었다. 정치적으로 실각한 남부의 농장주들은 개인의 경제적 이익마저 침해당할 것을 우려해 연방 정부에서 독립할 방법을 모색하기 시작했다. 그리하여 마침내 1861년에 남부의 7개 주로 구성된 '남부 연합 (Confederate States of America)'을 발족시키고 제퍼슨 데이비스를 새로운 대통령으로 선출했다. 이에 북부 연방 정부는 노예제 폐지를 포기

링컨

링컨(Abraham Lincoln, 1809~1865년)은 빈곤한 유년기를 보내며 초등 교육밖에 받지 못했다. 노예제 폐지를 주장해 수많은 민중의 호응을 얻은 그는 1843년에 일리노이 주의 주의원으로 당선되었고, 후에 휘그당을 이끌었다. 정치 연륜이 매우 적었음에도, 휴머니즘이 묻어나는 인품 덕분에 1860년에 미국의 16대 대통령으로 당선되었다.

재임 기간에 연방공화국의 통일과 노예제 폐지를 실현하는 등 많은 업적을 이루었다. 1864년에 대통령 재선에 성공했지만 전후 복구 사업을 제대로 추진하기도 전에 암살당하고 말았다.

◀ 남북전쟁기념관 앞에 자리한 조각상

하면서까지 평화적으로 사태를 해결하기를 바랐지만, 남부 연합이 입장을 고수하여 결국에는 내전이 발발했다.

자유와 평등, 통일을 기치로 내전에 참가한 북부 연방은 발달한 공업으로 일군 높은 경제력과 넉넉하게 비축된 식량을 바탕으로 전쟁에 돌입했다. 그러나 초반에는 패전을 거듭하며 고전을 면치 못하고 워싱턴까지 위험해지는 상황이 벌어졌다. 노예제 폐지를 포기하면 남부 연합이 연방 국가로 복귀할 것이라는 한 가닥 희망을 잡고 북부 연방이 전쟁에 총력을 기울이지 않았기 때문인지도 모른다. 결국 전쟁이 악화일로로 치닫자 링컨은 1862년에 '택지법'과 '노예제 폐지령'을 발표하고 반전의 기회를 모색했다.

그러자 링컨의 조치에 크게 고무된 노예들이 남북의 경계를 넘어 북부 진영으로 몰려들기 시작했고 전세는 곧바로 역전되었다. 북부 군이 해상을 봉쇄해 남부와 해외의 무역을 단절시키면서 남부의 기세는 한층 더 꺾였다. 1865년 4월 9일에 남부는 결국 항복을 선언하고 미국은 통일을 이루었다.

남북 전쟁은 미국 역사상 첫 번째 내전이다. 이 전쟁은 미국이라는 국가의 주권을 보장하고, 자본주의 경제가 발전하는 데 필요한 방대한 시장과 풍부한 노동력을 제공하여 미국에서 근대 자본주의 경제가 발달하도록 토대를 마련했다. 이와 같은 과정을 거치면서 미국은 어느새 구미 최고의 강국으로 발돋움하고 있었다.

일본의 메이지 유신

시기 : 1868년
인물 : 메이지 천황
영향 : 메이지 유신에 성공한 일본은 아시아의 패권자로 등극했다. 이
와 더불어 동양도 서양과 마찬가지로 문명의 혁신을 일으킬 수
있다는 점을 증명하며 당시 낙후되었던 동양의 각국에 활로를
제시했다.

19세기 중후반에 중국은 아편 전쟁의 소용돌이 속에서 극도의 혼
란을 겪고 있었고, 서구 열강은 어느새 일본에 눈독을 들이기 시작
했다. 당시 일본을 통치하던 도쿠가와 막부는 문호를 개방하자는 지
식인들의 요구를 묵살하고 쇄국 정책을 고수했다. 그러나 서남 지역
의 번[94]을 중심으로 지식인들의 새로운 사상이 퍼지며 막부 타도 운
동이 일어났다.

이 운동의 결과 200여 년 동안 일본을 통치한 도쿠가와 막부가

▲ 메이지 천황

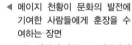

◀ 메이지 천황이 문화의 발전에
기여한 사람들에게 훈장을 수
여하는 장면
그는 일본이 강국으로 거듭나려
면 강한 군사력을 갖춰야 한다
고 굳게 믿어 1873년부터 징병
제를 실시했다.

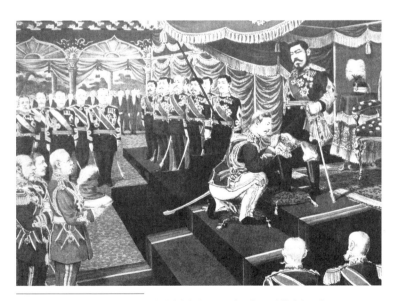

94) 도쿠가와 시대에 가신이나 영주들이 지배하던 봉토封土, 일본어로는 '한' 이라고 함

▲ 메이지 천황 출궁도

메이지 천황은 일본 근대사의 한 획을 그은 인물로, 일본이 세계 열강의 반열에 오를 수 있는 발판을 형성했다.

실각하고 중앙집권 형태의 새로운 정권이 탄생했다. 새 정권에서 군왕으로 추대된 메이지 천황은 뛰어난 지략과 원대한 포부를 갖추었을 뿐만 아니라 혁신 사상으로 무장한 인물이었다. 그가 45년에 걸쳐 추진한 개혁 정치가 바로 '메이지 유신'이다. 메이지 유신의 성공으로 일본은 서구 강대국과 어깨를 나란히 할 만큼 크게 성장했다.

메이지 유신의 가장 근본적인 개혁은 번 제도의 폐지와 토지 반환 정책 실시라고 할 수 있다. 천황은 번주에게서 토지와 그 토지에 귀속된 사람들에 대한 소유권을 박탈했을 뿐만 아니라 그들의 직위를 해제하고 수도에서 멀리 떨어진 곳으로 추방했다. 그들의 직무를 대신할 인물들은 천황 자신이 직접 임명했다. 이러한 조치로 메이지 천황은 지방 할거 세력을 모두 제압하고 통일된 중앙집권 정부를 구축할 수 있었다. 곧이어 중앙 관리의 임면권도 천황에게 귀속시켜 자신에게 충성하는 인물들로 정부를 구성함으로써 마침내 근대 국가의 체제를 완성했다.

번주에게서 박탈한 토지는 국가에 귀속시키고 토지의 매매를 금지했다. 그러나 국가에 일정한 세금을 납부하면 자유롭게 토지를 사용하거나 양도할 수 있었다. 이렇게 해서 일본에 자본주의 경제가 발달할 수 있는 토대가 마련되었다.

메이지 천황은 중앙집권을 강화하고 나서 경제를 발전시켜 부국
강병을 도모하고자 했다. 이에 '생산을 늘리고 산업을 일으킨다'는
뜻의 식산흥업殖産興業 정책을 추진했다. 초기에는 먼저 국가가 세수
로 국영 공장을 설립하여 모범을 제시하고, 개인의 창업을 고무하는
방식으로 진행되었다. 후에 국가가 사영 기업들을 지원하는 차원에
서 개인에게 수많은 국영 기업을 저가로 매각하며 경제의 발전을 추
구했다. 이를 바탕으로 1880년대 이후 일본에는 사영 기업들이 대거
등장했다.

메이지 정권은 국가의 권력을 바탕으로 '위로부터의 자본주의 개
혁'을 실시하며 경제를 발전시킬 기반을 다졌다.

경제가 발전하자 정치 문화에도 변화가 생겼다. 기존에 유교, 불
교 사상이 차지했던 자리에 서구 문명과 사상이 밀려 들어왔고, 새
로운 교육 체계가 형성되었다. 그러나 메이지 천황은 경제 부국이
되는 것만으로는 완벽한 강국이 될 수 없다고 판단하고 막강한 군사
력의 필요성을 절감했다. 이에 1873년부터 징병제를 실시하고 《군
인칙유軍人勅諭》를 반포해 천황에게 충성하고 무사도 정신으로 단단
하게 무장한 군대를 양성했다.

마침내 메이지 유신에 성공한 일본은 아시아의 패권자로 등극했
다. 이와 더불어 동양도 서양과 마찬가지로 문명의 혁신을 일으킬
수 있다는 점을 증명하며 당시 낙후되었던 동양의 각국에 활로를 제
시했다.

메이지 유신이 영향을 미친 사례로 캉유웨이康有爲, 량치차오梁啓超
가 주축이 되어 전개한 중국의 변법유신 운동[95]을 꼽을 수 있다.

도쿠가와 막부

1630년부터 일본을 통치한 무사
정권 도쿠가와 막부는 에도(지금의
도쿄)를 수도로 삼아 '에도 막부'
로도 불렸다. 일본을 250여 년이
나 통치한 봉건 체제 정권이며, 무
사 정치의 꽃을 피웠다. 무사들이
집권하면서 농민들은 핍박의 대상
으로 전락해 결국 곳곳에서 농민
봉기가 일어났다. 대외적으로는 쇄
국 정책을 실시해 경제 발전이 침
체되었고, 서구 열강이 일본을 호
시탐탐 노렸다. 이러한 내우외환의
상황이 지속되면서 결국 막부 통
치 체제는 붕괴되고 말았다.

---

95) 변법자강 운동, 무술변법 운동

멘델레예프의 원소 주기율표 발표

시기 : 1869년
인물 : 멘델레예프(Mendeleev)
영향 : 원소 주기율표의 등장은 물질의 구성에 대한 인류의 사고를 전
환하는 계기가 되었다. 주기율표의 규칙에 따라 새로운 원소를
발견하는 것이 가능해졌을 뿐만 아니라 원자량의 순서와 수정
가능성에 대해 과학적인 근거를 제공했다.

인류는 오랜 기간 '인류의 기원' 과 '물질의 구성 요소' 에 대해 끊
임없이 탐구해왔다. '인류의 기원' 은 다윈의 연구 결과 해답이 제시
되었고, '물질의 구성 요소' 는 19세기에 와서야 그 해답을 찾을 수

▶ 멘델레예프는 화학사상 최초로
원소의 주기율표를 작성했다.
이로써 서로 상관관계가 없어
보이는 원소들 사이의 산술적
관계를 정립하여 근대 화학의
발전을 이끌었다.

있었다.

일찍이 고대 그리스와 중국에서 물질의 구성 요소에 대한 학설이 제기된 바 있다. 고대 그리스인들은 만물이 물, 흙, 불, 공기로 구성되어 있다고 여겼고 중국에서는 오행 학설이 유행했다.

그러나 과학의 발달과 함께 이러한 학설은 점점 설 자리를 잃었고, 특히 18,19세기에 들어와서는 50여 개에 달하는 원소들이 새로 발견되었다. 학자들은 새 원소를 발견한 데 그치지 않고 원소들 간의 차이를 밝혀내기 시작했다. 즉 원소의 성질과 상태를 연구해 그 상관 관계를 찾아내고 과학적인 근거에 따라 분류하고자 시도한 것이다.

1820년대에는 독일의 되베라이너(Johann Wolfgang Döbereiner)가 가장 먼저 3가원소(triad)[95] 분류법을 제기했으며, 여기에는 염소–브롬–요오드, 칼슘–스트론튬–바륨, 황–셀렌–텔루르 등이 있다. 1860년대에는 마이어(Lothar Meyer)가 되베라이너의 연구 결과를 바탕으로 원자량의 순서에 따라 그가 발견한 원소들을 배열해 주기율표를 만들었다. 그러나 그가 만든 주기율표는 원자량과 원소의 관계를 산술적으로 밝혀내지는 못했다.

그 뒤를 이어서 영국의 화학자 뉴랜즈(John Alexander Reina

멘델레예프(1834~1907년)

시베리아에서 태어났고, 독일에서 유학한 후 상트페테르부르크 대학에서 교편을 잡았다. 무기화학 강의를 준비하던 중에 그는 교재의 내용이 지나치게 시대에 뒤떨어진다는 점을 발견하고 자신이 새롭게 교재를 집필할 것을 결심했다. 그러나 원소의 순서 배열이 엉망인 관계로 집필 과정은 쉽지 않았다. 그래서 먼저 원소를 과학적인 방법으로 분류하는 작업에 돌입했다. '원소 주기율표'는 이러한 그의 부단한 노력으로 탄생한 것이다.

◀ 원소 주기율표 탄생 기념우표

---

95) 화학적으로 성질이 비슷하고, 한 원소의 원자량이 다른 두 원소의 원자량 평균치와 거의 같은 세 원소가 짝을 이루는 것을 가리키는 용어

Newlands)가 '옥타브의 법칙(law of octaves)'을 발표했다. 이는 화학 원소를 원자량이 증가하는 순서로 배열하면 8번째마다 물리적, 화학적 성질이 유사한 원소가 나타나는 규칙이다. 그러나 순서가 올바르지 않고 새로 발견되는 원소를 고려하지 않았다는 문제점이 있었는데, 이러한 문제점들은 1869년에 러시아의 화학자 멘델레예프가 원소 주기율표를 발표하면서 비로소 해결되었다.

멘델레예프는 원소의 성질과 상태의 상호 관계를 조사해 원소들의 분류 체계를 연구했다. 그리고 모든 원소를 원자량의 증가순으로 배열한 결과 원소들의 성질에 주기성이 있음을 발견했다. 또 당시 발견된 원소 60여 종 가운데 원자량과 원자가原子價가 틀린 원소들을 대거 찾아냈다. 그는 이 원소들의 제대로 된 원자량과 원자가를 산출하고 다시 배열해 최초의 원소 주기율표를 작성했다.

또한 멘델레예프는 새로운 원소의 발견을 예견하고 주기율표에 그 원소들을 채워 넣을 빈 칸을 남겨두었다.

원소 주기율표의 등장은 물질의 구성에 대한 인류의 사고를 전환하는 계기가 되었다. 주기율표의 규칙에 따라 새로운 원소를 발견하는 것이 가능해졌을 뿐만 아니라 원자량의 순서와 수정 가능성에 대해 과학적인 근거를 제공했다.

보불 전쟁(프랑스-프로이센 전쟁)

시기 : 1870년 7월 19일~1871년 5월 10일
인물 : 빌헬름 1세, 비스마르크, 나폴레옹 3세
영향 : 보불 전쟁(Franco-Prussian War)에서 승리한 프로이센은 마침내 통일을 이룩하고 독일제국을 건설했다. 독일제국은 유럽 대륙의 패권자 자리에서 프랑스를 밀어내고 군사·정치 강국으로 올라섰다.

나폴레옹 제국이 멸망한 후 빈 회의에서 유럽의 재편 문제가 논의되었고 이 회의에서 독일은 기존의 300여 개 국가를 합병해 연방 국가를 형성했다. 그러나 각국은 여전히 독립적인 자치권을 보유하고 있었으며, 그중에 프로이센과 오스트리아는 독일 연방에서 주도권을 차지하기 위해 치열한 쟁탈전을 벌였다.

프로이센은 자신들이 연방의 통일을 주도하여 독일제국을 세우려는 야망이 있었으나 오스트리아가 버티고 있는 상황에서는 단지 허황된 꿈에 불과했다. 그러던 중 1861년에 빌헬름 1세가 프로이센의 왕으로 즉위했다. '강력한 권력만이 진리'라고 믿었던 그는 의회의 반대도 물리치고 예산을 늘려 군비를 확충하는 한편, 날카로운 지성과 추진력을 겸비한 비스마르크를 총리로 임명해 전쟁 준비를 시작했다.

▲ 철혈 정치를 펼친 비스마르크
프로이센은 외교 수완이 뛰어난 그가 있었기에 보불 전쟁에서 승리할 수 있었다.

1864년부터 프로이센은 독일을 통일한다는 목표를 향해 험난한 여정을 시작했다. 비상한 두뇌와 외교적 안목을 겸비한 비스마르크는 프랑스, 오스트리아, 러시아 사이의 갈등을 독일의 통일에 적극적으로 이용하기로 했다. 즉 프로이센이 오스트리아와 전쟁을 벌일 때 프랑스가 중립을 지키도록 하고, 반대로 프랑스와 전쟁을 할 때는 오스트리아가 끼어들지 않도록 하며, 러시아는 이 두 전쟁에 모두 관여하지 않게 하는 것이었다. 이러한 국제 관계가 형성되면 프로이센은 통일의 발판을 좀 더 수월하게 마련할 수 있었다.

프로이센은 먼저 오스트리아와 연합해 덴마크를 공격하고, 바로 오스트리아에 등을 돌려 오스트리아를 곤경에 빠뜨렸다. 그리고 그

▲ 보불 전쟁은 프로이센의 승리로 끝이 났다. 빌헬름 1세는 베르사유에서 즉위식을 거행하고 독일제국의 황제 자리에 올랐다.

틈을 이용해 주도적으로 '북독일 연방'을 구성했다. 이때, 오스트리아가 연방에서 탈퇴했다고는 하나 바이에른공국, 바덴공국 등 남부 지역은 여전히 프랑스의 비호 속에 독립적인 정권을 유지하고 있었다. 프로이센은 해마다 계속되는 전쟁으로 지친 국민을 독려하며 민족정신을 고취하고 단결력을 응집시키기 위해 프랑스와 전쟁을 일으켰다.

당시 프랑스는 산업 혁명을 끝내고 경제가 매우 발달한 상태였으나 외교적으로는 대외 침략 정책을 고수하고 있었다. 또 나폴레옹 3세는 자신의 통치 기반을 확고히 다지고자 군사 독재를 실시했는데, 이는 시간이 지날수록 국민의 반감을 샀다. 이러한 국내의 위기를 벗어나고자 프랑스는 대외 전쟁을 빈번하게 일으켰다.

당시 내전을 벌이고 있던 스페인은 독일의 귀족이 스페인 국왕이 되어주기를 바랐는데, 유럽에서 세력을 확장하고자 했던 프랑스가 여기에 반대하고 나섰다. 그러자 비스마르크는 스페인의 왕위 계승권을 문제 삼아 프랑스와 전쟁을 일으켰다.

▶ 군사들의 사기를 북돋우기 위해 직접 전쟁에 참가한 빌헬름 1세가 전쟁터에서 서한을 받고 있는 장면

1871년에 프로이센은 프랑스와의 전쟁에서 승리를 거두고 마침내 통일로 향하는 길에 가장 큰 걸림돌을 제거했다. 이 결과 남부 독일의 공국 네 곳이 독일 연방에 가입했고, 독일은 프랑스의 알사스, 로렌 지방을 모두 차지했다.

전쟁에 패배한 프랑스는 막대한 배상금을 치르느라 경제가 파탄 나고 정치적으로도 반란이 일어나 나폴레옹 3세가 실각했다. 반면에 보불 전쟁에서 승리한 프로이센은 마침내 통일을 이룩하고 독일 제국을 건설했다. 독일제국은 유럽 대륙의 패권자 자리에서 프랑스를 밀어내고 군사 · 정치 강국으로 올라섰다.

비스마르크(1815~1898년)

독일의 초대 총리로 '철혈 정책'을 주도했다. 그가 총리로 취임한 후 프로이센은 독일 통일을 목표로 험난한 여정을 시작했다. 그러나 프로이센–덴마크 전쟁, 프로이센–오스트리아 전쟁, 프로이센–프랑스 전쟁을 승리로 이끌며 마침내는 독일제국을 통일했다. 그의 뛰어난 외교 수완은 독일을 통일하는 데 결정적 역할을 했다고 평가받는다.

전화 발명

시기 : 1876년
인물 : 벨
영향 : 전화가 발명된 후 이를 기반으로 20세기 초에 무선 통신이 등
      장했고, 20세기 중엽부터는 통신 산업이 비약적으로 발전했다.

▲ 벨의 초상

현대인의 생활은 전화와 휴대폰을 떠나서는 생각할 수조차 없을 것이다. 지구촌 어디를 막론하고 짧은 시간에 정보 교류가 가능하기 때문이다. 그러나 1875년에 벨이 인류 최초로 전화 통화를 성공시킬 때만 해도 전화가 인류에게 이처럼 큰 영향을 끼칠 것이라고는 그 누구도 생각조차 하지 못했다.

사회가 형성되면서 교류와 소통은 필수적인 것이 되었다. 초기에는 배달부나 역참을 이용해 소식을 전하고 교류가 이루어졌다. 그러나 거리가 먼 경우에는 매우 많은 시간이 소요되었다. 특히 변경 지역에 변고가 발생하거나 외적의 침입이라도 받게 되면 수도에 이 소식을 전하기까지 시간이 너무 많이 걸려 군사적, 경제적으로 막대한 손실이 발생했다.

근대 사회에 접어들어 기차, 선박 등의 교통수단이 등장함에 따라 통신은 장족의 발전을 했다. 한편, 갈수록 세계 각국의 교류가 활발해지자 국제 통신의 필요성이 대두되었다. 좀 더 간편하고 좀 더 신속한 교류를 위해서는 원거리 통신 수단이 절실했던 것이다. 17세기 말에서 18세기 초에 전기가 발명되면서 통신 기술이 발전할 수 있는 계기가 마련되었다.

전기를 이용한 최초의 통신 도구는 '전보'였다. 1844년에 미국의 발명가 모스(Morse)가 발명한 전보는 마침내 원거리 통신에 대한 인류의 꿈을 이루어주었다. 전보는 무서운 속도로 전 세계에 전파되었다.

전보의 탄생을 계기로 더 많은 사람들이 전신 연구에 매진했다. 특히 소리를 전달하는 방법에 관해 활발한 연구가 진행되었다. 전보의 송수신 과정은 전화 연구에 돌파구를 마련했다. 1861년에 독일의

◀ 벨과 그의 가족

물리학자 라이스(Johann Philipp Reis)가 최초의 전기식 전화를 발명했고, 그의 시도는 벨의 연구로 더욱 발전되었다.

　벨은 본래 청각 장애인들을 가르치는 교사로, 듣고 말하는 생리 기능에 대한 학식이 풍부했다. 1873년에 다중 전신[96]을 연구하던 중 그는 전보에 사용되는 전기 자석이 전기 신호를 기계 운동으로 바꿀 수 있다면 소리도 전신으로 전달할 수 있다는 영감이 떠올랐다. 이에 수없이 실험을 거듭한 끝에 전기 자석을 이용해 소리를 전류로 바꾸고 전선을 통해 이 전류를 먼 거리까지 수송할 수 있다는 결론에 도달했다. 또 같은 원리로 전류를 다시 소리로 바꿀 수도 있다고 생각했다. 그는 이러한 생각을 바탕으로 마침내 최초의 전화를 발명하는 데 성공했다.

　1867년에 미국 정부가 벨의 전화 발명을 인정하면서 그는 전화에 대한 특허권을 획득했다. 곧이어 벨은 최초의 전화 회사를 설립했다. 보스턴에 가면 지금도 "1875년 6월 2일 이곳에서 전화가 탄생하다"라는 문구가 적힌 동판을 볼 수 있다.

---

96) 전신의 통신로 수를 2개 이상으로 하는 장치
97) 발음할 때의 입술이나 혀의 움직임을 보고 발음법을 익히는 방법

벨

알렉산더 그레이엄 벨(Alexander Graham Bell, 1847~1922년)은 스코틀랜드 에든버러에서 출생했다. 그의 부친은 청각 장애인 교육에 종사했고, 벨은 부친의 영향으로 음성학, 언어에 깊은 관심을 보였다. 대학에서 생리학 분야를 전공하고 보스턴 대학에서 교수로 재직했다. 1871년 4월에 '시화법(Visible Speech)[97]'을 강의하며 유명해지기 시작했고, 1873년에 보스턴 대학의 음성생리학 교수로 재직하며 미국 국적을 취득했다. 1874년에 전화의 원리를 밝혀내고 그 이듬해에 최초의 전화를 발명했다.

　최초로 만들어진 전화는 음질이 썩 좋지는 않았다. 그러나 통신의 일대 혁명이었다는 점은 누구도 부인할 수 없을 것이다. 전화가 발명된 후 이를 기반으로 20세기 초에 무선 통신이 등장했고, 20세기 중엽부터는 통신 산업이 비약적으로 발전했다. 특히 구소련과 미국이 차례로 인공위성을 발사하며 1964년에 제18회 도쿄 올림픽을 생중계하는 데 성공했다. 뒤이어 등장한 인터넷은 전신, 방송, 대중 매체와 결합하며 새로운 인터넷 세상을 열었다.

액정의 등장

시기 : 1888년
인물 : 라이니처, 레만
영향 : 액정은 일상생활과 공업 생산 분야에서 다양하게 활용되고 있다. 미래에는 더 많은 분야에서 더 많은 기능을 발휘할 것으로 기대된다.

20세기 최고의 발명품은 'TV'라고 해도 과언이 아닐 것이다. 21세기에 디지털 시대의 막이 오르면서 'TV' 역시 새 시대를 맞이했다. 초기의 흑백 TV에서 컬러 TV, 고화질 HD TV, 그리고 후면투사(Rear Projection) TV를 거쳐 마침내 액정 TV가 등장했다. 아마도 미래의 TV는 더욱 얇고 휴대하기 간편하며 색채가 선명하고 전기료도 적게 들면서 수명은 긴 단말 제품이 될 것으로 기대된다.

액정은 1850년에 프로이센의 한 의사가 신경 섬유 추출물에서 처음 발견했다. 그 뒤 1877년에 독일의 물리학자 레만(O. Lehmann)이 편광 현미경을 통해 액정 현상을 관찰했다. 1883년에는 오스트리아의 생리학자 라이니처(F. Reinitzer)가 콜레스테릴 벤조에이트(Cholesteryl Benzoate)를 가열하던 중에 벤조산콜레스테릴의 온도가 145.5℃에 도달하면 융해되어 광채를 내는 혼탁한 물질이 생기는 현상을 발견했다. 그러다 온도가 178.5℃가 되면 광채가 사라

레만 기금

라이니처와 함께 액정을 발견한 레만은 '액정의 아버지'로 불린다. 레만이 세상을 떠난 후 그의 업적을 기념하고 액정 사업을 발전시키기 위해 '레만 기금'이 설립되었다. 독일 킬 대학이 교수 세 명이 발족하고 로베르트 보슈(Robert Bosch GmbH) 그룹의 투자로 설립되었으며, 액정 분야에서 대학 졸업 논문과 박사 논문을 발표한 젊은 과학자들에게 격려금을 지원한다.

◀ 레만이 사용했던 편광 현미경

지고 투명한 상태의 액체로 변했다. 이 액체를 냉각시키면 푸른색을 띠었고, 결정이 생기기 바로 전에는 남보라색을 띠었다.

라이니처는 자신이 관찰한 현상을 레만에게 알렸고 레만은 곧 이 물질에 대한 연구에 매진했다. 그 결과 1888년에 이 물질이 '유동성 있는 결정체'라는 사실을 발견하고 '액정'이라 명명했다. 그리고 라이니처와 레만은 '액정의 아버지'라는 별칭을 얻었다.

이렇게 액정이 발견되기는 했지만 초기에는 그 용도가 매우 모호했다. 1968년에 와서야 전자 공업의 원료로 사용되기 시작했고 지금은 모니터 재료로 주로 사용된다.

미래에는 더 많은 분야에서 더 많은 기능을 발휘할 것으로 기대된다.

노벨상 설립

시기 : 1901년

인물 : 노벨

영향 : 노벨상(Nobel Prize)은 당대의 뛰어난 과학자들을 고무해 과학 발전을 촉진하고 문화 교류를 확대하여 과학과 문화의 발전에 이바지했다.

노벨상은 당대 최고의 과학자들에게 수여하는 최고의 영예라고 할 수 있다.

노벨상을 창시한 알프레드 베른하르드 노벨(Alfred Bernhard Nobel, 1833~1896년)은 스웨덴의 평범한 가정에서 태어났다. 부친과 함께 여러 나라를 다니며 많은 견문을 익힌 그는 발명을 좋아했고 다이너마이트를 개발하는 데 심취했다. 1876년에 폭발성 젤라틴을 개발했고, 그로부터 13년 후인 1890년에 최초의 니트로글리세린 무연화약 발리스타이트(ballistite)를 발명해 '다이너마이트의 왕'으로 불렸다. 그 후에도 다양한 종류의 다이너마이트와 폭약 제조 기술, 도구 등을 발명해 영국에 신청한 기술 특허가 300여 건에 달했다.

그는 다이너마이트 연구에 그치지 않고 세계 각지에 공장 100여 곳을 설립해 큰돈을 벌었다. 그러나 재물에 크게 연연해하지 않고

▲ 알프레드 베른하르드 노벨

◀ 노벨의 유언장

▲ 노벨문학상 메달

노벨위원회

노벨의 유언에 따라 기금으로 설립한 4개 기구로 노벨상의 합법적인 관리 기관이다. 노벨상 수상자 평가단을 지정할 뿐 직접 선정과 수상에 관여하지는 않는다. 노벨상 수상자들에게는 상금과 함께 메달과 증서가 수여된다.

자신의 재산으로 기금을 설립해 각 분야에서 인류의 발전에 뛰어난 인물과 단체를 선정해서 포상하라는 유언을 남겼다.

1895년에 노벨은 자신의 유언장에 서명했다. 유언장에 따르면 노벨이 남긴 재산 920만 달러로 기금을 설립해 위험성이 적은 곳에 투자하고, 그 이자를 포상 금액으로 지급하게 된다. 노벨상은 물리, 화학, 생리학 또는 의학, 문학, 평화 등 다섯 분야에서 선정하며 국가, 인종, 종교, 민족에 상관없이 '인류에 가장 큰 공헌을 한 사람'에게 수여한다.

유언장에는 노벨상 수여 기관이 스웨덴 왕립 과학 아카데미(물리학, 화학), 스웨덴 카롤린스카 의학 연구소(생리학 또는 의학), 스웨덴 아카데미(문학), 그리고 노르웨이 국회(평화)로 명시되었다.

노벨이 세상을 떠난 후 바로 노벨상 위원회가 설립되었으며, 그의 유언에 따라 사망 5주기인 1901년부터 노벨상이 수여되었다. 노벨위원회는 노벨상 선정, 수여와 관련해 구체적인 방안을 마련했다. 즉 한 분야의 수상자는 세 명을 초과할 수 없으며 합당한 수상자가 없으면 상금은 그 다음해로 넘어간다.

노벨상은 매년 스웨덴의 수도 스톡홀름과 노르웨이의 수도 오슬로에서 수여되었으나 세계 1,2차 대전이 진행되던 수년 동안은 수상자를 선정하지 못했다. 노벨상 상금은 기금 투자 금액의 이자로 지급되므로 매년 변화가 있으나 같은 해 수상자들의 상금은 모두 동일하다.

스웨덴 중앙은행(리크스방크)은 설립 300주년을 기념해 노벨 경제학상을 추가로 설정했다. 상금은 은행에서 지급되지만 선정 원칙은 상기 5개 분야와 같으며 1965년부터 수상자를 선정했다.

노벨상은 당대 뛰어난 과학자들을 고무해 과학 발전을 촉진하고 문화 교류를 확대하여 과학과 문화의 발전에 이바지했다.

비행기의 등장

시기 : 1903년
인물 : 라이트 형제
영향 : 오늘날 비행기는 세계를 지구촌으로 만들며 인류 생활에 없어서
는 안 될 교통수단으로 자리매김했다. 그뿐만 아니라 비행기의
탄생으로 광활한 우주 공간의 탐색에 대한 토대가 형성되었다.

인류는 날고 싶은 욕망을 타고나는지도 모른다. 신화에 등장하는 하늘을 나는 신들의 모습에는 하늘을 나는 비행에 대한 인류의 동경이 짙게 배어난다. 상상은 창조의 어머니라고 했던가? 날고 싶은 욕망은 비행의 비밀을 밝혀내려는 시도로 바뀌었다. 1,000여 년 전에 등장한 '연'이 가장 좋은 예일 것이다. 하늘을 향한, 비행을 향한 인간의 욕망은 때때로 생명의 위협도 감수하는 강한 집착으로 나타났다.

그러나 욕망을 실현하려면 지혜와 기술이 필요하다. 초기에 인류는 자신들도 새처럼 날 수 있는 능력이 있다고 믿었지만 그것은 허황된 꿈에 불과했다. 과학 기술의 발전과 더불어 마침내 비행은 외부의 힘을 빌어야 한다는 사실을 깨닫게 되었다. 이러한 관념을 반영하듯 1780년대에 열기구가 처음으로 등장했다. 열기구는 비행에 대한 인류의 열망에 다시 한 번 불을 지폈다.

기구를 이용한 비행이 성공 단계에 이르면서 수소 기구, 비행선 등도 속속 등장했다. 특히 노르웨이의 한 비행선은 북극 항로를 개척하는 데 성공하기도 했다. 이때부터 비행선을 타고 하늘을 누비는 것이 유행처럼 번졌다. 그러나 비행선이 인기를 얻으면서 비행 사고도 빈

◀ 각종 잡지를 장식한 라이트 형제

▶ 비행기 실험 중인 라이트 형제

**라이트 형제 메달
(Wright Brothers Medal)**

항공 산업에서 라이트 형제의 공헌을 기리고 항공 산업 종사자들의 불굴의 의지를 고무시키기 위해 1924년에 미국 엔지니어 연합(AAE, American Association of Engineers)이 설립한 기금으로 공기 역학, 구조 공학, 항공렛裡 분야에서 새로운 학설을 발표한 사람들에게 수여하는 상이다. 이 밖에도 라이트 형제의 이름으로 명명된 상에는 '라이트 형제 항공학 강좌(Wright Brothers Lectureship in Aeronautics)', '라이트 형제 기념 강좌(Wibur and Orvile Wright memorial Lecture)' 등이 있다.

번하게 발생했다. 사람들은 좀 더 안전한 비행 수단을 연구하기 시작했다.

비행선이 비행기를 발명하는 데 영감을 제공하기는 했으나 그 근원을 좀 더 추적해 올라가면 아마도 '연'일 것이다. 19세기 초에 조지 켈러 공이 연의 원리를 이용하여 처음으로 사람이 탑승한 유인 행글라이더를 제작했다. 그리고 1853년에 비행에 성공했다.

그러나 현대적 의미의 비행기는 20세기 초에 라이트 형제가 제작한 것을 가리킨다. 어릴 때부터 비행에 관심이 많았던 형제는 중학교를 졸업하고 나서 자전거 상점을 경영하며 자신들의 연구에 필요한 자금을 마련했다. 또 비행 이론을 공부하면서 과거 경험자들의 성과를 분석해 수없이 실험한 결과, 마침내 최초의 비행기 '플라이어'를 제작하는 데 성공했다.

이 비행기는 가벼운 목재로 골격을 짜고 범포로 날개를 만들었다. 두 날개는 이륙에 필요한 동력을 제공하고, 방향키를 장착해 방향을 조정할 수도 있었다. 조종사는 아래쪽 날개 정중앙에 엎드린 채 비행에 임했다.

1903년은 라이트 형제가 첫 비행을 시도한 해이다. 동생 오빌 라이트가 플라이어에 탑승해 12초 동안 비행에 성공한 것이 인류 최초

의 비행으로 기록되었다. 이 비행은 "공기보다 무거운 기계는 날 수 없다."라는 기존의 관념을 타파하는 계기가 되었다.

그 후 라이트 형제는 수차례 개조를 거쳐 비행시간을 두 시간까지 늘려 항공 산업의 신기원을 열었다. 금속 비행기, 제트기 등이 속속 등장했으며, 비행 속도와 안전감도 더욱 향상되었다. 또 음속장벽과 고온 장애 문제 등이 해소되면서 비행기는 가장 사랑받는 교통수단의 반열에 오를 수 있었다.

오늘날 비행기는 세계를 지구촌으로 만들며 인류 생활에 없어서는 안 될 교통수단으로 자리매김했다. 그뿐만 아니라 비행기의 탄생으로 광활한 우주 공간의 탐색에 대한 토대가 형성되었다.

상대론 제기

시기 : 1915년
인물 : 아인슈타인
영향 : 상대론의 등장으로 기존에 인정받았던 물리학계의 시공 관념과
　　　물질관은 무너졌다. 또 원자 에너지, 천문학, 항공우주학 발전
　　　에 이론적 토대를 마련하여 물리학의 새 장을 열었다.

　뉴턴의 역학 법칙이 탄생한 후 200년 동안 물리학계에는 긴 침묵
의 시간이 흘렀다. 이러한 침묵은 상대성 이론과 양자론이 등장하면
서 비로소 깨졌다. 양자론이 수많은 물리학자들의 공동 작품이라면,
상대성 이론은 오직 아인슈타인이라는 천재학자 한 명이 탄생시켜
세상에 선을 보인 것이다.

　19세기 중엽부터 물리학이 다시 꽃피우기 시작했다. 1851년에 패
러데이가 '전자기 유도의 법칙'을 발표하고 2년 후 영국의 물리학자
줄(James Prescott Joule)이 '에너지 보존의 법칙'과 에너지 전환의
관계를 밝혀냈다. 스코틀랜드의 물리학자 맥스웰(Maxwell, James

▶ **현대물리학의 창시자 아인슈
타인**
상대성 이론은 그의 가장 큰 업
적으로 꼽힌다.

Clerk)은 전자기학을 완성하고 열역학과 통계물리학의 기초를 세웠다. 당시 학자들은 물리학의 틀은 이미 잡혀 있으므로 세부적인 오류를 해결하는 데 역점을 두었다. 그러나 광전 효과(Photoelectric effect), 방사성 원소, 전자 운동 등 아직 원리가 밝혀지지 않은 문제가 산재했다.

이러한 문제들은 천재적인 물리학자 아인슈타인이 등장하면서 기적처럼 한꺼번에 해결되었다. 아인슈타인은 특히 맥스웰의 전자기학에 관심을 기울이며 연구에 매진했다. 그 결과 전자기 복사 현상의 가상적 매체, 즉 에테르(ether)가 전혀 불필요한 존재임을 발견했다. 뉴턴의 절대 시공 개념이 지배적인 당시로서는 모두 광파의 전파 매질 에테르의 존재를 믿어 의심치 않았다. 따라서 물리학의 새 장을 열기 위해서는 이러한 절대 시공 개념에서 벗어날 필요가 있었다.

1905년에 아인슈타인은 《빛의 발생과 변화에 관련된 발견에 도움

아인슈타인

아인슈타인은 1879년 3월 14일에 독일 뷔르템베르크 울름의 유대인 가정에서 태어났다. 유년기에는 평범한 아이들보다 다소 아둔하다는 평을 들었으나 열다섯 살에 혼자 밀라노로 이주한 후 이듬해에 스위스의 중학교로 전학했다. 1896년에 취리히 연방 공과대학 물리학과에 입학해 1900년에 졸업했다. 1933년 10월에 독일 나치의 핍박을 피해 미국으로 건너가 프린스턴 대학에서 교수로 재직하다가 미국 국적을 취득했다. 상대성 이론의 제시는 그의 가장 큰 업적으로 평가받는다.

◀ 아인슈타인

이 되는 견해에 대하여(Über einen die Erzeugung und Verwandlung des Lichtes betreffenden heuristischen Gesichtspunkt)》라는 논문을 발표해 광양자[98]에 대한 가설을 제시하며 빛의 신호와 속도 관계를 소개했다. 그리고 그해 5월 《동하는 물체의 전기역학에 대하여(Zur Elektrodynamik bewegter Krper)》라는 논문을 다시 발표해 특수 상대성 이론을 제시했다. 이 상대성 이론을 이용해 '맥스웰 방정식[99]'과 '도플러 효과와 광행차光行差 이론', '빛 에너지의 변환' 등의 문제를 해석했으며, 특히 두 세기 동안 물리학계를 지배했던 기존 학설을 뒤집으며 물리학의 신기원을 열었다.

1907년에 그는 다시 관성 질량과 중력 질량이 같다는 등가원리를 발표해 일반 상대성 이론의 포문을 열었다. 1913년에는 특수 상대성 이론에 중력 이론을 더해 일반 상대성 이론을 제기했으며 1916년에 《일반 상대성 이론의 기초(Die Grundlagen der allgemeinen Relativitätstheorie)》를 발표했다. 1917년에는 일반 상대성 이론과 우주학을 결합한 논문을 발표해 우주학의 탄생을 알렸다.

1937년에 일반 상대성 이론을 더욱 발전시켜 시간, 물질, 운동의 통일성을 밝혀냄으로써 또 하나의 물리학적 성과를 거두었다.

상대론의 등장으로 기존에 인정받았던 물리학계의 시공 관념과 물질관은 무너졌다. 또 원자 에너지, 천문학, 항공우주학 발전에 이론적 토대를 마련하여 물리학의 새 장을 열었다.

아인슈타인은 1955년 4월 18일에 미국 프린스턴에서 숨을 거두었다.

---

98) 빛의 입자
99 전기장과 자기장의 관계를 기술하는 4개 방정식

제1차 세계대전

시기 : 1914~1918년
영향 : 한편 러시아에서는 정부가 대외 전쟁으로 정신없는 틈을 타 무
산 계급이 제국주의의 사슬을 끊고 세계 최초의 사회주의 국가
를 건설했다. 이는 아시아, 아프리카, 라틴아메리카 대륙의 민
중을 크게 고무해 민족 해방 운동의 물꼬를 텄다.

1870년에서 1871년에 걸쳐 일어난 프랑스–프로이센 전쟁은 프로
이센의 승리로 막을 내렸다. 전쟁을 먼저 일으켰으나 패배한 프랑스
는 프로이센과 굴욕적인 강화 조약을 맺었고, 이에 반대하는 민중의
봉기가 끊이지 않았다. 반면에 프로이센은 프랑스가 지급한 막대한
전쟁 보상금을 바탕으로 단숨에 경제 강국으로 부상했다.

프로이센은 유럽 대륙의 패권자로서 위치를 공고히 하고 프랑스
의 보복을 막기 위해 주변국들과 외교 관계를 다지는 데 주력했다.
철혈 재상으로 불리며 뛰어난 외교 수완을 발휘했던 비스마르크는
러시아, 오스트리아–헝가리제국과 '삼국 동맹'을 맺어 프랑스를 고
립시키는 데 성공했다. 그러나 러시아와 오스트리아–헝가리제국 사

◀ 제1차 세계대전은 총 30개국이
참전해 15억 인구가 전쟁의 고
통에 시달렸다. 러시아와 독일,
오스트리아가 결전을 벌인 동부
전선, 영국과 프랑스, 독일이 결
전을 벌인 서부 전선, 그리고 세
르비아와 오스트리아–헝가리
제국의 발칸 반도 전선[100]이 주
요 전역에 해당하며, 마른 전투
(First Battle of the Marne), 베
르됭 전투(Battle of Verdun), 솜
전투(Battle of Somme) 등으로
유명한 서부 전선의 전투가 가
장 격렬했다.

---

100) 남부 전선이라고도 함

이에 발칸 반도 문제가 불거지면서 '삼국 동맹'은 와해되고 말았다. 비스마르크는 국제 판도와 이권을 고려해 오스트리아-헝가리제국의 편에 서고 비밀리에 동맹 조약을 맺었다.

당시 이탈리아와 프랑스는 북아프리카 식민지 문제로 갈등을 빚고 있었다. 이러한 관계를 눈치 챈 비스마르크는 이탈리아를 자국과 오스트리아-헝가리제국 간의 동맹에 가담시키는 데 성공했다. 한편 독일이 오스트리아-헝가리제국과 비밀 동맹을 맺은 사실이 결국 러시아의 귀에 들어갔다. 이때 비스마르크는 발 빠르게 또 한 번 외교 수완을 발휘하여 러시아와 다시 비밀 조약을 맺었다.

그러나 비스마르크가 역사의 무대 뒤로 사라진 후 독일과 러시아 동맹은 약화될 수밖에 없었다. 이 틈을 이용해 프랑스는 러시아에 경제 원조를 하며 동맹을 이끌어냈다.

자본주의 경제가 발달하면서 식민지 쟁탈전이 더욱 치열해졌다. 새로운 경제 강국으로 부상한 독일, 미국, 일본 등은 해외 시장을 놓고 기존의 자본주의 국가들과 경쟁을 벌이는 것이 불가피했다. 이에 미국-스페인 전쟁, 영국-트란스발공화국 전쟁, 러일 전쟁 등이 발발했고 특히 독일과 영국이 첨예하게 대립했다. 영국은 '고립

▼ 전쟁이 끝난 후 개선하는 동맹군

주의[101]' 정책을 포기하고 프랑스, 러시아와 각각 양해 각서를 체결하여 식민지 분쟁을 해결했다. 곧이어 영국, 프랑스, 러시아의 삼국 협약이 체결되었다.

이 같은 국제 정세 속에서 각국은 자국의 이권을 보호하고자 경쟁적으로 군비를 확충했고, 그에 따라 전쟁은 일촉즉발의 상황으로 치달았다. 이때 발생한 사라예보(Sarajevo) 사건이 제1차 세계대전의 도화선이 되었다.

당시 오스트리아의 페르디난트 대공 내외가 보스니아의 수도 사라예보를 방문했다가 세르비아 청년에게 암살당하는 사건이 발생했다. 오스트리아-헝가리제국이 이 사건을 빌미로 전쟁을 일으키자 러시아, 독일, 영국, 프랑스 등이 속속 참전하면서 결국 전 유럽이 전쟁의 소용돌이에 휩싸였다. 이어서 아시아, 아프리카에까지 전란의 불길이 번져 참전국은 38개국으로 늘어났고 15억 인구가 전쟁의 고통에 시달리는 세계 대전으로 발전했다.

1914년 7월 28일에 오스트리아-헝가리제국이 일으킨 이 전쟁은 1918년 11월 11일에 독일이 항복을 선포하면서 4년 만에 비로소 종식되었다.

제1차 세계대전은 참전국의 국력을 소진하며 구미의 판도에 변화를 가져왔다. 패전국 독일은 막대한 전쟁 보상금을 지급하며 유럽의 패권자 자리에서 물러나게 되었고, 영국과 프랑스는 비록 승전국의 명예는 얻었지만 전쟁으로 국력을 소진해 당분간 회복기가 필요했다. 반면에 미국은 유일한 수혜국으로 구미의 최대 강국으로 떠올랐다.

한편 러시아에서는 정부가 대외 전쟁으로 정신없는 틈을 타 무산계급이 제국주의의 사슬을 끊고 세계 최초의 사회주의 국가를 건설했다. 이는 아시아, 아프리카, 라틴아메리카 대륙의 민중을 크게 고무해 민족 해방 운동의 물꼬를 텄다.

사라예보 사건

20세기 초에 튀르크족의 지배에서 벗어난 세르비아는 발칸 반도를 차지하려는 유럽 열강의 눈엣가시였다. 특히 군사 훈련을 핑계로 발칸 반도에 진입하려 계획하던 오스트리아-헝가리제국에 '사라예보 사건'은 더없이 좋은 핑곗거리가 되었다.

당시 세르비아 정부는 보스니아의 수도 사라예보를 방문한 오스트리아의 페르디난트 대공 내외가 암살 대상이라는 사실을 미리 간파하고 사전에 오스트리아-헝가리제국에 이를 알렸다. 그러나 오스트리아-헝가리제국이 이를 못 들은 척 일관하여 결국 사라예보 사건이 발생한 것이었다.

---

101) 다른 나라와 연합하지 않는 방침

러시아 10월 혁명

시기 : 1917년
인물 : 레닌
영향 : 러시아 10월 혁명의 성공으로 인류 역사상 최초로 사회주의 국
　　　가가 등장했다.

▲ 레닌은 1924년 1월 21일에 병으
로 세상을 떠났다. 향년 54세.

상대적으로 경제가 낙후되었던 러시아는 제1차 세계대전에 참전
하면서 국력을 많이 허비했다. 공업 경제가 파탄 나고 실업 인구가
크게 증가했다. 굶주림에 지친 민중의 불만은 점점 높아만 갔고 내
부 갈등도 심화되었다.

1917년에 결국 분노에 찬 민중이 봉기하면서 2월 혁명이 발생했
고, 니콜라스 2세는 단 8일 만에 실각하고 말았다.

혁명 기간에 러시아의 무산 계급은 그들만의 정권 소비에트를 결
성하고 실권을 장악했다. 그런 한편 자본가 계급도 정권 구도에서
밀리지 않으려 소비에트 공산주의자 일부를 회유해서 임시 정부를
발족하고 정부 기관을 구성했다. 두 계급의 정권 투쟁이 치열해지면
서 갈등은 더욱 심화되었다.

당시 소비에트 정권은 온건 혁신파인 멘셰비키 당이 장악하고 있

▶ 러시아혁명
　1917년 10월 17일, 레닌이 이끄
는 볼셰비키 당이 무장 봉기를
일으켜 정권을 장악했다.

▲ 10월의 승리

레핀(Il'ya Efimovich Repin), 1911년 작. 10월 혁명이 성공한 후 거리로 몰려나온 민중이 승리를 축하하고 있다. 10월 혁명은 과연 러시아의 새로운 출발을 알리는 신호탄이었을까?

었고, 그들은 노동자 계급이 전권을 손에 쥐는 데 반대했다. 노동자 계급의 리더 레닌이 유배되어 있는 상황이었기에 멘셰비키와 자본가 계급이 서로 결탁하면서 임시 정부가 소비에트 정권을 압도하게 되었다. 임시 정부는 제1차 세계대전에서 그만 물러나야 한다는 국내의 반전 분위기를 무시한 채 전쟁을 지속하는 한편 국내 혁명의 불씨를 끄기 위해 애썼다.

소비에트 정권은 금방이라도 임시 정부에 밀려날 것만 같은 위기를 맞이했다. 바로 이때 유배 중이던 레닌이 상트페테르부르크(레닌그라드)로 돌아왔다. 레닌은 러시아 혁명은 반드시 무산 계급이 주도하는 혁명이 되어야 하며 혁명을 일으킨 후 소비에트 공화국을 건립해야 한다는 내용의 '4월 테제'를 발표했다.

7월, 러시아가 제1차 세계대전에서 패배했다는 소식이 전해지자 분노에 찬 민중이 거리로 뛰쳐나와 시위행진을 했다. 그들은 임시 정부가 정권을 다시 소비에트 정부에 넘길 것을 요구했다. 그러나 임시 정부는 오히려 대규모 군경을 동원해 시위하는 민중을 진압하기 시작했다. 그리고 소비에트 정부를 해산시키고 레닌을 비롯한 소비에트 인사들을 대거 체포했다. 역사적으로 이 사건을 '러시아 7월 봉기'라고 부른다.

▶ 붉은 광장에서 연설하는 레닌
의 모습

레닌

1870년 4월 22일에 러시아 볼가
강 연안에 있는 심비르스크에서
출생한 레닌은 본명이 블라디미르
일리치 울리야노프(Vladimir Ilich
Ulyanov)이다. 러시아 혁명을 추
진하면서 이름을 레닌으로 개명했
다. 1887년에 마르크스주의자가
되어 《자본론》을 연구했고, 1893
년에 상트페테르부르크로 이주한
후 무산 계급 혁명당을 창설하여
이를 이끄는 등 본격적으로 혁명
에 가담했다. 자본주의 국가의 무
장 간섭과 국내 반란을 진압하고
마침내 세계 최초의 사회주의 국
가 소련을 탄생시켰다. 또한 사회
주의 체제에 적합한 경제, 외교 정
책을 수립해 정권을 안정시키고
코 민 테 른 (C o m m u n i s t
International)을 창시해 전 세계적
으로 민족 해방 운동을 전개했다.

임시 정부가
7월 봉기를 잔
인하게 진압하
자 혁명 세력은
지하에서 활동
하기 시작했다.
그리고 8월에
당 대표 대회를
열어 무장 봉기
를 결의했다.
그해 9월, 자본
가 계급이 군사
독재를 감행하
려는 움직임을
보이자 볼셰비
키 당[102]은 이를
진압하고 혁명
의 기세를 높이기 시작했다. 러시아 각지에서 노동자들의 파업이 이
어지고, 군대는 명령에 불복종하고 제멋대로 행동했으며, 농촌에서
는 식량을 강탈하는 사태가 벌어졌다.

마침내 11월 7일(러시아력 10월 25일), 레닌이 직접 혁명을 주도했
다. 단 몇 시간 만에 상트페테르부르크의 교량, 기차역, 전신국, 은
행, 정부 기관 등을 장악하고 저녁 9시 40분경 임시 정부의 마지막
보루였던 동궁(에르미타주)을 포위했다. 이로써 러시아 정권은 다시
소비에트 정부가 장악했다.

다음날 아침 8시경, 마침내 동궁이 혁명군에 함락되고 자본가 계
급이 세운 임시 정부는 와해되었다. 이날 저녁 레닌을 수장으로 하
는 소비에트 정부가 발족되었고 혁명의 물결은 러시아 전역으로 확
대되었다.

러시아 10월 혁명의 성공으로 인류 역사상 최초로 사회주의 국가
가 등장했다.

---

102) 소비에트 정부이자 지하 혁명 세력

파리평화회의 개최

시기 : 1919년 1월 18일~1919년 6월 28일
인물 : 영국 로이드 조지 수상, 미국 우드로 윌슨, 프랑스 조르주 클레
　　　망소, 이탈리아 오를란도, 일본의 사이온지 긴모치
영향 : 파리평화회의(Paris Peace Conference)는 패전국의 식민지 분할과
　　　배상 문제를 협의하기 위해 개최된 회의로 승전국과 패전국의 갈
　　　등을 오히려 격화시키면서 제2차 세계대전의 불씨를 남겼다.

▲ 파리평화회의에 참석한 이사회
　회원국 회원들

　제1차 세계대전이 종식된 후 유럽의 자본주의 국가들은 막대한 국
력을 소진한 반면에 미국은 승전의 최대 수혜국으로 비약적인 경제
발전을 이루며 구미의 최고 패권자로 부상했다. 또 러시아의 10월
혁명을 계기로 세계 각지에서 민족 해방 운동이 일어나면서 국제 정
세는 급변하기 시작했다. 제1차 세계대전의 상처가 채 아물기도 전
에 각국의 이권 투쟁이 전쟁터에서 담판 테이블로 옮겨졌다. 승전국
의 도를 넘는 배상 요구와 이를 감당할 능력이 없는 패전국 사이에
갈등이 격화되고 자본주의와 사회주의 간의 이데올로기 대립, 그리
고 승전국 간의 힘겨루기 등으로 전후 국제 정세는 극심한 혼란 국

◀ 미국, 영국, 프랑스, 이탈리아,
　일본이 주축이 된 파리평화회의
　참석자들

면을 연출했다.

전쟁이 막바지에 이르렀을 무렵 영국, 미국 등은 벌써 전후의 새로운 국면에 대비할 전문가 팀을 구성하기 시작했다. 아직 전란 중임에도 미국의 국무장관이 파리로 이동해서 영국, 프랑스, 이탈리아의 수상을 만나고 전후 청산 문제를 논의하기 위한 물밑 작업과 일정 등을 협의했다.

그리고 전쟁이 끝난 이듬해, 즉 1919년 1월 18일에 미리 협의된 일정에 따라 파리에서 평화회의가 개최되었다. 공식적인 회의가 개최되기 전 미국, 영국, 프랑스, 이탈리아, 일본 5개국 수상은 일주일 전에 미리 만나서 회의 규칙 등을 임의로 제정했다. 러시아(소비에트 공화국)를 제외하고 대부분 참전국이 초청되었으나 수많은 국가가 전체 의사일정에 참여할 수 없었고 일부 동맹국은 회의에 출석할 자격조차 얻지 못했다.

파리평화회의에 참석한 미국, 영국, 프랑스, 이탈리아, 일본 5개국 대표 가운데 일본은 아시아 대륙 침략에 대해 구미 각 국가의 인정을 받기 위해 모든 결정에 침묵으로 일관했다. 마지막에는 최고이사회에서 아예 탈퇴해버렸다. 이탈리아는 다른 나라들보다 전공이 미미해 이사회 회원국 대접조차 제대로 받지 못했다. 결국 파리평화회의는 미국, 영국, 프랑스 간 이권 싸움의 장이 되었다.

승전국들이 자국의 이권을 위해 경쟁국에 대한 견제를 늦추지 않

▶ 파리평화회의 개최 모습

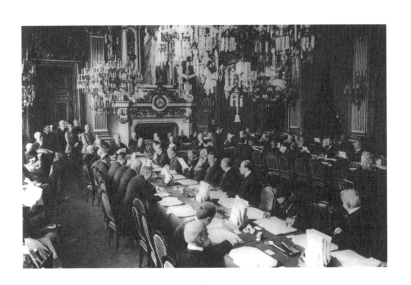

아 회의는 반년 동안이나 아무런 성과를 거두지 못했다. 프랑스는 유럽 대륙의 패권자로서 다시 서기 위해 독일을 최대한 억누르려 했지만, 영국과 미국은 프랑스를 견제하기 위해 독일이 어느 정도 세력을 유지하길 원했다. 그래서 프랑스가 독일에 요구하는 사항마다 제동을 걸었다. 일본은 아시아에서의 입지를 확보하기 위해 독일이 중국 내에서 차지하고 있던 산둥 성 자오저우 만 조차지와 철도, 광산, 방파제, 전선 등의 모든 특권을 독차지하려 했다. 그리고 자국의 요구가 받아들여지지 않으면 평화회의 조약에 서명하지 않겠다며 미국에 압력을 가했다.

이렇듯 각국의 이해관계가 팽팽하게 맞서면서 회의를 개최한 지 6개월 만에야 비로소 협의가 체결되었다. 회의에 참석한 20여 개국은 베르사유 궁에서 베르사유 조약을 체결했고, 최고 이사회 회원국 대부분이 만족할 만한 결과를 얻으면서 표면적으로는 평화적으로 해결된 듯했다. 중국은 국내의 압력으로 조약에 서명하지 않았다.

패전국의 식민지 분할과 배상 문제를 협의하기 위해 개최된 파리 평화회의는 승전국과 패전국의 갈등을 오히려 격화시키면서 제2차 세계대전의 불씨를 남겼다. 유럽 각국은 전후 자본주의의 새 질서를 확립하려 애썼으나 열강의 강권 정책이 식민지국들과 갈등을 빚어 민족 해방 운동이 대대적으로 일어나기 시작했다.

베르사유 조약

6개월 동안의 협의를 거쳐 체결된 강화 조약으로 총 15장 440조로 구성되었다. 특히 국제 평화를 유지하기 위한 국제 연맹 조직과 독일 식민지의 배분과 관련한 내용이 포함되었다는 데 주목할 필요가 있다. 이 강화 조약에서 독일은 국경, 식민지, 군비 확대에 대해 제재를 받고 배상금 총 1,320억 마르크를 지급할 것을 약정했다.

무솔리니의 등장

시기 : 1922년

인물 : 무솔리니(Mussolini)

영향 : 이탈리아 정권을 장악한 무솔리니는 국내 진보 인사들을 무참
히 진압하여 정당과 정치 단체의 탄생을 막았을 뿐만 아니라 대
외 확장 정책을 추진해 히틀러와 함께 제2차 세계대전을 일으
켰다.

제1차 세계대전이 발발한 후 이탈리아는 영국, 프랑스, 러시아에
서 오스트리아 서부의 티롤(Tirol) 지방을 비롯해 트렌토(trento), 달
마티아(Dalmacija) 등 방대한 토지를 약속받고 오스트리아–헝가리
제국에 선전포고를 한 뒤 참전했다. 그러나 이 전쟁으로 이탈리아의
정치는 더욱 부패하고 자원이 고갈되는 등 국내 문제가 불거졌다.
결국 전쟁이 끝난 후 이탈리아는 막대한 부채에 시달리게 되었다.
문제는 전후 청산 과정이 이탈리아의 바람과는 전혀 다른 판도로 진
행되었다는 점이다.

승전국의 일원으로 파리평화회의 최고 이사회 회원국의 자격을

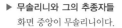

▶ **무솔리니와 그의 추종자들**
화면 중앙이 무솔리니이다.

얻었지만 결과는 예상과 딴 판이었다. 이탈리아는 영국, 프랑스, 러시아에 참전 전의 약속을 지킬 것을 요구했지만 뜻밖에 거절당했고, 이탈리아 대표가 노기충천해서 회의 도중에 자리를 박차고 뛰쳐나왔지만 아무도 말리는 사람이 없었다. 오히려 다른 안건들을 진행하느라 관심조차 두지 않았다.

이 소식이 이탈리아 본토에 전해지자 민중은 몹시 분노하여 무능한 정부를 탓하는 원망의 목소리를 높이기 시작했다. 무력을 동원해서라도 참전 전 약속을 실현시켜야 한다고 주장하는 사람이 많아지면서 무력 충돌과 노동자들의 파업이 빈번하게 발생했다. 당시 이탈리아의 노동자 계급은 능력 있는 리더가 부재한 상태였고, 자본가 계급은 역사를 바꿀 만한 역량이 없었다. 이처럼 혼란한 시국이 무솔리니의 등장을 부추겼는지도 모른다.

또 이탈리아의 유명한 문인 단눈치오(Gabriele D'Annunzio)가 민족주의 정서를 자극하면서 파시즘이 탄생할 수 있는 분위기를 조성한 것도 한 몫을 했다고 볼 수 있다.

이탈리아는 참전에 앞서 병역을 마치면 토지를 분배하겠다고 약속했기에 수많은 농민이 주력군에 가담했다. 그러나 전쟁이 끝난 후 정부가 약속을 이행하지 않자 격분한 퇴역 군인들의 시위와 폭동이 이어졌다. 무솔리니는 이들에게 지주의 땅을 강탈하도록 선동하며 파시스트 세력을 형성했다.

퇴역 군인들을 중심으로 농민과 노동자 계급까지 시위와 폭동에 합세하자 무솔리니는 그들의 모

파쇼(fasces)

파쇼는 본래 막대기 다발 속에 도끼를 끼운 형태로 이탈리아 고대 로마에서 집정관의 권력의 표지로 삼아 태형이나 사형 등 형량을 선고할 때 사용하던 도구였다. 제1차 세계대전이 종식된 후 이탈리아의 무솔리니가 그 도구의 이름을 따서 명명한 파시즘(fascism)을 탄생시켰다. 1920년대에서 1940년대까지 영국, 미국, 프랑스의 자유민주주의, 소련의 사회주의와 함께 3대 이데올로기로 칭해졌다. 훗날 이탈리아의 파시즘은 일본의 군국주의, 독일의 극단적 민족주의 등과 더불어 독재 전제 정권의 상징이 되었다.

◀ 무솔리니는 기회가 될 때마다 민중을 선동했다. 1차 대전이 종식된 후 퇴역 군인들이 참전 전에 약속한 처우를 받지 못하자 그들의 불만을 이용해 여론을 조성하고 그들을 파시스트의 주력 세력으로 삼았다.

▶ 1차 대전이 종식된 후 이탈리아는 승전국이 되었지만 그에 상응하는 이권을 얻는 데는 실패했다. 무솔리니는 그러한 정부의 무능에 분노한 민중을 이용해 최고 권력을 차지했다.

든 활동을 적극적으로 지지하며 유명해지기 시작했다. 노동자 계급의 맹목적인 파업은 중소 자본가 계급 세력을 약화시켰고 여기에 정부의 정책적 실수가 이어지면서 이들은 정치적 주도권을 상실했다.

1922년에 무솔리니는 폭동을 일으켜 이탈리아의 최고 권력을 얻는 데 성공했다. 이듬해에 그는 의회를 해산시키고 독재를 실시했다. 대내적으로는 국내 진보 인사들을 무참히 진압하여 정당과 정치 단체의 탄생을 막았을 뿐만 아니라 대외적으로는 확장 정책을 추진해 히틀러와 함께 제2차 세계대전을 일으켰다.

소련의 성립과 해체

시기 : 1922~1991년
인물 : 레닌, 스탈린, 고르바초프
영향 : 구미 각국의 정치적 고립 정책과 경제 봉쇄 정책도 소련의 성립
을 막을 수는 없었다. 이로써 국제 사회에 새로운 체제의 사회
주의 국가가 등장했다. 한편, 사회주의 국가는 그 해체 또한 필
연적이었다. 소련이 해체되면서 냉전 시대가 막을 내렸고 미국
이 세계 유일의 슈퍼 강대국으로 자리매김했다.

10월 혁명이 성공하자 이에 고무된 러시아 전역의 각 민족이 무장
항쟁을 벌이며 그들만의 국가와 민족 정권을 수립했다. 10월 혁명이
성공한 후 4년이라는 짧은 기간에 우크라이나, 백러시아, 리투아니
아, 라트비아, 에스토니아, 아제르바이잔, 아르메니아, 그루지야 등
이 차례로 독립하며 소비에트 정부를 구성했다.

이 국가들은 정치, 경제, 군사적으로 결속을 다지며 협력 관계를
구축했다. 낙후된 경제를 회복시키고 소비에트 정권을 안정시키려
면 자본주의 국가의 포위 · 봉쇄 정책을 타파할 필요성이 있었던 것

◀ 마르크스, 엥겔스의 사상을 계
승한 레닌은 전 세계 무산 계급
과 노동자의 지도자이자 위대한
사상가로 평가받고 있다.

이다. 이러한 국제 정세 속에서 소비에트 연방공화국, 즉 소련의 탄생은 예견된 것인지도 몰랐다.

1922년에 마침내 독립된 소비에트 정권 15개국으로 구성된 소련이 탄생했다. 성립 초기에는 러시아 연방, 우크라이나, 백러시아, 남부 코카서스 연방 등 4개국으로 시작했으나 1940년까지 15개국으로 늘어났고 이로써 유라시아 대륙을 망라하는 다민족 사회주의 연방제 국가가 되었다.

소련은 구미의 정치 고립과 경제 봉쇄 정책을 와해시키며 반反자본주의 사회의 든든한 보루로 떠올랐다. 또한 농·공업 분야를 개혁해 생산력을 비약적으로 증가시키면서 강력해진 국력과 경제력을 바탕으로 서구 강대국들을 견제할 수 있는 세력으로 발전했고, 제2차 세계대전이 끝난 후에는 미국과 대적할 수 있는 유일한 나라가 되었다.

1990년대에 들어 건국 70주기를 계기로 소련은 점차 세력이 약화되었다. 경직된 체제는 경제 침체로 이어졌고, 고르바초프의 민주화 개혁, 즉 페레스트로이카가 실패로 끝나면서 소련은 급격히 쇠락했다. 여기에 더하여 서방 국가의 데탕트 정책은 소련 내부의 갈등을 격화시키는 촉진제로 작용했다.

이러한 상황에서 1991년 8월 19일에 고르바초프가 납치당해 야나예프 부통령이 국가긴급위원회를 소집하고 대통령 직무 대행 체제를 발족시키는 사태가 벌어졌다. 이 사건은 사흘 뒤 바로 진정되었지만, 소련 내부의 갈등을 폭발시키는 도화선이 되었다. 이 사건이 발생한 후 소련의 각 연방 국가는 속속 독립을 선언했다. 에스토니아, 라트비아를 시작으로 리투아니아, 그루지야 등이 독립을 선포했고 1991년 10월 말에는 소비에트 연방 15개국 가운데 러시아와 카자흐스탄을 제외하고 모든 국가가 독립했다.

그해 12월에 러시아, 백러시아, 우즈베키스탄의 수뇌가 백러시아에 모여서 소련의 해체를 결정하고 독립국가연합(Commonwealth of Independent States)을 탄생시켰다.

삼국의 수뇌는 구소련에서 독립한 국가들은 언제라도 독립국가연합에 가입할 수 있다고 천명했다. 이에 1991년 12월 21일에 러시아, 백러시아, 우크라이나, 아제르바이잔 등 11개국의 지도자가 카자흐스탄의 수도 아스타나(Astana)에 모여 독립 국가 수뇌 회의를 개최했다. 그리고 이 회의에서 '아스타나 선언'을 채택하고 독립국가연합이 결성되었음을 공식 선포했다. 며칠 뒤 12월 25일에는 고르바초프가 TV 연설을 통해 대통령직을 사퇴할 것을 밝히고 옐친에게 정권을 일임했다. 이로써 70년 동안 냉전 시대의 강대국으로서 한 시대를 풍미한 소련은 역사의 무대 뒤로 사라졌다.

　　소련의 해체는 역사의 필연적인 결과인지도 모른다. 소련이 해체되기에 앞서 동유럽 각국에서 정변이 발생했기 때문이다. 소련이 해체되면서 미국과 소련이 대치하던 냉전 시대는 막을 내렸고 미국이 세계 유일의 슈퍼 강대국으로 등극했다. 또한 소련의 해체는 사회주의 국가인 중국 사회에 경종을 울려 중국의 경제 개혁과 발전을 촉진하는 계기가 되었다.

소련의 경제 개혁

스탈린은 대통령이 된 후 레닌의 신경제 정책을 버리고 집단 농장과 공장 국유화를 추진했다. 또한 투르크메니스탄과 우즈베키스탄, 타지키스탄까지 소비에트 연방공화국의 일원이 되면서 소련은 미국 다음가는 공업 대국으로 성장했다. 그러나 장기적인 안목으로 볼 때 스탈린의 경제 정책은 오히려 소련의 발전을 제약했다. 그가 발표한 《스탈린헌법》은 정치와 경제를 고도로 집중시켜 훗날 소련이 해체될 위험을 심어놓았다고 볼 수 있다.

텔레비전 발명

시기 : 1925년
인물 : 베어드(John Logie Baird)
영향 : 텔레비전이 발명되고 나서 인류의 시청각 범위는 한층 광범위
해졌다. 특히 위성 기술이 점차 발전하면서 텔레비전을 통해
세계 각지의 소식을 접할 수 있게 됨에 따라 '지구촌'이라는 개
념이 현실로 다가왔다.

1925년, 런던의 한 유명 백화점 매장에 물체의 화상을 전송하는
신기한 제품이 등장했다. 이 제품을 구경하기 위해 수많은 사람이
몰려들었지만 모두 조금 실망감을 안은 채 돌아갔다. 화면이 지나치
게 흔들리고 물체가 또렷하게 보이지 않았기 때문이다. 그러나 이
제품의 등장은 당시 사회 전반에 커다란 반향을 불러일으켰다. 텔레
비전은 이처럼 화려하게 세상에 등장했다.

▶ **구식 텔레비전**
과학 기술의 발전과 함께 텔레
비전은 초기의 흑백 TV에서 컬
러 TV로, 아날로그 방식에서 디
지털 방식으로, 볼록 브라운관
에서 평면 브라운관으로 장족의
발전을 이루었다.
현대 사회에서 텔레비전은 새로
운 정보를 취득하고 여가 생활
을 풍부하게 해주는 도구로서
인류의 생활에 없어서는 안 될
일부분으로 자리 잡았다.

1938

1948

1957

1939

1900년에 파리국제박람회에서 논문으로 처음 소개된 텔레비전은 그로부터 25년이 흐른 어느 날 당당히 그 모습을 드러냈다. 20세기에 진입하면서 무선 기술이 통신, 방송 등에 광범위하게 이용되었고 텔레비전이 등장하기 전에 영화가 먼저 사람들의 눈길을 사로잡고 있었다. 텔레비전은 영화 상영기와는 전혀 다른 방식으로 물체의 모습을 전송한다. 즉 무선 전신을 이용해 화상을 처리하고 전자 브라운관을 통해 화면을 보여준다. 초기에는 형체가 아주 모호한 수준에 그쳤지만, 당시 기술력으로는 과학 기술의 새로운 돌파구라고 할 수 있을 만큼 혁신적이었다.

19세기 말부터 전자 기술의 시대가 열렸다. '에디슨 효과(Edison Effect)[103]' 는 전자관(진공관)이 발명되는 토대를 마련했고, 뒤이어 음극선관(CRT, cathode ray tube), 다이오드(Diode), 삼극진공관, 여파기(Filter), 스크린 그리드(Screen Grid), 전압기, 수정 발진기, 마그네트론(Magnetron, 자전관) 등이 속속 발명되었다. 아울러 에미트론(Emitron, 전자식 카메라), 팩시밀리(facsimile) 등의 발명도 기대할 수 있게 되었다. 에미트론과 팩시밀리는 실제 화면을 그대로 전송하려는 인간의 욕망이 반영된 것이다. 수많은 과학자가 이 분야에 뛰어든 가운데 스코틀랜드의 공학자 베어드가 가장 먼저 이 꿈을 실현했다.

디지털 텔레비전

1897년에 독일의 칼 페르디난트 브라운이 음극선관(브라운관)을 발명한 후 1923부터 송상관, 수상관에 이용되면서 텔레비전 시대의 도래를 알렸다. 송상관과 수상관을 발명한 미국의 발명가 즈보리킨(Vladimir Zworykin)은 1923에 이 기술에 대한 특허를 획득했고 1929년에 브라운관이 장착된 텔레비전 리시버를 개발하는 데 성공했다. 이로써 현대식 텔레비전이 본격적으로 등장하는 계기가 마련되었다.

◀ **최초의 텔레비전**
화면이 뚜렷하지는 않았지만 텔레비전의 등장은 인류 문명의 비약적인 발전을 이끄는 계기가 되었다.

---

103) 가열된 금속이나 금속산화물 반도체의 표면에서 전자가 원자의 구속에서 벗어나 고체 표면으로 방출되는 현상

텔레비전이 발명되기에 앞서 1885년에 독일의 물리학자 닙코(Paul Gottlieb Nipkow)가 빛의 세기를 연속적으로 분해하여 전송하는 주사 장치 '닙코 원반'을 발명했다. 하나 또는 그 이상의 구멍이 나선으로 뚫려 있어 화상이 연속적으로 지나가게 하는 원리를 이용한 이 장치는 텔레비전의 가장 초보적인 단계를 보여주었다.

최초의 텔레비전을 발명한 베어드는 본래 한 전력 회사의 책임자였는데 1924년부터는 텔레비전을 발명하는 데 몰두했다. 그는 구식 청취 기자재와 네온사인관, 스캐너, 전열발열체, 전자등, 광전관 등을 이용해 실험을 반복했다. 초기에 그가 발명한 기계는 화면이 무척 흐렸다. 그러나 1년쯤 지났을 때는 인형의 얼굴을 전송하는 데 성공했다.

1926년에 월등하게 개선된 형태의 텔레비전이 선을 보이며 영국 학계에서 인정을 받았고, 그 후 영국에는 텔레비전 회사가 우후죽순으로 들어섰다.

텔레비전이 발명되고 나서 인류의 시청각 범위는 한층 광범위해졌다. 특히 위성 기술이 점차 발전하면서 텔레비전을 통해 세계 각지의 소식을 접할 수 있게 됨에 따라 '지구촌'이라는 개념이 현실로 다가왔다.

액체추진제 로켓의 탄생

시기 : 1926년

인물 : 고다드

영향 : 액체추진제 로켓의 탄생으로 항공 우주 산업은 획기적인 전환
 기를 맞았다. 우주선을 타고 드넓은 우주를 누비는 인간의 꿈이
 실현 단계에 도달한 것이다.

▲ 로켓 연구의 선구자 고다드
 (Robert Hutchings Goddard)
 최초로 액체 연료를 사용하는
 로켓을 발사하는 데 성공했다.

중국 삼국 시대의 제갈공명은 로켓의 원리로 공명등[104]을 제작한
것으로 알려졌다.

1880년대에 라발 노즐(Laval Nozzle)이 발명되면서 로켓 발사 기술
은 비약적인 발전을 이루었다.

러시아의 항공과학자 치올코프스키(Konstantin Eduardovich
Tsiolkovsky)는 일찍이 우주로 시야를 넓혀 우주 탐험 시대를 예고
했다. 뉴턴이 역학 체계를 확립한 후 학자들은 지구의 중력을 벗어
날 방법에 대해 연구를 계속했는데, 물리학자들은 속도와 힘에서 답
을 찾으려 했지만 구체적인 기준을 밝혀내지는 못했다. 그 가운데
치올코프스키는 다단식 액체 로켓에 대한 가설을 정립하여 그 가능
성을 찾아내고자 했다.

그는 액체 연료를 추진제로 사용하는 로켓을 구상했다. 로켓의 속
도를 높이려면 등유, 액체 산소를 로켓의 연료로 사용해야 한다는
결론에 도달했지만 당시 사람들의 관심은 온통 비행기에 쏠려 있던
터라 그의 학설은 관심을 받지 못했다.

그러던 1926년 겨울에 미국의 과학자 고다드가 액체추진제 로켓
(liquid propellant rocket)을 발사하는 데 성공하여 마침내 치올코프
스키의 이상을 실현했다. 고다드는 휘발유와 액체 산소를 연료로 사
용하여 68미터 높이로 2.5초 동안 로켓을 쏘아 올렸다.

그 후 세계 각국에서 로켓 연구가 광범위하게 추진되었다. 특히
군사 방면과 관련하여 실전에 사용할 수 있는 V-1 미사일과 V-2 미

공명등

삼국 시대 촉나라의 재상 제갈공
명이 사마의의 포위 공격에서 벗
어나고자 고안한 장치. 대나무로
골격을 만들고 종이로 겉을 감쌌
다. 등의 아랫부분을 기름에 적시
고 점화하면 데워진 공기가 팽창
하며 상승했다. 지금은 복을 기원
하는 용도로 사용된다.

---

104) 더운 공기가 위로 상승하는 원리를 이용하여 제작된 윗부분이 막힌 종이 등롱. 제갈공명이 발명
 했다고 하여 붙여진 이름

사일이 발명되었으며 이 무기들은 제2차 세계대전에서 위력을 발휘
했다.

　액체추진제 로켓의 탄생으로 항공 우주 산업은 획기적인 전환기
를 맞았다. 우주선을 타고 드넓은 우주를 누비는 인간의 꿈이 실현
단계에 도달한 것이다.

▶ 아메리칸항공(American
  Airlines)에서 발행한 고다드
  기념우표

경제대공황(1929~1933)

시기 : 1929~1933년
영향 : 경제 공황을 탈피하기 위해 독일, 이탈리아, 일본 등이 파쇼 정
       권을 수립하면서 제2차 세계대전이 발발하는 데 불씨를 지폈다.

　제1차 세계대전이 종식된 후 구미의 자본주의 국가들은 국내에서
벌어지는 시위와 폭동을 진압하며 경제를 회복시킬 발판을 마련했
다. 이와 함께 과학 기술의 혁신을 계기로 공업이 크게 발전했고, 각
국은 전에 없던 경제 번영을 이루었다.

　특히 미국은 전쟁 보상금과 차관이 대거 유입되면서 상품 생산력
이 높아졌고 수출이 수입을 크게 앞지르며 막대한 자금을 보유했다.

▼ 경제 공황으로 정상적인 생활
　리듬이 깨져버린 사람들

▶ 미국 월가의 주식 시장이 붕괴되자 초조한 심정으로 신문의 주식 동향을 살펴보는 투자자들의 모습

덕분에 국내 경제의 발전은 물론 국제 경쟁력도 제고되었다. 또 독일에서 막대한 전후 보상금과 알자스, 로렌 두 공업 지역을 얻은 프랑스도 순조롭게 경제를 발전시켰다.

패전국인 독일은 엄청난 배상금을 치르긴 했지만 미국에서 들여온 차관을 바탕으로 경제를 회복시킬 발판을 마련했다. 그리고 공업 기술과 설비의 혁신에 힘입어 생산량 세계 2위의 공업 대국으로 성장했다. 반면에 영국과 일본에서는 다소 비관적인 상황이 연출되었다. 경기 침체가 이어진 영국은 무역 적자가 개선되지 않아 국제 경쟁력을 점차 상실했고 일본 역시 공업 발전의 부진으로 차츰 경쟁력이 약화되어갔다.

당시 세계 경제는 지역적으로 불균형이 심화되고 있었지만 1924~1929년까지 자본주의 경제는 상대적으로 안정기를 맞이했다. 그러나 이러한 경제 번영의 배후에는 맹목적인 생산력 증대가 초래할 위험이 도사리고 있었다. 당시 사람들의 소비 수준을 고려하지 않은 생산 증대가 결국에는 경제 공황을 불러온 것이다.

1929년에 미국 월가의 주식 시장이 붕괴되면서 경제 공황의 서막을 알렸다. 1년 전부터 농산품 가격이 떨어지기 시작한 데다 캐나다의 밀 풍년이 위기를 부추겼다. 미국이 모든 농산품의 가격을 일제히 인하하자 투기상들이 설치기 시작했고 막대한 자금이 유럽으로 흘러들어가면서 미국 주식 시장의 붕괴를 초래했다. 은행이 도산하고 실직자가 급증했으며 거리를 가득 메운 유랑민들은 기본적인 의식주 문제마저 위협받았다.

이러한 경제 위기는 곧 전 세계의 자본주의 국가들을 휩쓸었다. 미국의 자금 유통과 무역에 의존하던 국가들이 미국이라는 시장과 자금력을 모두 잃으면서 위기를 맞은 것이다. 프랑스는 오스트리아에서 차관을 거두어들여 채무를 상환하려 했지만 턱없이 부족했고, 독일이 상환 기간을 연장하자 그 여파가 영국 경제까지 뒤흔들었다.

결국 자본주의 국가들이 국내의 위기를 타개하기 위해 식민지 수탈을 강화하면서 경제 위기는 전 세계를 강타했다.

갑자기 들이닥친 경제 위기로 자살하는 사람이 증가하는 등 사회의 치안은 크게 악화되었다. 실직한 노동자들이 무산 계급 운동을 다시 전개하기 시작했고, 이러한 상황에서 경제 공황을 탈피하기 위해 독일, 이탈리아, 일본 등이 파쇼 정권을 수립하면서 제2차 세계 대전이 발발하는 데 불씨를 지폈다.

월가 주식 시장 붕괴

1929년 10월 24일 목요일, 월가의 주식 시장이 개장함과 동시에 주가가 무서운 속도로 추락했다. 정부는 정상적인 범위의 주식 파동일 뿐이라고 발표했지만 동요한 투자자들이 앞 다투어 주식을 매각하는 것을 막을 수는 없었다. 결국 막대한 자금이 연기처럼 증발해버린 이 날은 '암흑의 목요일'로 기억된다.

전자현미경 발명

시기 : 1931년
인물 : 루스카
영향 : 전자현미경이 발명된 후 인류는 만물의 구조를 관찰할 수 있
　　　는 초능력이 있는 눈을 얻었고 눈부신 과학 기술의 발전을 이
　　　룩했다.

▲ 주사 터널링 현미경(STM, Scanning Tunneling Microscope)을 발명한 하인리히 로러(Heinrich Rohrer)

에른스트 루스카

에른스트 루스카(1906~1988년)는 문학적 분위기가 가득한 가정에서 태어났다. 부친은 독일 문학과 과학사학, 교육학에 조예가 깊었다고 한다. 대학에서 전자학을 전공한 루스카는 전자현미경과 자성 렌즈에 관한 논문을 발표해 박사 학위를 받았고 1931년에 전자현미경을 발명했다. 지멘스사가 그의 발명을 바탕으로 상업용 전자현미경을 생산했고 그는 전자현미경의 응용 분야에 대해 논문 200여 편을 발표했다.

20세기는 과학이 비약적으로 발전한 시대다. 또 노벨상이 설립되어 과학자들의 연구에 대한 열정을 한층 고무했다. 1986년에 노벨 물리학상을 공동으로 수상한 에른스트 루스카(Ernst (August Friedrich) Ruska), 게르트 비니히(Gerd Binnig), 하인리히 로러는 전자현미경과 주사 터널링 현미경을 발명해 미생물 연구의 시대를 열었다.

17세기에 먼저 수중 미생물을 관찰할 수 있는 유리 렌즈가 발명되었고, 그로부터 2세기 후에 광학현미경이 등장해 의학과 생물학의 발전을 촉진했다. 그러나 광학현미경은 광파장이 해상도를 제한해 배율이 2,000배를 넘기 어려웠다. 또 관찰하려는 물체보다 광파장이 길면 물체를 지나쳐버려 관찰하는 것 자체가 불가능했다.

일부 학자들은 일반 광선보다 파장이 짧은 자외선과 X광선을 이용해 이러한 문제를 해결하려 했으나 단지 배율을 수백 배 확대시키는 데 그쳤다. 1920년대에 이르러서야 프랑스의 과학자 도플러가 파원의 운동 상태에 따라 파장이 달라지는 것을 발견하고 전자현미경의 탄생에 한 걸음 다가섰다. 전자가 빛보다 더 짧은 파장의 파동 특성을 띤다는 사실은 당시에도 이미 입증되어 있었다. 따라서 전자빔을 모으는 렌즈만 찾을 수 있다면 전자현미경을 발명하는 것이 가능한 상황이었다.

전자현미경 발명의 선구자는 독일의 전기공학자 루스카이다. 1931년에 그는 광학현미경의 원리에 따라 냉음극광원을 안정적으로 발사할 수 있는 전자원(electron source)[105]과 전자 렌즈를 이용해 세

---

105) 임의의 전기장이 인가되었을 때 전자가 방출되는 소자

▲ 전자현미경을 실험하고 있는
루스카

계 최초의 전자현미경을 발명했다. 전자 파장은 광파장보다 훨씬 작
았으므로 해상도를 비약적으로 높일 수 있었다. 그로부터 1년 후 루
스카가 전자현미경의 해상도를 기존의 12배에서 1만 배까지 확대해
50나노미터(nanometer)[106] 크기의 물체까지 관찰할 수 있게 되었다.
1937년에 지멘스사가 루스카에게 실험실을 제공하며 그의 연구를
지원하기 시작했다. 그리고 2년 후, 지멘스사는 세계 최초로 상업용
현미경을 선보였다.

　1980년대에 이르러 독일의 물리학자 비니히와 로러가 해상도가 3
억 배에 달하는 주사 터널링 현미경을 발명해 첨단 과학 산업의 발
전을 촉진했다.

　전자현미경이 발명된 후 인류는 만물의 구조를 관찰할 수 있는 초
능력이 있는 눈을 얻었고 눈부신 과학 기술의 발전을 이룩했다. 전
자현미경을 이용하여 간염 바이러스를 발견해내는 등 불치병 연구

106) 1나노미터는 10억분의 1미터

에 돌파구를 마련했고 특히 신경 조직의 구조와 바이러스가 신경에 침투하는 과정을 관찰할 수 있게 되었다. 나노 소재 등 각종 신소재가 발견되기도 했으며 컴퓨터가 등장한 후 전자현미경은 컴퓨터 칩의 제조 과정에도 유용하게 활용되었다.

과학의 발달과 더불어 현재 이미 해상도의 최고 한도에 도달해 있는 전자현미경을 능가할 새로운 현미경이 등장할 수 있을지 기대가 모아지고 있다.

히틀러의 등장

시기 : 1933년
인물 : 히틀러
영향 : 독일의 정권을 장악한 히틀러는 파쇼 독재 정치를 강화하고 군비를 확충해 1939년에 제2차 세계대전을 일으켰다.

20세기 초에 독일은 세계적인 공업 강국으로 부상했으나 제1차 세계대전의 패배로 해외 식민지는 모두 잃은 상태였다. 이러한 상황에 불만이 커지면서 독일에서는 전통적인 군국주의 사상이 다시 팽배하기 시작했고, 이는 제2차 세계대전으로 이어졌다.

10월 혁명에 성공한 러시아가 무산 계급의 통치 체계를 구축해갈 무렵, 독일에도 사회주의 사상이 유행했다. 그러나 제1차 세계대전의 패전국으로서 베르사유 조약을 받아들일 수밖에 없었던 독일에서는 사회주의 사상과 함께 민족주의 사상도 고조되었다. 결국 1918년 11월에 혁명이 일어나 황권이 무너지고 자본가 계급의 정권인 바이마르공화국이 건립되었다.

▲ 히틀러

그러나 바이마르 정권이 무능력을 그대로 드러내면서 베르사유 조약에 따라 막대한 전후 보상금을 지급하고 모든 해외 식민지에 대한 특권을 상실해 독일 경제는 마비되고 말았다. 프랑스는 독일에서 배상금을 순조롭게 받아내기 위해 독일의 루르(Ruhr) 지역을 점령했다. 새로운 정권이 들어섰음에도 독일의 운명은 바뀌지 않았다. 이러한 사회 분위기 속에서 노동자 계급을 중심으로 독일사회주의노동당이 결성되었다.

독일사회주의노동당(나치당)의 전신은 독일노동당으로 1920년에 성립되었으며, 히틀러는 이 당의 핵심 인물이었다. 그는 당시 독일에 팽배했던 사회주의, 민족주의 정서를 이용해 민중을 선동했다. 노동자들에게는 취업을, 농민들에게는 토지를 약속하며 군국주의 사상을 고취하고 민중의 지원 속에 세력을 확대해갔다. 아울러 독일이 현 상황에 이른 것을 전쟁에서의 패배와 무능력한 정부의 탓으로 간주하고 강력한 군대를 양성할 것을 주장했다. 이때 바이에른

나의 투쟁

히틀러가 옥중에서 구술로 완성한 《나의 투쟁》에는 영토 확장, 독일의 패권 회복, 반공산주의, 반유대주의, 반민주주의 등의 내용이 기록되어 있다. 특히 그는 베르사유 조약의 철회와 반유대주의를 주장하여 과거의 오욕을 씻으려는 의도를 강력하게 피력했다. 또 민중 스스로 자신의 권익과 존엄을 회복하여 세계를 정복하도록 독려했다. 이는 당시 독일 민중의 염원과 맞아떨어졌고, 후에 나치당의 지도 사상이 되었다.

▲ 히틀러는 연설의 천재, 전쟁의
천재로 불렸으며 당시 그를 우
상으로 삼은 학생들도 적지 않
았다.

(Bayern) 지역이 독립을 요구해 독일은 정치, 경제적으로 혼란한 정
국을 맞이했다. 이러한 상황에서 히틀러는 이탈리아의 무솔리니가
보여준 행보를 모방해 폭동을 일으켰으나 실패해 감옥에 갇히는 신
세가 되었다.

이 실패로 독일의 상황은 이탈리아와 다르다는 사실을 파악한 히
틀러는 통치 계급과 긴밀한 관계를 맺어야만 정권을 장악할 기회를
노릴 수 있다고 판단했다. 그는 옥중에서 《나의 투쟁(Mein Kampf)》
이라는 책을 구술로 완성했다. 그리고 출옥하고 나서 나치당을 다시
결성하고 독점 금융 자본과 군부의 지원을 얻어 정계에서 활발하게
활동하기 시작했다.

1929~1933년까지 세계적으로 대공황이 지속되면서 독일의 경제
상황은 더욱 악화되었다. 수많은 공장이 도산하고 실직자가 크게 늘
어났으며, 거리에는 떠도는 유랑민과 기아에 허덕이는 사람들이 넘
쳐났다. 결국 시위와 폭동이 이어지면서 안정된 생활을 보장해줄 새
로운 정권을 갈망하는 목소리가 높아졌다. 이 같은 혼란은 히틀러에
게 오히려 기회로 작용했다.

그는 민중이 원하는 것을 모두 들어줄 것처럼 민중을 선동했고,
그 결과 1932년에 나치당이 독일 내 제1당으로 등극했다. 그 이듬해

▲ 자신의 추종자들을 대상으로
연설 중인 히틀러

에 군부의 지지로 총리 자리에 앉은 히틀러는 대통령과 총리의 권한
을 통합해 명실상부한 최고 권좌를 차지했다.

이어서 그는 대규모 숙청을 감행하며 진보 인사는 물론 공산당,
유대인을 무참히 학살했다. 또 베르사유 조약을 무시한 채 군비를
확충하고 이탈리아, 일본과 반공 국제 협정을 체결해 세계의 판도를
바꿀 전쟁 준비를 시작했다. 그리고 마침내 1939년에 제2차 세계대
전이 발발했다.

제로그래피 발명

시기 : 1938~1949년
인물 : 체스터 칼슨
영향 : 복사기의 등장으로 인류는 필사, 타자와 같은 번잡스러운 업무
에서 벗어날 수 있었다.

20세기는 정보화 시대로 불린다. 그러나 1950년대 이전까지는 대
부분 정보가 필사로 전달되었다. 이 방법은 엄청난 시간과 노력이
들 뿐만 아니라 중간에 착오가 생기는 것을 피할 수 없었다. 또 정보
량이 끊임없이 증가하는 상황에서 이처럼 원시적인 방법은 점차 현
실성이 떨어졌다.
복사기는 미국의 평범한 물리학자 칼슨이 발명했다. 그는 어느 날
계약서, 서한, 자료 등을 서로 다른 부서에 보내기 위해 문건을 필사
하는 데만 종일 매달리는 비서를 보고 복사기의 필요성을 절감했다.

▶ 칼슨과 동료들이 복사기를 실
험하고 있다.

당시 가장 일반적인 '복사' 도구는 사진기였다. 그래서 칼슨은 먼저 사진기의 원리를 토대로 복사기를 발명하려 시도했다. 그러나 관련 서적을 탐독하던 중에 당시의 기술력으로는 도저히 불가능하다는 결론에 도달했다. 그러다 우연한 기회에 '정전기 현상'에 대해 알게 된 그는 복사기를 발명하는 데 이 기술을 이용해보기로 했다.

이렇게 해서 복사기의 설계도를 완성하기는 했지만 여기에 투자해줄 기업은 좀처럼 나타나지 않았다. 하는 수 없이 그는 집에서 연구를 계속했고 마침내 정전기의 양전하와 음전하가 서로 끌어당기는 원리를 이용하여 최초의 복사기를 발명해냈다. 그리고 이 복사기를 이용해 도안을 복사하는 데 성공했다.

그러나 당시에는 도안을 복사하는 데 너무 많은 시간이 걸리고 결과도 그다지 좋지 않아 큰 관심을 끌지 못했다. 1949년에 제1호 복사기가 시장에 선보였지만 그 기능을 제대로 인정받고 활용되기 시작한 것은 그로부터 10년이라는 시간이 지나고 나서였다. 이때부터 복사기는 큰 호응을 얻으며 방대한 산업으로 발전했다.

복사기의 기능을 개선하는 기술도 끊임없이 개발되어 집적 회로, 레이저 기술을 이용한 복사기가 등장했고 1980년대에는 컬러식 복사기가 탄생했다. 복사기의 등장으로 인류는 비로소 필사, 타자와 같은 번잡스러운 업무에서 벗어나 생활의 편의를 도모할 수 있게 되었다.

◀ 1949년 시장에 등장했다.

제로그래피(Xerography)

제로그래피, 즉 제록스 복사기(Xerox machine)는 다음과 같은 정전기적 건식 복사 과정의 세 단계를 거친다.
- 1단계 : 반사광과 렌즈로 화상을 형성한다.
- 2단계 : 정전기로 화상을 대전한다.
- 3단계 : 가루를 뿌려 종이나 금속판에 화상을 전사한다.

제2차 세계대전

시기 : 1938~1945년
인물 : 영국 수상 체임벌린, 프랑스 총리 달라디에, 독일 대통령 히틀러, 이탈리아 대통령 무솔리니
영향 : 제2차 세계대전에서 패배한 독일과 일본은 오랫동안 혼란의 시기를 겪어야 했고, 승전국 미국은 소련에 대적할 강국으로 부상했다. 세계 평화를 유지하기 위해 유엔이 창설되었으며 전쟁에 등장한 신식 무기들은 전후 제3차 과학 기술 혁명을 촉진했다.

▲ 뮌헨 협정을 풍자한 만화
화면 속 늑대는 '히틀러'를 비유하고, 두 손으로 체코슬로바키아를 바치는 두 명의 인사는 영국의 체임벌린 수상과 프랑스 달라디에 총리를 가리킨다.

뮌헨 협정

독일과 영국, 프랑스, 이탈리아가 체결한 협정으로 체코슬로바키아 영토 내 독일인이 주로 거주하던 수데텐란트를 독일에 귀속시키는 것을 주요 내용으로 한다. 해당 지역의 물자와 시설을 훼손하지 않고 그대로 양도하게 함으로써 체코슬로바키아는 절반 이상의 자원을 빼앗겼고 국경 지대의 안전을 보장할 수 없게 되었다. 무엇보다 이 협정의 체결로 제2차 세계대전이 더욱 임박하게 되었다.

독일의 경제가 회복되자 히틀러는 일본, 이탈리아와 공산주의에 반대하는 국제 협정을 체결하고 자본주의 국가들의 의혹을 피해 군비를 확충하는 데 만전을 기했다. 1938년에 오스트리아를 점령하면서 본격적으로 유럽 대륙을 독식하기 위한 전쟁의 포문을 열었다.

경제대공황에서 막 벗어난 자본주의 국가들은 전쟁의 소용돌이에 휘말리지 않으려 몸 사리기에 급급했다. 그리고 독일이 내세운 '반공산주의' 기치에 현혹된 듯 그들의 침략 행위를 못 본 체했다.

히틀러는 오스트리아에 이어서 체코슬로바키아에 눈독을 들이기 시작했다. 풍부한 광산 자원과 전략적 요충지를 확보하기 위해 체코슬로바키아를 점령할 필요성이 있었던 것이다. 그는 우선 체코슬로바키아 수데텐란트에 살고 있는 독일 혈통의 사람들을 선동해 정변을 일으키게 했다. 체코 정부가 이를 진압하자 히틀러는 수데텐란트를 지원한다는 명목으로 체코 변경에 군사를 주둔시켰다.

당시 영국과 프랑스는 다시 전쟁에 휘말리기를 원치 않은데다 오히려 히틀러가 동진을 계속해 소련까지 침공하기를 바랐기에 1938년 9월 30일에 치욕적인 뮌헨 협정을 체결하는 데 동의했다.

이 협정에 따라 영국과 프랑스는 독일이 체코슬로바키아를 점령하는 것을 눈감아주었다. 이로써 유럽 대륙에 제2차 세계대전의 검은 그림자가 점점 짙게 드리워졌다.

1939년에 체코슬로바키아를 차지한 독일은 다시 폴란드를 공격했다. 그 후 이탈리아도 알바니아를 점령하며 전쟁에 시동을 걸었다.

▲ 유화 〈베를린 점령〉

일본은 1931년에 중국 동북 지역에 대한 침략을 시작으로 전쟁에 돌입했다. 그리고 1939년 9월에 독일이 폴란드를 점령하면서 본격적으로 제2차 세계대전의 막이 올랐다. 폴란드에 대한 독일의 침략을 계기로 영국, 프랑스, 소련, 미국이 차례로 참전했고 동부와 서부 전선에서 격렬한 전투가 벌어졌다.

그러나 스탈린그라드 전투(Battle of Stalingrad)를 필두로 독일군은 점차 기세가 꺾이기 시작했고 전세는 연합군에 유리한 쪽으로 기울어갔다. 특히 북아프리카 전장에서 '사막의 여우'로 불린 독일의 롬멜 장군은 후속 부대의 지원을 받지 못해 몽고메리가 지휘하는 동맹군의 공격에 밀리며 퇴각하고 말았다. 1943년 7월에는 아이젠하워가 이끄는 연합군이 이탈리아에 상륙해 시칠리아 섬과 이탈리아 반도를 차례로 점령했다. 결국 이탈리아 국왕은 무솔리니를 퇴위시키고 9월 3일에 미국, 영국과 정전 협정을 체결하며 항복을 선언했다.

아시아 전장에서는 일본이 진주 만을 공격해 미국을 제2차 세계대전에 참전시켰다. 미국의 참전을 계기로 오스트레일리아와 네덜란드 등 20여 개국이 연합군에 합류했다. 1942년 1월에 영국, 중국, 소련 등 26개국은 워싱턴에서 '연합국 공동 선언(Joint Declaration by the United Nations)'을 채택하고 일본을 상대로 총력전을 펼쳤다. 특히 연합군이 과달카날 섬과 파푸아 섬을 탈환하면서부터 일본은 수세에 몰리기 시작했다.

영국, 미국, 소련의 3국 연합군은 다시 테헤란에서 회의를 열고 독일 공격에 대해 논의했다. 1944년 6월에 노르망디 상륙 작전이 성공하면서 독일군은 소련군에 패배를 거듭했고 1945년 4월 16일에 마침내 소련군이 독일 베를린에 입성했다. 이에 히틀러는 자살로 생을 마감했고 5월 8일에 독일이 투항하여 유럽 전선은 종식되었다.

1945년에 영국, 미국, 중국이 포츠담 선언을 발표하고 일본의 항복을 촉구했으나 일본이 완강하게 저항했다. 이에 미국이 결국 히로시마와 나가사키에 원자폭탄을 투하했고, 1945년 8월 15일에 일본 천황이 무조건 항복을 선언하면서 제2차 세계대전은 완전히 종식되었다.

페니실린의 발명

시기 : 1941년

인물 : 플레밍, 체인, 플로리

영향 : 페니실린(Penicillin)은 인류가 최초로 발견한 항생제이다. 페니
　　　실린이 발견된 이후 의학계는 새로운 항생제를 찾는 데 매진하
　　　여 신약 개발의 시대를 열었다.

　인류는 질병과 투쟁의 역사를 이어왔다. 1941년에 임상의학 분야
에 페니실린이 등장하기 전까지는 병에 걸린 인간이 할 수 있는 일
은 그저 하늘의 뜻을 기다리는 것뿐이었다. 그러나 페니실린이 발견
되면서 전염병을 퇴치할 수 있게 되었다.

▼ 실험에 열중하고 있는 플레밍
영국의 세균학자로, 스코틀랜드
에어 로호필드에서 출생했다.

영국의 유명한 병리학자 플로리는 오스트레일리아 애들레이드에서 출생했다. 초기에는 세균과 효소로 활성화되는 물질들의 특징을 연구하다가 1939년부터 플레밍, 체인과 함께 페니실린 연구에 몰두했고 1955년부터는 실험병리학에 심취했다. 병리학 분야에 생리학과 생물화학의 내용을 도입했고 페니실린이 화학, 약리학 분야에 미치는 영향을 체계적으로 연구한 공을 인정받았다. 저서로 《화학치료제 페니실린》, 《일반병리학》 등이 있다.

영국 런던 세인트 메리 병원 의과대학 교수 알렉산더 플레밍(Alexander Fleming)은 화학자 체인(Ernst Boris Chain), 병리학자 플로리(Howard Walter Florey)와 함께 감염성 질병에 대한 항생제 치료법의 새로운 개념을 제시했다.

페니실린은 폐구균, 포도구균, 연쇄상구균 등의 병균을 박멸해 폐렴, 관절염, 뇌막염, 괴저, 매독 등을 치료하는 데 탁월한 효과를 나타냈다. 또 알레르기 반응을 일으키는 사람이 적어 안정성이 높고 부작용도 적어 대중적인 치료 효과를 기대할 수 있었다.

페니실린은 아주 우연한 기회에 발견되었다. 1928년에 플레밍 교수는 깜빡 잊고 씻어 놓지 않은 세균 배양기에서 포도구균을 죽이는 푸른 세균을 발견했다. 그는 수차례 실험을 반복한 끝에 마침내 이 푸른 세균이 병균을 죽이는 작용을 한다는 것을 증명했다. 그리고 자신의 논문에 이러한 내용을 소개하며 이 푸른 세균을 '페니실린'이라고 명명했다.

비록 이러한 놀라운 효과를 갖춘 페니실린이 발견되기는 했으나 당시 의료 환경에서 바로 임상 실험을 한다는 것은 불가능했다. 결

▶ 페니실린은 부작용이 적고 효과가 뛰어나 임상에서 가장 광범위하게 사용되는 항생제이다. 페니실린의 등장으로 감염성 질병에 대한 항생제 치료법의 새로운 개념이 제시되었다.

국 10년이라는 긴 시간이 흐르고 나서야 플레밍은 체인, 플로리와 함께 본격적으로 페니실린을 추출하는 작업을 시작할 수 있었다.

수개월이 흐른 후 세 사람은 마침내 페니실린 분말을 제조하는 데 성공해 1942년부터 미국에서 대량 생산에 돌입했다. 당시 추출한 페니실린은 순도가 높고 생산량이 풍부해 임상 치료에 널리 사용되었다. 페니실린은 생명을 살리는 신비의 약으로 명성을 높였으며, 특히 제2차 세계대전 당시 광범위하게 사용되어 수많은 부상자를 죽음에서 구해냈다. 그 결과 원자폭탄, 레이더와 함께 제2차 세계대전 시기의 위대한 3대 발명품으로 꼽힌다.

페니실린은 인류가 최초로 발견한 항생제이다. 페니실린이 발견된 이후 의학계는 새로운 항생제를 찾는 데 매진하여 신약 개발의 시대를 열었다. 오늘날에도 페니실린은 가장 광범위하게 사용되는 항생제로 꼽힌다.

페니실린의 발견과 추출, 의학계에 끼친 공헌을 인정받아 플레밍과 체인, 플로리는 1945년에 공동으로 노벨 생리학상과 의학상을 받았다.

한편 플레밍은 페니실린에 대한 특허 신청을 거부할 만큼 고매한 인품의 인물로 알려졌다. 그러나 어쨌든 페니실린이 광범위하게 사용되면서 그의 이름은 수많은 사람의 가슴 속에 영원히 기억되었다.

브레턴우즈 체제의 확립

시기 : 1944년

영향 : 브레턴우즈 체제(Bretton Woods System)는 자본과 시장의 국제
화를 촉진하고 세계 무역 규모를 확대하여 상호 의존적인 국제
금융 관계를 형성했다.

▲ 스위스은행에서 발행한 금괴

20세기 중후반에는 관세와 무역에 관한 일반 협정(GATT, General
Agreement on Tariffs and Trade), 세계은행(국제부흥개발은행(IBRD,
International Bank for Reconstruction and Development)), 국제통화
기금(IMF, International Monetary Fund) 등의 국제기구가 세계 경제
와 금융을 이끌었다. 이 국제기구들은 모두 브레턴우즈 회의의 산물
이다.

1929~1933년까지 계속된 경제대공황으로 구미의 자본주의 국가
들은 막대한 경제 손실을 입었다. 국제 통화가 다원화되면서 각국의
화폐 경쟁이 치열해졌고, 그 결과 화폐의 평가 절하 현상이 심각해

▶ 워싱턴 D. C.에 있는 세계은
행의 본부 건물

졌으며 국제 금융 시장은 혼란이 더욱 가중되었다. 국제 수지가 균형을 이루고 각국의 경제가 회복되려면 안정적인 경제 질서를 확립하는 것이 무엇보다 절실했다.

제2차 세계대전이 종식된 후 미국과 소련은 상호 대립 관계를 형성하며 냉전 시대의 양대 패권자로 떠올랐다. 미국은 자본주의 국가 가운데 최고의 경제력과 군사력을 보유했을 뿐만 아니라 엄청난 황금 보유량을 바탕으로 국제 질서를 주도하기 시작했다. 그러나 당시 국제 무역에서 사용되는 화폐는 영국의 파운드가 절반 이상을 차지했다. 미국이 세계 경제의 판도에서 주도적인 위치에 오르려면 반드시 '파운드'의 '국제 기축 통화[107]' 지위를 대체할 '화폐'를 제시하고 그에 상응하는 경제 질서를 확립해야 했다. 마침 당시 국제 정세는 미국이 새로운 국제 통화 체계를 세우기에 매우 유리한 상황이었다.

미국은 우선 영국과 통화 갈등을 해결하기 위한 협상을 제의하고, 다른 국가들도 협상에 참여시켰다.

1944년 7월, 세계 40여 개국에서 파견된 경제 특사 300여 명이 뉴햄프셔 주 브레턴우즈에서 열린 회의에 참석했다. 이 회의에서는 전

◀ 1971년 8월 15일, 미국은 국제 통화기금을 중심으로 한 브레턴우즈 체제를 중단한다고 발표했다. 이로써 외국 은행은 더 이상 고정 금리에 따라 달러로 황금을 교환할 수 없게 되었다. 미 달러화가 곧 황금이었던 시대는 이렇게 막을 내렸다.

107) 국제 결제에 사용되는 통화

브레턴우즈 체제의 붕괴

브레턴우즈 체제가 확립된 초기에는 세계 무역 질서가 안정되면서 전후 세계의 경제가 회복되는 데 기여했다. 그러나 미국의 달러화를 중심으로 운영되는 통화 체제는 미국이 황금을 충분히 보유한 상태에서만 안정적으로 운영될 수 있었으며, 일단 미국 경제에 위기가 닥치면 그 여파가 전 세계로 퍼질 우려가 있었다. 미국 경제에만 의존해야 하는 치명적인 결함 탓에 브레턴우즈 체제는 결국 붕괴되고 말았다.

후의 국제 경제 질서 회복과 세계 무역 구도 정립, 새로운 국제 통화 협력 방식 등에 대해 논의되었다.

그 결과 각국은 국제통화기금, 국제부흥개발은행, 그리고 전 세계적인 무역 기구를 구성하기로 합의했다.

1945년 12월, 브레턴우즈 대회에 참석한 각국 대표는 브레턴우즈 협정을 체결했고, 1946년과 1947년에 각각 국제부흥개발은행과 국제통화기금을 발족시켰다. 국제부흥개발은행과 국제통화기금, 그리고 나중에 결성된 관세와 무역에 관한 일반 협정을 바탕으로 브레턴우즈 체계가 확립되었다.

브레턴우즈 체계는 사실상 미국 경제 체제에 따라 움직이는 경제 질서라고 할 수 있다. 황금이 화폐와 동등한 지위를 얻고, 황금을 가장 많이 보유한 국가인 미국의 달러화가 영국의 파운드화를 대신해 국제 기축 통화가 됨으로써 국제 통화 역사의 새 장이 열렸다. 국제 통화기금은 국제 환율 변동을 감독해 경쟁적인 통화의 평가 절하를 막고 국제 통화 조절과 차관 제공 등의 역할을 수행하면서 실질적으로 브레턴우즈 체계 운영의 책임을 맡았다.

브레턴우즈 체제는 자본과 시장의 국제화를 촉진하고 세계 무역 규모를 확대하여 상호 의존적인 국제 금융 관계를 형성했다.

원자폭탄의 등장

시기 : 1945년 7월 16일
인물 : 페르미, 오펜하이머, 티베츠
영향 : 원자폭탄의 등장은 인류가 핵의 시대에 돌입했음을 상징한다.

  1945년 8월 6일에 미국이 일본의 히로시마에 '리틀 보이(little boy)'로 명명된 원자폭탄을 투하했다. 히로시마가 순식간에 폐허로 변한 지 사흘 만에 다시 나가사키 상공에 '팻맨(Fat Man)'이라는 원자폭탄이 투하되었다. 그 결과 4만 명이 사망하고 6만 명이 부상당하는 비극이 벌어졌다. 인류가 바야흐로 공포의 '핵의 시대'로 접어든 것이다.

페르미

이탈리아 출신의 미국 물리학자 엔리코 페르미(Enrico Fermi)는 스물한 살에 피사 대학에서 최연소로 박사 학위를 받을 정도로 천재적인 인물이었다. 오랫동안 중성자 연구에 몰두하며 거둔 공로를 인정받아 1938년에 노벨 물리학상을 받았다. 그의 저서 가운데 열역학 이론은 교재로 사용되고 있다. 무솔리니가 정권을 장악하자 아내가 유대인이었던 그는 미국으로 이민 갔다. 그 후 콜롬비아 대학에서 세계 최초로 원자로의 건설을 주도했다. 원자폭탄을 생산하는 맨해튼 계획에 참여했고, 1945년 7월 16일에 최초의 원자폭탄을 제조하는 데 성공했다. 1946년에 미국 정부에서 공로 훈장을 받았으며 핵물리학에 공헌한 점을 인정받아 그의 이름으로 명명한 '엔리코 페르미 상'이 제정되었다. 제1회 '엔리코 페르미 상'의 수상자는 다름 아닌 그 자신이었다. 그리고 원소 번호 100인 페르뮴은 그의 이름을 따서 명명한 것이다.

◀ **일본 나가사키에 원자폭탄을 투하하던 당시의 장면**
  이에 일본이 무조건 항복을 선언함으로써 제2차 세계대전은 비로소 종식되었다.

▲ 원자폭탄 개발에 참여한
미국의 과학자 오펜하이머

원자폭탄의 연구는 당초 강대국 간의 무기 경쟁에서 비롯되었다고 할 수 있다.

제2차 세계대전 당시, 독일이 먼저 원자폭탄을 개발할 것을 우려한 아인슈타인은 미국 과학자 질라드의 권유로 루스벨트 미국 대통령에게 원자폭탄 개발의 중요성을 알리는 서한을 보냈다. 루스벨트 대통령이 그의 의견을 받아들여 1942년에 '맨해튼 계획'이라는 이름의 원자폭탄 개발 연구가 추진되었다.

1945년 7월 16일, 장장 연구 기간 4년에 걸쳐 60여만 명을 동원한 원자폭탄 개발 프로젝트는 뉴멕시코 주 앨버커키 부근에서 원자폭탄을 폭발시키는 실험에 성공하면서 완료되었다.

미국은 일본의 항복을 받아내고 독일과 전후 청산을 조속히 추진

▶ 원자폭탄은 자체적으로 무시무시한 살상 무기인 동시에 그 방사능 또한 인류의 건강을 크게 위협한다. 원자폭탄의 개발이 과연 인류의 올바른 선택이었는지 아니면 일대 착오였는지 단정할 수 없지만 그 위험에서 벗어날 방법을 아직까지 찾지 못한 점만은 분명하다.

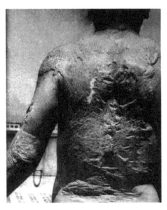

하며 소련에 신무기를 과시하는 수단으로 일본 히로시마와 나가사키에 원자폭탄 투하를 감행했다. 그로부터 60여 년의 세월이 흐른 지금도 히로시마와 나가사키는 원자폭탄 폭발의 후유증에 시달리고 있다. 그만큼 원자폭탄의 위력은 실로 대단한 것이다.

따라서 원자폭탄을 개발한 과학자들은 심한 양심의 가책에 시달렸다. 맨해튼 계획에 참여했던 오펜하이머(Oppenheimer, J. Robert)는 결국 괴로움을 견디지 못하고 연구소를 떠났고, 아인슈타인마저 차라리 시계 수리공을 하는 편이 마음이 편하겠다고 한탄했을 정도였다.

원자폭탄을 투하한 지 60여 년이 지났지만 사람들은 아직도 핵무기의 위협에서 벗어나지 못하고 있다. 현재 핵무기 보유국은 8개국이며, 핵무기를 제조할 수 있는 원료와 기술을 보유한 국가는 20여 개국에 달한다. 전 세계적으로 원자로 438개, 핵연료처리 공장 250여 개가 있으며, 여기에서 발생하는 방사능은 물론 핵 밀매와 핵 확산도 인류의 안전을 위협하고 있다. 미국 〈타임〉지가 원자폭탄 투하 60주년을 기념하여 발표한 문장에는 다음과 같은 내용이 소개되었다. "히로시마에 원자폭탄이 투하된 후 지금까지 지상에서는 무려 525회에 걸쳐 핵폭발 실험이 진행되었다. 비록 전쟁에 직접 이용된 것은 아니라 해도 이러한 상황을 결코 간과해서는 안 될 것이다."

1968년 6월 12일에 미국, 영국을 비롯한 59개국이 핵확산방지조약(NPT, Nuclear nonproliferation treaty)을 체결하며 핵 확산의 방지에 나서기 시작했다.

포츠담 회담의 개최

시기 : 1945년 7월 17일~8월 2일
인물 : 스탈린, 트루먼, 처칠, 애틀리
영향 : 포츠담 회담(Potsdam Conference)은 제2차 세계대전의 종식을
      앞당기는 한편 전후 처리 문제를 사전에 논의하여 국제 사회에
      새로운 질서를 확립하는 계기를 마련했다.

▲ 포츠담 회담에 참석한 처칠의
   모습

1945년 7월의 어느 날, 영국 런던에서는 모두의 예상을 뒤엎고 애틀리가 이끄는 노동당이 대선에서 승리했다. 당시 보수당의 당수는 제2차 세계대전 중에 위대한 지도자로 자리매김한 윈스턴 처칠이었기에 대선에서의 이러한 결과는 상상조차 할 수 없었다. 처칠은 내각을 해산했고, 곧이어 애틀리의 새로운 내각이 들어섰다. 마침 포츠담 선언의 발표를 앞두고 있는 날이었다. 영국의 새로운 수상이 된 애틀리가 처칠을 대신하여 포츠담 회담에 참석했다.

1945년 5월 8일에 독일이 항복을 선언한 후 독일 및 유럽 지역의 전후 처리 문제가 당면 과제로 떠올랐다. 당시 태평양 전쟁에서는 연합군이 승리를 거듭하고 있었는데, 미국은 향후 일본과의 대전에 강한 군사력을 갖춘 소련이 참전하기를 바랐다. 당시 미국 대통령이

▶ 포츠담 회담 장면

었던 트루먼은 그의 회고록에서 스탈린의 대일 전쟁 참전이 매우 주효했다고 밝힌 바 있다. 미국은 이를 성사시키기 위해 미국, 영국, 소련 3국의 수뇌와 외무장관이 참석하는 회담을 제의했고 1945년 7월 17일에 베를린 근교의 포츠담에서 3국의 회의가 열렸다.

포츠담 회담은 '수뇌 회의', '외무장관 회의', '총회의'로 나뉘어 진행되었고 7월 17일부터 7월 25일까지 1차 회담이 열렸다. 도중에 처칠이 대선에 참여하기 위해 영국으로 돌아가야 했기에 이틀 동안 중단되었다. 그리고 28일부터 처칠을 대신해 새로운 영국 수상 애틀리가 참석하며 2차 회담이 재개되었고 8월 2일에 종료되었다.

17일 동안 열린 이 회담에서 3국은 각기 자국의 이권을 보장하기 위해 열띤 토론을 펼쳤다. 이 자리에서 독일에 대한 처리 문제, 독일의 전후 배상금, 폴란드의 국경선, 칼리닌그라드(Kaliningrad)의 소련 귀속을 비롯해 루마니아, 불가리아, 헝가리, 폴란드, 이탈리아의 처리 문제, 향후 전범 처리 및 대일 전쟁에 대한 방안들을 논의하여 합의를 일궈냈다.

독일에 대해서는 미국, 영국, 소련, 프랑스가 공동으로 통치하고 나치당과 군국주의를 뿌리 뽑아 새로운 민주 독일 정부를 세우기로 했으며, 독일의 전후 배상금 문제도 명료하게 정했다.

처칠

처칠은 영국 수상 직을 두 차례 연임하며 제2차 세계대전 중에 위대한 지도자로 자리매김했다. 뛰어난 웅변가이자 정치가이며 작가이기도 했던 그는 《제2차 세계대전 회고록(The Second World War)》, 《영어 사용 민족들의 역사(A History of the English-speaking Peoples)》 등을 집필해 1953년에 노벨 문학상을 받았다. 역사에 정통하고 전기를 기술하는 문체가 뛰어나며 작품에 그의 숭고한 인품이 그대로 녹아들어 있다는 점이 그를 수상자로 정한 이유였다고 한다.

◀ 포츠담 회담에 참석한 3국 수뇌. 왼쪽부터 처칠, 트루먼, 스탈린

포츠담 회담이 열리기 하루 전에 미국은 뉴멕시코 주의 앨버커키 부근에서 원자폭탄 실험에 성공했다. 영국과 미국은 이 사실이 회담의 성공을 결정짓는 히든카드가 될 수 있다고 생각했지만 스탈린은 예상 밖으로 아무런 관심을 보이지 않았다고 한다. 회담에서는 일본에 원자폭탄을 투하하기 전에 최후통첩을 보내고 만약 일본이 전쟁을 고수하면 미국이 원자폭탄을 투하한다는 데 합의했다. 그리고 소련이 대일 선전 포고에 동의하여 미국, 영국, 프랑스, 소련 4국의 이름으로 일본과의 전쟁을 선포할 수 있었다.

　포츠담 회담은 제2차 세계대전 중에 미국, 영국, 소련 3국의 수뇌들이 참여한 마지막 회의로, 회의의 일정도 가장 길었다. 이 회담은 제2차 세계대전의 종식을 앞당기는 한편, 전후 처리 문제를 사전에 논의하여 국제 사회에 새로운 질서를 확립하는 계기를 마련했다. 또 전쟁이 막바지에 이르면서 각국의 이권 싸움이 치열해져 자칫 군사적 충돌이 빚어질 수 있는 긴장 국면을 완화하는 효과를 발휘했다.

유엔(UN) 설립

시기 : 1945년

영향 : 유엔은 지역 분쟁을 해결하고 각국의 대소사 처리, 세계 평화
와 안전을 수호하는 책임을 맡고 있다.

유엔 본부는 뉴욕 맨해튼 미드타운의 동쪽 이스트 강변 39층 건물
에 있다. 총 면적이 7만 2천 제곱미터에 달하며 60여 년 동안 세계
평화 수호, 국제 경제 협력 촉진, 문화 교류 강화를 추진했다. 회원
국도 창설 당시의 51개국에서 192개국으로 크게 증가했다.

20세기 초·중반에 두 차례에 걸쳐 발생한 세계대전은 수많은 사
람의 목숨을 앗아갔을 뿐만 아니라 세계의 경제 발전에 치명적인 손
실을 입혔다. 그래서 세계 평화와 안전을 수호할 국제기구의 필요성

▼ 유엔의 주요 기구로는 총회, 안
정보장이사회, 경제사회이사회,
신탁통치이사회, 국제사법재판
소 등을 들 수 있다.

▲ 반전을 상징하는 조각상

이 절실하게 대두되었다.

일찍이 독일의 철학자 칸트(Kant, Immanuel)가 그의 저서 《영원한 평화를 위하여(Zum ewigen Frieden)》에서 '국제 연합 기구'의 필요성을 천명한 바 있다. 먼저 세계 각국이 공화제를 실현하고 이러한 공화국들이 모여 세계 시민법을 제정한 다음 자유 국가 연맹을 체결하는 것이었다. 최초로 '유엔'을 구상한 사람은 미국의 루스벨트 전 대통령이다. 그는 태평양 전쟁을 겪으며 파쇼 정권의 침략을 효과적으로 억제하려면 반反파시스트 국가의 통일된 행보가 필요하다고 판단했다. 이를 바탕으로 1942년 1월 1일에 미국, 영국, 소련의 수뇌가 워싱턴에 모여 '연합국 선언'에 서명했다.

1943년 10월 30일에는 미국, 영국, 소련, 중국 4개국의 수뇌가 모스크바에서 일반 원칙을 발표하며 국제 연합의 초기 틀을 형성했다. 그리고 1944년에 다시 워싱턴에서 열린 회의에서는 미국, 영국, 소련이 전후에 일반 국제기구를 설립하는 데 관한 제안을 발표했다. 국제기구의 명칭은 유엔(UN, United Nations), 즉 국제 연합으로 하는 데 동의했다.

1945년에 제2차 세계대전이 종식된 후 미국, 영국 등 51개국이 샌프란시스코에 모여 미국, 영국, 소련이 제안한 일반 국제기구의 설립에 관한 내용을 심의했다. 두 달 동안의 토론을 거쳐 1945년 10월 24일에 마침내 '국제 연합 헌장'이 통과되었고 참가국이 헌장에 서명하여 유엔이 공식적으로 출범했다.

유엔의 기본법인 '국제 연합 헌장'은 세계 평화와 안전을 법률로 보장한다. 각국 국민의 평등권과 민족 자결권을 기반으로 국제적인 우호 관계를 확립하고 세계 경제, 사회, 문화 분야의 협력을 강화하는 내용이 주를 이룬다. 또 이 헌장에는 유엔의 기본 원칙, 즉 주권 평등, 상호 불가침, 영토 수호, 내정 불간섭, 국제 분쟁의 평화적 해결, 우호 교류 등이 명시되어 있다. 유엔의 주요 기구로는 총회, 안정보장이사회, 경제사회이사회, 신탁통치이사회, 국제사법재판소 등이 있다.

유엔은 세계 최대의 국제 조직으로, 지역 분쟁을 해결하고 각국의 대소사 처리, 세계 평화와 안전을 수호하는 책임을 맡고 있으며 그 역할은 점점 확대될 것으로 기대된다.

컴퓨터의 등장

시기 : 19세기~20세기
인물 : 배비지, 폰 노이만
영향 : 컴퓨터의 발명으로 인류는 전자 정보 시대에 진입했다.

1996년 2월 15일에 펜실베이니아 대학에서는 컴퓨터 발명 50주년 기념식이 성대하게 거행되었다. 당시 미국의 고어 부통령이 참석해 40년이 넘은 구식 컴퓨터를 다시 가동시키는 행사를 주도하기도 했다. 고어 부통령은 당시 컴퓨터를 제작하는 데 참여했던 연구원이었다.

컴퓨터는 영국의 수학자이자 발명가였던 배비지의 노력이 있었기에 탄생힐 수 있었다. 1822년에 배비지는 가감 계산과 수표數表를 기계로 계산하는 자동 계산 장치를 발명했다. 그 장치를 '차분 엔진(Difference Engine)'이라고 명명하고, 이를 바탕으로 수학 연산을 비롯해 논리 연산이 가능한 장치, 즉 '해석 엔진(Analytical Engine)'

▲ 모클리와 그가 발명한 컴퓨터

◀ 세계 최초의 컴퓨터 에니악
(ENIAC)
무게가 30만 톤에 달했다.

을 발명하고자 결심했다. 해석 엔진은 현대 디지털 컴퓨터의 전신에 해당한다고 볼 수 있다.

그러나 그의 연구에 회의적이었던 영국 정부가 연구비 지원을 중단했고, 그는 과학계의 이단아 취급을 받게 되었다. 그럼에도 배비지는 전혀 아랑곳하지 않고 자신의 연구에 몰두했다. 당시 영국의 젊은 여성 수학자 러블레이스(Augusta Ada King Lovelace)가 그의 연구를 돕기 시작했지만 배비지는 자신의 꿈을 실현하기도 전인 1871년에 그만 세상을 떠나고 말았다. 그가 남긴 것은 수만 개에 이르는 부품과 설계도 수백 장, 그리고 컴퓨터 설계 방안 30여 종뿐이었다. 당시에 이미 현대식 컴퓨터와 매우 닮은 구상과 연구를 했던 그는 오늘날 '컴퓨터의 아버지'로 불린다.

본격적으로 컴퓨터에 대한 연구가 시작된 때는 제2차 세계대전이 벌어지고 있을 무렵이었다. 1942년에 펜실베이니아 대학 스워스모어 칼리지(Swarthmore College)의 존 모클리(John Mauchly)가 디지털 컴퓨터의 연구와 제작을 제안하고 미국 정부가 이를 적극 지원하면서 시작되었다. 모클리는 에커트(Eckert)와 함께 연구에 몰두했고, 후에 헝가리의 수학자 폰 노이만(John von Neumann)이 가세하면서 1945년 3월에 컴퓨터의 가장 핵심 부분인 '저장 프로시저(SP, Stored

펜실베이니아 대학

1740년에 미국의 저명한 과학자이자 정치가인 벤저민 프랭클린이 세운 학교로, 펜실베이니아 주 필라델피아에 자리하고 있다. 미국에서 네 번째로 오래된 고등교육기관이며 미국 내 8대 아이비리그(Ivy League) 대학에 속한다.

▶ **세계 최초의 디지털 컴퓨터 에니악**

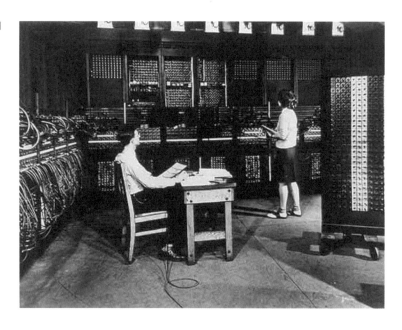

Procedure)'개념과 이진법 원리를 연구하는 단계로까지 발전했다.

1946년 2월 10일에 미국 육군 병참 부대와 펜실베이니아 대학 스워스모어 칼리지는 공동으로 세계 최초의 컴퓨터 에니악(ENIAC)의 탄생을 알렸다. 점유 면적 140제곱미터, 무게 30톤에 달하는 에니악의 탄생은 세계적으로 크나큰 반향을 일으켰다.

그러나 에니악이 미국 아이오와 대학의 물리학과 부교수 아타나소프(John Vincent Atanasoff)와 그의 조교 베리(Clifford Berry)가 제작한 '아타나소프—베리 컴퓨터(Atanasoff-Berry Computer, ABC)'를 도용했다는 사실이 밝혀지면서 큰 파장이 일었다. 1973년에 미국 연방 대법원이 아타나소프의 손을 들어주면서 사건은 비로소 일단락되었다.

탄생하기까지 우여곡절이 있었지만 그 후 컴퓨터가 인류를 전자 정보 시대로 이끌었다는 데는 논란의 여지가 없다. 또 '정보화 시대의 증기 기관'이라는 별칭에 걸맞게 컴퓨터의 등장은 세계를 지구촌의 개념으로 더욱 가까워지게 만들었다. 그리고 이후 과학 기술의 발달과 더불어 전자관, 트랜지스터(결정삼극관), 집적 회로, 마이크로프로세서, 마이크로컴퓨터 등이 등장했으며 컴퓨터는 네트워크화, 지능화, 멀티미디어화 단계로 발전했다.

트랜지스터의 발명

시기:1947년 12월 23일

인물:바딘(J. Bardeen), 브래튼(W. H. Brattain), 쇼클리(W. Shockley)

영향:트랜지스터(Transistor)가 등장하면서 진공전자관은 역사의 무대 뒤로 사라졌다. 그리고 새로운 마이크로전자 시대가 열리면서 집적 회로가 탄생하는 발판이 마련되었다.

▲ 쇼클리

바딘

1908년에 미국 위스콘신 주 매디슨에서 태어났다. 1936년에 프린스턴 대학에서 박사 학위를 받았으며 하버드 대학, 미네소타 대학에서 연구원과 교수를 역임했다. 벨연구소에서 연구원으로 재직할 때 브래튼, 쇼클리와 함께 트랜지스터를 발명한 공로를 인정받아 1956년에 노벨 물리학상을 공동 수상했다. 이후 브래튼과 불화를 겪어 벨연구소를 떠나 일리노이 대학 교수로 재직했다. 이곳에서 리언 쿠퍼, 존 로버트 슈리퍼와 함께 BCS 이론[108]을 발표해 1972년에 다시 노벨 물리학상을 공동 수상했다. 현재까지 노벨 물리학상을 두 차례나 수상한 사람은 바딘이 유일무이하다.

1956년에 스웨덴 왕립과학원 노벨 위원회는 제56회 노벨 물리학상 수상자로 트랜지스터를 발명한 쇼클리, 바딘, 브래튼을 선정했다.

20세기 초에 미국의 물리학자 플레밍이 진공 상태에서의 전자의 운동 법칙을 연구해 2극 진공관을 발명하며 전자 시대를 열었다. 하지만 그가 발명한 진공관은 크기가 방대하고 효율이 낮은데다 쉽게 부서지고 수명이 짧다는 치명적인 단점이 있었다. 그래서 진공관의 단점을 보완할 신소재의 발견이 매우 절실해졌다.

미국 벨연구소의 과학자들은 반도체 연구 중에 정류성整流性이 진공관보다 높은 신소재, 즉 게르마늄 결정체(Ge, germanium)를 발견했다. 당시에는 게르마늄과 실리콘에 대한 연구가 활발하게 진행되었기에 트랜지스터의 재료로 게르마늄 결정체를 발견하는 것이 용이했다고 볼 수 있다.

1945년에 벨연구소는 쇼클리를 책임 연구원으로 삼고 브래튼과 바딘이 합류한 반도체 연구팀을 결성했다. 주요 연구 대상은 게르마늄과 실리콘이었다. 연구에 매진하던 이들은 마침내 트랜지스터의 모체인 점접촉TR(point contact transistor)을 완성했다. 게르마늄의 표면에 가는 금속 바늘 두 개를 놓고 한쪽(고정 바늘)은 고정하고 다른 한쪽(탐색 바늘)은 0.05밀리미터를 떨어뜨려놓은 다음 동시에 전류를 연결했더니 탐색 바늘에 흐르는 전류의 미약한 변화에도 고정 바늘이 심하게 움직이는 현상을 발견했다. 즉 게르마늄 트랜지스터가 전류를 증폭시키는 역할을 한 것이다.

---

108) 바딘, 쿠퍼, 슈리퍼의 머리글자를 따서 이름을 붙인 초전도 이론

1947년 12월 23일, 마침내 세계 최초의 트랜지스터가 모습을 드러냈다. 성냥개비보다 약간 더 두꺼운 정도의 이 트랜지스터는 가청주파를 무려 100배나 확대하는 엄청난 위력을 발휘했다. 마침 크리스마스를 얼마 남겨두지 않은 시점이었기에 사람들은 이 위대한 발명품을 '신이 주신 크리스마스 선물'이라고 칭했다.

크기가 작고 전력 소모량도 적은데다 수명도 길고 쉽게 부서지지도 않는 트랜지스터는 역사의 무대에서 진공관을 밀어내고 새로운 마이크로전자 시대를 열었으며 또한 집적 회로가 탄생하는 발판을 마련했다.

이스라엘 건국

시기 : 1948년 5월 14일

인물 : 벤 구리온 등

영향 : 이스라엘 민족은 그들만의 국가를 세우기까지 기나긴 수난의
　　　역사를 살았다. 그 꺾이지 않는 불굴의 신념은 지금도 수많은
　　　국가와 민족의 모범이 되고 있다.

　　2008년에 이스라엘은 건국 60주년을 맞이했다. 건국 후에 경제, 군사, 문화, 복지 면에서 눈부신 성과를 거두었지만 민족 간 모순은 여전히 해결의 실마리를 찾지 못하고 팔레스타인과 끝없는 분쟁을 지속하고 있다. 겉으로는 평화로운 일상이 펼쳐지는 듯 보이지만 늘 잠재된 불안에 노출되어 있는 것이다.

　　수천 년 동안 이스라엘은 수난의 상처투성이 역사를 겪었다. 건국

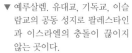

▼ 예루살렘. 유대교, 기독교, 이슬람교의 공동 성지로 팔레스타인과 이스라엘의 충돌이 끊이지 않는 곳이다.

◀ 1948년 10월에 이스라엘 군대가 유엔 안전보장이사회의 정전 명령을 무시하고 아랍 군대에 대한 공격을 계속했다. 심지어는 중재에 나섰던 적십자회 회장이 이스라엘 테러 조직에 암살당하는 사태까지 발생했다.

후 60년의 세월이 흘렀지만 그 상처에서 자유로울 수는 없었다.

유대인은 본래 서아시아 팔레스타인 지역에 거주하던 유목 민족이었다. 기원전 1028년에 사울이 이스라엘왕국을 세우면서 번영을 누렸지만 솔로몬 왕이 세상을 떠나면서 이스라엘과 유대왕국으로 분열되었다. 기원후 70년에 고대 로마제국이 이스라엘을 점령하고 성전을 파괴했으며, 기원후 135년에 다시 이스라엘을 침략해 결국은 멸망시켰다. 이때부터 이스라엘 민족은 팔레스타인에서 쫓겨나 세계 각지로 뿔뿔이 흩어졌으며 무려 1,800여 년 동안 긴 유랑의 세월을 보내야 했다.

유럽으로 쫓겨 온 유대인들은 기독교를 신봉하는 국가에서 멸시받으며 격리 조치되었다. 기독교인들은 유대인이 예수를 배신하고 십자가에 못 박히게 한 장본인이라고 생각했기에 그들을 경멸한 것이다. 19세기 중엽에 러시아가 먼저 유대인 대학살을 시작했다. 이에 폴란드, 루마니아, 오스트리아-헝가리제국까지 그 영향을 받았다.

1881년에 러시아계 유대인 의사 레오 핀스케르(Leo Pinsker)가 《자력해방(Auto-Emanzipation)》이라는 책을 발간해 유대인 국가를 건설할 것을 피력했다. 그로부터 15년 후 오스트리아-헝가리제국의 유대인 기자 헤르츨(Theodor Herzl)이 《유대인 국가(The Jewish State)》라는 책을 발간해 조국 건설에 대한 유대인들의 의지를 더욱 불태웠다.

▶ 1948년 5월 15일 새벽, 이스라엘과 아랍 국가 사이에 대규모 전쟁이 발생했다. 15개월 동안 계속된 이 전쟁은 이스라엘의 승리로 끝났으며 역사적으로 '제1차 중동 전쟁'으로 불린다. 이 전쟁의 결과, 가자 지구와 요르단 강 서부 연안을 제외하고 약 2만 제곱킬로미터에 해당하는 팔레스타인 지역이 이스라엘에 귀속되었다. 그리고 팔레스타인 주민 96만 명이 고향을 잃고 떠도는 유민 신세가 되었다.

벤 구리온

1886년에 폴란드의 부유한 유대인 가정에서 태어난 벤 구리온(David Ben-Gurion)은 열일곱 살에 유대인의 국가 재건을 염원하는 시온주의 정당에 가입했다. 그로부터 30년 후 마침내 이스라엘을 건국하는 데 성공한 그는 초대 총리의 자리에 올랐고, '이스라엘 건국의 아버지'로 불린다. 이스라엘 역사상 가장 오랜 기간 총리직을 수행했으며 1973년에 87세를 일기로 세상을 떠났다.

1897년 8월 29일에 스위스에서 제1회 시온주의(Zionism)[109] 세계 대회가 열렸다. 이 회의에서 유대인들은 팔레스타인을 그들의 조국을 건설할 땅으로 정했다.

제1차 세계대전이 종식된 후 팔레스타인은 영국의 위탁 통치를 맡았다. 영국의 밸푸어(Arthur James Balfour) 수상은 1917년에 유대인의 국가 재건 운동을 지지한다는 '밸푸어 선언'을 발표했다. 이때부터 세계 각국에 흩어져 있던 유대인이 팔레스타인으로 몰려들기 시작했고, 이로써 현지 아랍인들과 빈번하게 충돌했다. 성난 아랍인들이 일으킨 폭동과 파업은 3년 동안이나 지속되었다.

결국 영국 정부가 나서서 팔레스타인에 유대인의 국가와 아랍인의 국가를 동시에 건립할 것을 제안했으나 아랍인들은 이를 거절하고 다시 폭동을 일으켰다. 이에 영국은 팔레스타인으로 들어가는 유대인의 수를 제한하는 '팔레스타인 백서'를 발표하고 팔레스타인을 아랍 정부의 관할 지역으로 정했다.

이와 때를 같이 하여 독일에서 유대인 대학살이 자행되었다. 당시 유럽에 거주하던 유대인의 50%에 해당하는 600여만 명이 죽임을 당했지만 그럼에도 국가 재건에 대한 유대인의 의지는 꺾일 줄

109) 세계 각지에 흩어져 있던 유대인이 조상들의 땅인 팔레스타인에 국가를 건설하려는 운동

을 몰랐다. 영국 정부가 팔레스타인으로 이주하는 유대인들을 다시 저지하자 결국 영국인을 대상으로 한 유대인 급진 조직의 테러가 이어졌다.

1947년에 사태가 더는 수습할 수 없는 지경에 이르렀다고 판단한 영국은 위탁 통치를 포기하고 팔레스타인 문제를 유엔에 회부했다. 1947년 11월 29일에 열린 제2차 유엔 총회에서는 팔레스타인의 분리에 동의하는 '제181호 결의'가 통과되었다. 그리고 1948년 5월 14일에 영국은 팔레스타인에서 공식 철수함을 선포했고 유대인은 이스라엘을 건국했다.

이스라엘의 건국으로 천여 년 동안 세계 각지를 떠돈 유대인들에게 드디어 조국이 생겼다.

미국의 마셜 플랜 추진

시기 : 1948년 4월

인물 : 마셜

영향 : 마셜 플랜(The Marshall Plan)이 성공적으로 추진되면서 서유럽 각국의 경제는 제2차 세계대전이 발발하기 전의 수준까지 회복 되었다. 경제 회복을 바탕으로 정치 질서도 안정을 되찾고 더 이상의 폭동과 혁명을 저지할 수 있었다. 아울러 각국 간에 경 제 협력 체제가 구축되는 계기를 마련했다.

제2차 세계대전이 발발하기 전, 서유럽은 세계에서 경제가 가장 발달한 지역이었다. 그러나 전 세계 공업 생산 총액의 3분의 1을 차 지하던 유럽 경제는 제2차 세계대전이 발발함과 함께 거의 파탄이 났다.

제2차 세계대전 당시 전란에 휘말린 지역은 제1차 세계대전 때보 다 훨씬 광범위했고, 각종 선진적인 무기의 등장으로 각 도시의 대 부분 시설이 파괴되는 등 엄청난 피해를 입었다. 전란이 휩쓸고 지

▶ **1947년 6월 5일에 거행된 하 버드 대학의 졸업식에 참석한 마셜**
이 자리에서 그는 유럽의 경제 회복을 추진하는 마셜 플랜을 발표했다.

나간 자리에는 돌아갈 곳을 잃은 유랑민들로 넘쳐났고 유럽 경제는 회복될 기미를 전혀 찾아볼 수 없었다.

특히 철도, 교량 등 대부분 교통 시설은 우선 파괴 대상이었기에 피해 정도가 매우 심각했다. 당시 서유럽 지역은 식량을 동유럽 국가에서 수입하는 데 의존하고 있던 터라 교통이 단절되자 식량난이 가중되었다. 수많은 사람이 기아에 시달렸고, 그중에 독일의 상황이 가장 처절했다. 또 교통 시설이 파괴되면서 공장들도 석탄 등 공업 연료 조달이 어려워 물자 부족에 시달렸고 경제는 더욱 침체되었다.

짧은 기간에 이러한 시설을 재건하려면 막대한 자금이 필요했다. 그러나 전쟁을 치르며 국고가 텅 빈 유럽 각국은 그 상황을 타개할 방법을 전혀 찾지 못했다. 게다가 1946~1947년까지 몰아친 한파는 각국의 경제를 더욱 얼어붙게 만들었다. 공장들이 조업을 중단하고 가정 난방을 공급하는 실정이었다. 하지만 그럼에도 수많은 사람이 얼어 죽는 참사가 이어졌다.

삶의 의욕을 잃은 노동자들이 거리로 몰려나와 시위에 가담하면서 공산주의 세력의 기세가 강성해졌다. 전후의 경기 침체 상황이 무산 계급 투쟁을 초래한 셈이었다. 노동 운동의 바람이 거세지자 유럽 사회에는 혼란이 가중되었고 경기는 도무지 풀릴 줄 몰랐다.

유럽이 이처럼 비참한 사태를 맞은 반면에 미국 경제는 여전히 생기와 활력이 넘쳤다. 제2차 세계대전 참전 시기가 유럽의 각국보다 늦은 데다 미국 본토는 폭격의 피해를 거의 입지 않았기 때문이다. 특히 막대한 황금 보유량은 전쟁 기간 중에도 미국 경제에 든든한 보루가 되었을 뿐만 아니라 연합국에 지원을 해줄 수도 있을 정도였다. 전쟁이 종식된 후 미국의 군수 기업은 민간 기업으로 전환되어 전쟁 중에 부족했던 물자의 재생산에 돌입했다.

유럽 경제가 회복세에 들어서려면 차관을 도입하는 것이 불가피했고 이에 유럽 각국은 모두 미국에 지원을 요청하기 시작했다. 당시 미국은 제1차 세계대전 이후에도 유럽의 각국에 차관을 지원했고, 특히 그 가운데 미국의 차관으로 공업 강국이 된 독일은 제2차 세계대전이 발발하기 직전까지 차관의 일부를 상환하지 못한 상태였다. 그래서 대다수 미국인은 유럽에 다시 경제 원조를 하는 데 회의적이었다.

그러나 미국 정부로서는 공산주의의 기세가 날로 높아지는 상황

▲ 마셜

마셜

조지 캐틀렛 마셜(George Catlett Marshall, 1880~1959년)은 열일곱 살에 버지니아 군사 학교에 입학했다. 제2차 세계대전 당시 뛰어난 작전 능력을 인정받아 작전 참모장이 되었고, 준장으로 승격된 후 다시 육군 참모총장에 임명되었다. 1946년에 미국 국무장관에 임명되었고 유럽 부흥 계획인 '마셜 플랜'을 진두지휘했다.

에서 경제, 군사 강국인 소련에 대적하려면 유럽과 협조를 더욱 강화해야 했다. 유럽의 경제가 침체일로로 치달으면 각국에서 혁명이 발생하기를 바라는 소련에 유리한 상황이 될 것이 뻔했다. 결국 미국은 경제 원조를 통해 유럽과의 협력 체계를 강화하여 소련에 공동으로 대처하는 방법을 선택했다. 마셜 플랜은 바로 이러한 국제 정세를 바탕으로 탄생한 것이다.

마셜 플랜의 공식 명칭은 '유럽 부흥 계획(European Recovery Program)'이다. 1948년 4월부터 시작되었고 '경제협력국'이라는 전담 기구가 발족되었다. 마셜 플랜은 크게 경제 원조와 군사 원조 분야로 나뉘었다. 1단계 경제 원조 기간에는 식량 문제와 공업 재건 문제 해결이 급선무였다. 군사 원조가 시작된 1951년은 마침 한국 전쟁 기간이었으나 미국은 서유럽의 군비를 확충하는 데 노력을 아끼지 않았다.

마셜 플랜이 성공적으로 추진되면서 서유럽 각국의 경제는 제2차 세계대전이 발발하기 전의 수준까지 회복되었다. 1950년에는 유럽 지급동맹(EPU, European Payment Union)이 결성되어 향후 유럽공동체가 결성되는 토대를 마련했다. 유럽은 경제 회복을 바탕으로 정치 질서도 안정을 되찾고 더 이상의 폭동과 혁명 발생을 저지할 수 있었다. 아울러 각국 간에 경제 협력 체제가 구축되는 계기를 마련했다. 미국 역시 자국의 잉여 물자를 효과적으로 해결하며 경제 발전을 촉진했다.

북대서양조약기구(NATO)의 설립

시기 : 1949년 8월 24일
영향 : 미국과 소련의 냉전 체제를 배경으로 체결된 북대서양조약기구
는 서방 국가들의 연합 군사 기구라고 할 수 있다. 이에 자극받
은 소련은 동유럽 국가를 중심으로 '바르샤바조약기구'를 결성
했고 이때부터 미·소 냉전 시대가 본격적으로 시작되었다.

2004년 3월 29일에 불가리아, 에스토니아, 라트비아, 리투아니아, 루마니아, 슬로베니아, 슬로바키아 등 동유럽 7개국이 미국 워싱턴에 모여 북대서양조약기구 가입 신청서를 전달했다. 당시 미국 국무장관이었던 파월의 주재로 가입 신청이 이루어졌고, 이로써 북대서양조약기구의 회원국은 26개국으로 늘어났다. 북대서양조약기구는 기존에 네 차례 증원된 적이 있었으나 이번이 가장 큰 규모였다.

제2차 세계대전이 종식된 후 미국, 영국, 소련의 3국 수뇌는 얄타에서 회담을 열고 독일의 영토 분할과 전후 배상금 문제를 논의했

파월

콜린 파월(Colin Luther Powell)은 미국 역사상 최초의 흑인 국무장관이다. 1937년 4월 5일에 뉴욕에서 태어났고 조지 워싱턴 대학을 졸업했다. 베트남 전쟁에 참전한 경력이 있고 레이건 대통령의 국가 안보 담당 보좌관을 지냈다. 그 후 합동참모본부장, 국무장관에 임명되었다. 재임 기간에 파나마, 필리핀, 소말리아, 걸프전을 지휘했고 걸프전을 대승으로 이끌면서 미국 최고의 훈장인 명예 훈장(Medal of Honor)을 받았다.

◀ 북대서양조약기구 서명식

다. 회의 결과 미국, 영국, 프랑스, 소련이 각각 독일의 영토를 분할 점령하고 수도 베를린은 공동 관할한다는 데 합의했다. 그러나 전후 배상금을 두고 미국과 소련의 입장 차이가 극명하게 벌어졌다. 본래 독일에 막대한 배상금을 요구하려던 미국이 오히려 경제 원조로 입장을 선회하면서 소련과 대립하게 된 것이다.

1946년부터 미국은 자국이 관할하던 독일 점령 지역에서 소련에 대한 배상금 지급을 중단시키고 영국과 함께 독일의 경제를 회복시키는 데 주력했다. 소련은 독일을 정치적으로 통일할 야심을 키우고 있었기에 양국의 갈등은 더욱 격화될 수밖에 없었다. 1948년에 미국, 영국, 프랑스, 소련, 벨기에, 룩셈부르크 6개국 대표가 런던에 모여 독일의 분할에 대해 다시 논의했다. 그 결과 독일은 소련이 점령한 동독과 영국, 미국, 프랑스가 점령한 서독으로 분열되었다.

독일의 영토 분할 문제가 일단락된 후 영국은 서유럽 연맹의 결성을 제안했다. 이에 1948년 3월 17일에 영국, 프랑스, 네덜란드, 벨기에, 룩셈부르크 5개국이 서유럽연합(WEU)의 결성에 동의하는 브뤼셀 조약을 체결하고 더불어 북대서양 지역의 안전을 보장하기 위한 기구의 결성을 제안했다. 1948년 7월에 미국의 요청으로 브뤼셀 조약 체결국과 캐나다 대표가 워싱턴에서 열린 회의에 참석했으며, 이

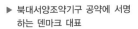
▶ 북대서양조약기구 공약에 서명하는 덴마크 대표

회의에서 북대서양조약기구의 결성을 타결하고 북대서양조약기구의 성격과 범위, 회원국의 의무, 그 밖의 유럽 조직과의 관계에 대해서도 상세하게 논의했다.

1949년 4월 4일에 미국, 영국, 벨기에, 프랑스, 룩셈부르크, 네덜란드, 캐나다, 덴마크, 노르웨이, 아이슬란드, 포르투갈, 이탈리아 대표가 워싱턴에 모여 드디어 북대서양조약기구(North Atlantic Treaty Organisation)의 공약에 서명했다. 약칭 'NATO'로 불리는 북대서양조약기구는 같은 해 8월 24일에 공식 출범했다.

미국과 소련의 냉전 체제를 배경으로 체결된 북대서양조약기구는 서방 국가들의 연합 군사 기구라고 할 수 있다. 유럽 또는 북미의 회원국이 무장 공격을 받을 경우 각 회원국이 그 상황을 자국이 공격받은 것으로 간주하여 필요한 조치를 취할 수 있도록 했다.

그러자 소련도 이에 자극받아 폴란드, 체코슬로바키아, 헝가리, 불가리아, 루마니아, 알바니아, 동독 등 동유럽 국가를 중심으로 1955년 5월 14일에 바르샤바조약기구를 결성하여 군사, 정치적으로 북대서양조약기구와 힘의 균형을 이루고자 했다.

북대서양조약기구와 바르샤바조약기구가 결성되면서 미·소 냉전 시대가 본격적으로 시작되었다. 이후 미국과 소련은 자본주의 진영과 사회주의 진영을 대표하며 세계를 양분화하기에 이르렀다.

중화인민공화국 정부 수립

시기 : 1949년 10월 1일
영향 : 중화인민공화국 정부의 수립으로 중국은 역사의 새로운 장을
      열었다.

▲ "차가운 가을 홀로 서니, 샹장
강은 북으로 흘러가고, 아스라
이 귤자주110) 끝자락이 보이네."
마오쩌둥의 자작시 〈귤자주두橘
子洲頭〉의 일부이다. 사진 속 마
오쩌둥의 모습이 이 시와 잘 어
울리는 듯하다.

▶ 유화 〈개국대전〉
  둥시董希 작

    제2차 세계대전에서 일본이 무조건 항복을 선언함으로써 중국의
항일 전쟁도 막을 내렸다. 그러나 1946년 6월에 국민당과 공산당의
갈등이 격화되며 결국 내전이 발발했다.

    랴오선 전투와 화이하이 전투, 핑진 전투에서 국민당이 패배하며
전세는 공산당에 유리한 국면으로 전환되었다.

    1949년 4월 20일에 공산당이 100만 대군을 이끌고 도강하여 교전
을 벌이자 국민당은 70만 군대를 파견해 이를 저지하려 했다. 그러
나 결국 실패하여 국민당은 타이완으로 쫓겨 갔고, 공산당은 난징
을 점령했다. 이로써 4년여에 걸쳐 계속된 중국의 국공 내전이 끝
이 났다.

110) 중국 후난성 창사에 있는 샹장강의 사주

내전에서 승리한 공산당은 1949년 6월 15일부터 19일까지 베이핑에서 북평정치협상회의를 개최하고 새로운 중국의 수립에 관해 구체적으로 논의했다. 1949년 9월 21일에 제1회 '중국인민정치협상회의'가 개최되어 《중국인민정치협상회의공동강령》, 《중화인민공화국중앙인민정치조직법》과 《중국인민정치협상회의조직법》을 통과시켰다. 또 마오쩌둥, 주더, 류사오치 등 56인으로 구성된 중앙인민 정부가 수립되었으며 베이핑을 베이징으로 개칭해 중화인민공화국의 수도로 정했다.

◀ 1949년 10월 1일에 톈안먼의 성루에서 중화인민공화국 수립 기념식을 주재하는 마오쩌둥의 모습

1949년 10월 1일 오후, 베이징 시의 30만 시민이 톈안먼에 모여 중화인민공화국 수립 기념식에 참석했다. 마오쩌둥이 중화인민공화국 정부의 수립을 선포했고, 이어서 주더가 군대를 사열했다.

중화인민공화국 정부의 수립으로 중국은 새로운 역사의 장을 열었다.

마오쩌둥

마오쩌둥은 1976년 9월 9일에 병으로 세상을 떠났다. 무산 계급 혁명가이자 뛰어난 전략가이며 철저한 마르크스주의자였던 그는 중국의 사회주의 혁명을 성공으로 이끌며 중화인민공화국 정부를 수립했다.

유럽연합(EU) 창설

시기 : 1957년 3월 25일
영향 : 유럽연합의 창설로 실질적인 유럽 공동체가 탄생했다고 볼 수
있다.

▲ 유럽공동체 창설 기념우표

2007년 3월 25일, 독일 베를린에서 유럽연합 창설 50주년 기념식
이 개최되었다. 총 27개 회원국 대표가 참석해 성대한 기념식을 거
행했다.

언제나 찬란한 역사의 주인공이었던 유럽 대륙은 20세기에 두 차
례 세계대전을 겪으며 과거의 영화를 모두 잃어버렸다. 소련의 위협
은 물론 슈퍼 강대국이 된 미국의 영향 아래 유럽이 본래의 지위를
회복하기란 쉽지 않았다. 유럽이 강력한 존재로 다시 부각되려면 무
엇보다 공동의 협력과 노력이 절실했다.

1946년 9월에 영국 수상 처칠이 유럽합중국(United States of
Europe)을 제안했으나 당시 프랑스와 독일의 분쟁이 종식되지 않은
상태였기에 수포로 돌아갔다. 이후 1950년 5월 9일에 프랑스 외무장
관 슈만이 유럽의 경제 발전을 촉진하기 위해 유럽석탄철강공동체

▶ 유럽연합 창설 총회

(ECSC, European Coal and Steel Community)를 창설할 것을 주창했다. 이탈리아, 벨기에, 룩셈부르크, 네덜란드, 서독이 슈만의 계획에 찬성하여 1951년 4월 18일에 파리 조약을 체결하고 이듬해 6월에 유럽석탄철강공동체를 공식 출범시켰다.

▲ '유럽합중국'을 구상했던 영국 수상 처칠

1955년 6월 1일, 유럽석탄철강공동체는 이탈리아 메시나(Messina)에서 6개국 외무장관 회의를 개최하고 경제 협력 확대와 공동 시장 건설 등의 원칙에 합의했다. 1957년 3월에 다시 열린 6개국 외무장관 회의에서는 유럽원자력공동체(Euratom, European Atomic Energy Community)와 유럽경제공동체(EEC, European Economic Community)를 창설하는 데 합의하는 로마 조약이 체결되었다. 그리고 1965년 4월 8일에 6개국은 브뤼셀에서 유럽석탄철강공동체(ECSC), 유럽원자력공동체(Euratom), 유럽경제공동체(EEC)를 통합한 유럽공동체(EC, European Communities)의 창설에 합의했다. 1967년 7월 1일을 기하여 유럽공동체가 공식 출범했다.

유럽공동체의 영향력이 점차 확대되면서 회원국도 늘어났다. 또한 유럽 경제가 가파른 상승세를 그리면서 유럽공동체의 내부 개혁이 불가피해졌다. 그래서 1991년 12월 11일에 네덜란드 마스트리히트에서 수뇌 회의를 열고 '하나의 유럽'을 건설하기 위한 마스트리히트 조약, 즉 유럽연합 조약(Treaty on European Union)을 체결했다. 이 조약으로 유럽은 경제 협력체에서 정치 공동체로 넘어가는 과도기를 맞이했다.

유럽연합은 현재 세계에서 가장 큰 지역 공동체로서 북아메리카의 '자유무역협정(NAFTA, North American Free Trade Agreement)', 동남아시아의 '아세안(ASEAN, Association of Southeast Asian Nations)', 한 · 중 · 일 동아시아공동체가 형성되는 데 모범을 제시했다. 역사적으로 반목과 분쟁이 끊이지 않았던 유럽 대륙은 유럽연합의 탄생으로 오랜 숙적 관계를 청산하는 계기를 마련할 수 있었다.

▲ 유럽연합 기(European Flag)

2007년에 유럽연합의 회원국은 창설 당시의 6개국에서 27개국으로 크게 확대되었으며 관할 면적 400만 제곱킬로미터, 인구 4억 8천만 명에 생산 총액이 10억 유로를 초과하는 거대한 조직으로 발전했고, 앞으로의 발전 행보가 더욱 주목된다.

집적 회로의 탄생

시기 : 1958년

인물 : 킬비

영향 : 집적 회로(Integrated Circuit, IC)의 등장으로 반도체 산업은 비약
적인 발전을 이룩했고 인류는 디지털 시대의 문을 열었다. 또한
이는 20세기 정보 혁명 시대와 실리콘 시대의 도래를 알렸다.

2000년도의 노벨 물리학상은 집적 회로를 발명한 잭 킬비에게 돌아갔다. 그는 무려 40년 전에 집적 회로를 발명했지만 3C 제품(컴퓨터, 통신, 소비 전자 제품)이 등장하여 그의 발명에 생명을 불어넣을 때까지 오랜 시간을 기다려야 했다. 집적 회로의 발명으로 인류의 삶의 질이 크게 개선되었고 생활이 더욱 편리해졌다.

컴퓨터가 처음 등장했을 때는 불안정하고 효율이 떨어지는 진공관에 의지하여 정보를 처리해야만 했다. 그러다 트랜지스터가 발명되면서 이러한 상황이 개선되는 듯싶었지만, 컴퓨터의 기능이 확대될수록 전기 회로 시스템도 방대해져 컴퓨터의 부피가 점점 비대해졌다. 이렇게 컴퓨터가 커질수록 당연히 원가도 높아질 수밖에 없었다. 이에 과학자들은 부피가 작으면서 휴대가 간편하고 원가가 저렴한 컴퓨터를 개발하는 데 몰두했다. 이러한 문제들은 1958년에 집

▶ **집적 회로 발명자 킬비**
집적 회로의 탄생으로 정보 혁명 시대가 열렸다.

적 회로가 발명되면서 절로 해결되었다.

집적 회로를 발명한 킬비는 어릴 때부터 전자공학에 심취했고, 1952년부터 트랜지스터의 결점을 보완하기 위한 연구를 본격적으로 시작했다. 그는 거대한 반도체를 보면서 트랜지스터에서 실제로 사용되는 부분은 결정체에 국한된다는 점에 주목했다. 당시 그가 몸담고 있던 회사 텍사스인스트루먼츠(TI, Texas Instruments)는 트랜지스터의 부피를 줄이는 연구가 한창이었다. 다른 과학자들이 트랜지스터의 배열과 조립에 골머리를 앓을 때 킬비는 전자 회로 제작에 눈을 돌렸다.

1958년에 그는 마침내 게르마늄을 원료로 하는 4제곱밀리미터 크기의 집적 회로를 제작하는 데 성공했다. 레지스터(register)와 콘덴서(condenser)를 포함해 부품 20여 개가 오밀조밀하게 모인 마이크로칩이 세상에 첫 선을 보인 것이다.

집적 회로는 컴퓨터의 역사를 다시 썼다. 이를 바탕으로 반도체 산업이 크게 발전하며 더 가볍고, 더 저렴하고, 성능이 더 우수한 컴퓨터가 등장하게 되었고 인류는 디지털 시대로 진입했다. 또한 20세기 정보 혁명 시대와 실리콘 시대의 도래를 알렸다.

집적 회로의 발전

킬비는 본래 실리콘을 이용해 집적 회로를 제작하려 했지만 회사에서 이를 제약해 시도하지 못했다. 그러나 실리콘밸리의 '페어차일드 반도체(Fairchild Semiconductor)' 회사는 이런 제약을 하지 않았고, 이 회사 연구원들의 노력으로 실리콘을 이용한 접합형 트랜지스터가 개발되어 반도체 사업은 비약적으로 발전했다. 특히 페어차일드의 과학자 로버트 노이스(Robert Noyce)는 산업용 집적 회로 개발 이론을 제기해 학계에서 큰 찬사를 받았다.

아폴로 호의 달 착륙

시기 : 1969년 7월 21일
인물 : 닐 암스트롱, 마이클 콜린스, 버즈 올드린
영향 : 아폴로(Apollo) 호가 성공적으로 달에 착륙하면서 인류 역사에서 우주 탐험 시대가 시작되었다. 또한 미국은 최초로 유인 우주선 발사에 성공한 소련에 체면을 세울 수 있었다.

가가린

소련의 우주 비행사 가가린은 1961년 4월 12일에 그가 탄 우주선이 우주 궤도에 진입하는 데 성공하여 최초의 '우주인'이 되었다. 1964년에 소련 정부에서 '영웅'의 칭호를 받았으나 1968년 3월 27일 비행 훈련을 하던 중에 추락하여 사망했다. 그의 업적을 기념하기 위해 그가 태어난 지역의 명칭이 '가가린'으로 바뀌었고 '가가린 훈장'이 신설되었다. 그리고 매년 4월 12일이 '항공우주 기념일'로 지정되었다.

1961년 4월 12일에 소련은 인류 최초로 유인 우주선을 발사하는 데 성공했다. 최초의 우주 비행사인 소련의 유리 가가린(Yurii Gagarin)이 무사히 지구로 귀항하는 데 성공했다는 소식이 전해지자 미국은 전율했다. 케네디 미국 대통령은 곧바로 국무회의를 소집하고 소련의 유인 우주선 발사 성공에 대응할 만한 우주 탐사 계획을 마련하라고 지시했다. 그리고 1961년 5월 25일에 앞으로 10년 안에 달 착륙 성공과 우주 비행사의 무사 귀환을 약속하는 성명을 발표했다.

제2차 세계대전 이후 국제 사회는 미국이 주도하는 자본주의 진영

▶ 달에 미국 국기를 꽂는 우주 비행사

과 소련이 주도하는 사회주의 진영으로 양분되었다.

미국과 소련은 군비 확충은 물론 우주 비행 산업에서도 치열한 경쟁 구도를 형성했다. 1957년 10월에 소련이 최초로 인공위성을 발사하는 데 성공한 후, 미국과 소련은 마치 경쟁하듯 여러 차례 달 탐사선을 발사했으나 모두 실패로 끝났다. 이러한 상황에서 1961년에 소련이 유인 우주선을 성공적으로 발사한 일은 미국을 크게 자극하지 않을 수 없었다.

미국항공우주국(NASA)의 과학자들은 달 착륙 계획을 3단계로 준비했다. 1단계 '머큐리 계획(Project Mercury)'은 우주 비행사를 지구 궤도에 진입시키는 유인 우주 탐사 단계이고, 2단계 '제미니 계획(Gemini Project)'은 우주선 밖의 활동, 랑데부 비행, 도킹 등의 기술을 실험하는 과정이다. 그리고 마지막 3단계 '아폴로 계획'은 강력한 발사체로 달 궤도에 진입한 후 인간을 달에 착륙시키는 단계를 말한다.

1969년 7월 16일에 휴스턴에 있는 케네디 우주 센터(Kennedy Space Center)에서 발사된 '아폴로 11호'가 4일 만에 달의 궤도에 진입하는 데 성공했다. 7월 21일에는 달의 표면에 착륙했고, 우주 비행사 암스트롱이 우주선의 문을 열고 사다리를 내려가 달 표면에 발을 내디디며 역사적인 첫 발걸음을 남겼다. 그의 말처럼 "인간의 작은 한 걸음이 인류 발전의 큰 전진이 된" 순간이었다. 그로부터 20분 후 버즈 올드린이 "인류의 평화를 위해 이곳에 오다."라고 쓰인 푯말을 달 표면에 꽂았다.

아폴로 11호는 1969년 7월 24일에 태평양 위로 떨어지며 성공적으로 지구에 귀환했다. 우주 비행사 세 명은 직접 항공모함을 타고 그들을 마중하러 나온 케네디 대통령에게 뜨거운 환영을 받았다. 그 후 3년 동안 미국은 다섯 번에 걸쳐 달 탐사 우주선을 발사했고 우주 비행사 총 열두 명이 달 표면을 밟았다.

아폴로 호가 성공적으로 달에 착륙하면서 인류 역사에서 우주

▲ 닐 암스트롱

▶ 아폴로 11호에 탑승한 우주 비행사 세 명. 오른쪽부터 닐 암스트롱, 마이클 콜린스, 버즈 올드린

탐험 시대가 시작되었다. 또한 미국은 최초로 유인 우주선 발사에 성공한 소련에 체면을 세울 수 있었다. 아폴로 계획이 추진된 10여 년 동안 총 250억 달러가 소요되었고 미국항공우주국을 비롯해 120여 개 대학과 2만여 개 공장의 인원 400만 명이 투입되었다. 아폴로 우주선은 태고부터 '달에 가보리라' 는 인류의 소망을 실현시켜주었다.

그러나 달 탐사는 막대한 자금과 수많은 인력이 동원되어야 했기에 계속 추진하는 데는 큰 무리가 따랐다. 1969년에 달 착륙에 성공한 후 탐사 작업은 침체기를 맞았고, 1990년대 후반기에 이르러서야 재개되었다.

중국, 유엔의 정식 회원국 자격 회복

시기: 1971년 10월 25일

영향: 중국이 타이완을 밀어내고 유엔의 정식 회원국 자격을 회복함
으로써 세계의 판도에 변화를 일으켰다.

1971년 10월 25일에 열린 유엔 총회에서 중국은 찬성 76표, 반대
35표, 기권 17표로 유엔의 정식 회원국 자격을 회복했다. 알바니아,
알제리 등 23개국이 제청한 중국의 유엔 회원국 자격 회복 안건, 즉
유엔 제2758호 결의안이 통과된 것이다. 이 결의안의 통과로 중국은
모든 유엔 회원국 자격을 회복했고, 그런 한편 타이완은 유엔의 정
식 회원국 자격과 옵서버 자격을 상실했다.

1971년 10월 26일에 유엔 사무총장 우 탄트는 중국 외교부에 회의
결과를 공식 통지했다. 그로부터 십여 일 후 중국 외교부 차오관화
외교부장이 중국 대표단을 대동하고 제26회
유엔 총회에 참석했다.

▼ 1971년 10월 25일 유엔 총회에
서 중국의 유엔 정식 회원국 자
격 회복에 관한 제2758호 결의
안이 통과되었다.

중국은 본래 유엔의 창설 회원국이자 안전
보장이사회 상임이사국이었다. 1944년에 미
국, 소련, 영국 등과 함께 '국제연합헌장'을
작성했고 이듬해에 중국 공산당 둥비우董必武
대표가 미국 샌프란시스코에서 열린 국제연합
헌장대회에 참석해 헌장에 서명했다. 중화인
민공화국 정부가 수립된 후, 저우언라이 총리
가 당시 유엔 사무총장이던 트뤼그베 할브단
리에게 전보를 보내 유엔의 정식 회원국 자격
회복을 요청했으나 미국의 반대로 무산되었
다. 그리고 제5회 유엔 총회에서 중화민국, 즉
타이완이 유엔의 정식 회원국이 되었다.

1970년대에 들어 국제 정세의 판도에 큰 변
화가 일어났다. 유엔 내에서 아시아, 아프리카
국가들의 지위가 크게 향상되었고, 미국의 닉

▶ 1971년 11월, 유엔 총회에 처음 참석한 중국 대표단의 모습

저우언라이

중화인민공화국의 개국 공신이자 초대 총리를 지낸 저우언라이는 뛰어난 외교가이자 무산 계급 혁명가, 정치가로 인정받는 인물이다. 예팅, 주더와 함께 중국인민해방군을 창설했으며 고매한 인품으로 중국인의 가슴에 기억되는 위대한 지도자이다.

슨 대통령과 키신저 국무장관이 중국을 방문하는 등 미국과 중국 사이에 화해 분위기가 조성되었다.

특히 아프리카 국가들은 제2758호 결의안의 찬성표 76표 가운데 26표를 투표하는 등 중국을 적극적으로 지원했다.

중국이 타이완을 밀어내고 유엔의 정식 회원국 자격을 회복함으로써 세계의 판도에 변화를 일으켰다. 30여 년이 지난 오늘날에는 중국의 국력이 크게 신장되면서 유엔 내에서의 영향력도 함께 커졌다.

경제 위기(1973~1974)

시기 : 1973~1974년

영향 : 유가 상승은 제2차 세계대전 이후 처음으로 전 세계적인 경제 위기를 초래했다. 그 결과로 미국의 달러화를 중심으로 한 브레턴우즈 체계가 붕괴되었다.

석유는 18세기 중엽에 발견되었다. 식물성 기름과 구별하기 위해 석유라는 이름이 붙여졌고, 초기에는 두통, 이명, 오심[111], 류머티즘 등을 치료하는 약재로 쓰였다. 그러다 중유를 증류한 파라핀유가 조명 등에 사용되었고, 20세기 초에 들어와 내연 기관이 발명되면서

◀ 1973년에 발생한 제1차 석유 파동으로 선진국들은 석유 공급에 큰 차질을 빚었다. 주유를 기다리는 자동차들의 행렬이 길게 늘어서 있다.

---

111) 위가 허하거나 위에 한, 습, 열, 담, 식체 따위가 있어서 가슴 속이 불쾌하고 울렁거리며 구역질이 나면서도 토하지 못하고 신물이 올라오는 증상

석유수출국기구

1960년 9월에 서양 석유 회사의 독점 횡포에 맞서 자국의 이권과 석유 자원을 보호하기 위해 결성된 기구이다. 이란, 이라크, 쿠웨이트, 사우디아라비아, 베네수엘라 5개국 대표는 이라크의 수도 바그다드에서 회의를 열고 석유수출국기구(OPEC, Organization of Petroleum Exporting Countries)를 발족시켰다. 본부는 오스트리아 빈에 설립되었고 현재 회원국 수는 13개국으로 증가했다. 제3세계에서 최대 규모를 자랑하는 원료 생산국 기구로 꼽힌다.

석유의 가치는 크게 올라갔다. 영국의 처칠 수상이 영국 군함에 사용하는 연료를 석탄에서 석유로 교체하라고 지시할 정도였다.

현대 사회에서 석유의 중요성은 공기나 물에 비교해도 무방할 것이다. 세계적으로 자원의 고갈이 심각해지는 상황에서 석유는 공업에 마치 혈액과도 같은 존재이다. 미국의 학자 하비 오코너(Harvey O'Connor)는 "석유를 갖는 자가 세계를 갖게 될 것이다. 디젤유는 해양을, 석유는 하늘을, 휘발유와 등유는 육지를 통치할 것이다."라고 주장하기도 했다.

석유 자원은 중동 지역과 아프리카 등지에 집중되어 있고, 석유 소비량이 많은 북아메리카, 서유럽, 아시아 태평양 지역에는 매장량이 극히 적었다.

1930년대 초, 사우디아라비아왕국은 건국 초기에 국고가 텅 빈 상황을 타개하고자 미국의 캘리포니아 스탠더드석유회사와 석유 임대 양도 협정을 체결했다. 즉 스탠더드석유회사에 60년 기한으로 93만

▶ 빈에 있는 석유수출국기구 본부

제곱킬로미터 규모의 석유 개발권을 부여한 것이다. 후에 이 개발권은 114만 제곱킬로미터 규모로 확대되었다.

사우디아라비아의 영향으로 중동의 다른 나라들도 미국, 영국, 프랑스, 소련 등과 속속 석유 임대 양도 협정을 체결하기 시작했다. 아프리카와 아시아는 대부분 구미 열강의 식민지 상태였으므로 이곳에서는 열강의 마음대로 개발이 이루어졌다.

1967년 6월 15일에 이스라엘이 이집트, 요르단, 시리아 등 아랍국가의 공군 기지 25곳을 공격하면서 제3차 중동 전쟁이 발발했다. 이 전쟁으로 이스라엘은 6만 5,000제곱킬로미터에 해당하는 지역을 차지했고, 그 결과 수십만에 달하는 아랍인이 삶의 터전을 잃었다. 유엔 안전보장이사회가 이스라엘이 부당한 방법으로 차지한 지역에서 철수하도록 하는 유엔 제242호 결의안을 통과시켰으나 미국, 영국, 소련, 프랑스 4개국이 개최한 중동평화회의가 실패로 돌아가면서 이 결의안은 무의미해지고 말았다.

이에 석유수출국기구 회원국들은 불만을 품고 미국, 영국에 대해 석유 금수 조치(Oil Embargo)를 결의했다. 그러나 대부분 석유 개발권을 미·영 양국의 석유 회사들이 장악하고 있었기에 실효를 거두지는 못했다.

1973년 10월에 제4차 중동 전쟁이 발발하자 석유수출국기구는 16일에 빈에서 회의를 열어 서방이 장악하고 있던 석유 회사를 국유화하는 한편, 유가를 기존의 배럴당 3.01달러에서 5.11달러로 인상하기로 했다. 또 석유의 1일 생산량을 감축하고 중동에서 석유를 수입하는 국가 가운데 이스라엘을 지지하는 곳에 대해서는 석유 금수 조치를 발동했다.

유가 인상과 금수 조치는 곧바로 세계 경제를 마비시키며 석유 파동의 영향을 실감케 했다. 그 결과 일본, 서유럽, 미국의 정치적 상호 관계가 와해되고 또 미국의 달러화를 중심으로 한 브레턴우즈 체계가 붕괴되었다.

중미 국교 수립

시기 : 1979년 1월 1일

인물 : 덩샤오핑, 지미 카터

영향 : 중미 간의 국교 수립은 양국의 국내 정세를 안정시키고 소련의
　　　도발을 억제하는 효과를 거두어 냉전 시대가 종식되는 시기를
　　　앞당기는 데 일조했다. 또 이후 중미 관계의 발전에도 깊은 영
　　　향을 끼쳤다.

　　1971년 3월, 일본 나고야에서 제31회 세계탁구선수권대회가 개최
되었다. 대회에 참가한 미국 선수 글렌 코완(Glenn Cowan)은 훈련
을 마치고 숙소로 돌아가는 길에 실수로 중국 대표단의 차량에 탑승
했다. 멋쩍어 하는 그에게 중국 선수 좡쩌둥이 악수를 청하며 선물
로 실크 손수건을 건넸다. 이 일을 계기로 대회 기간에 미국과 중국
선수의 사이에 우정이 싹텄으며, 미국 선수단은 중국에 가서 친선
경기를 해보고 싶다는 의향을 전했다. 대회가 폐막되기 하루 전날,
마오쩌둥 주석이 미국 탁구 선수단을 중국으로 초청하면서 역사적

▶ 마오쩌둥과 닉슨. 이로부터 중
　미 관계는 화해 분위기에 돌입
　했다.

◀ 1975년 12월, 당시 중국의 덩샤오핑 부총리와 미국의 포드 대통령이 회담하는 장면

인 '핑퐁 외교'가 막을 열었다.

중국을 방문한 미국 탁구 선수 대표단은 친선 경기에 임하는 한편 만리장성 등 베이징의 명승지를 관광하고 칭화 대학 등 중국의 명문 대학을 참관했다. 또 저우언라이 총리가 미국 대표 선수단을 비롯해 캐나다, 콜롬비아, 나이지리아 선수단을 인민대회당으로 초청해 환담을 나누었다. 이때 그는 작은 탁구공이 큰 지구를 움직였다며 '핑퐁 외교'의 시작을 치하했다.

실제로 이 작은 탁구공 덕분에 22년 동안 중미 양국 사이에 굳게 닫혀 있던 문이 열렸다. 1960년 말부터 중국은 서서히 발전 궤도에 오르기 시작했으나 소련과의 관계는 악화일로로 치닫고 있었다. 또 미국은 베트남 전쟁 참전으로 국내에서 정부를 비판하는 여론이 거세지고 있었기에 중국과의 관계 변화를 꾀함으로써 돌파구를 마련할 수 있을 것이라고 기대했다. 1969년에 미국의 닉슨 대통령이 파키스탄과 루마니아 대통령을 통해 중국에 화해 의사를 전하기도 했다.

'핑퐁 외교'는 중미 간 외교 관계를 정상화하는 계기를 마련했다. 1971년 4월 21일에 중국 저우언라이 총리가 파키스탄 대통령을 통해 미국 정부 수뇌부를 초청하겠다는 의사를 전달했고, 이에 미국은 키신저 국가안보보좌관에게 먼저 중국을 방문해 의사일정을 논의하도록 했다.

키신저의 첫 번째 방중은 비밀리에 진행되었다. 그는 홍콩(Sai

닉슨

미국의 제37대 대통령이자 중국
을 방문한 최초의 미국 대통령이
다. 1974년에 '워터게이트 사건'
으로 대통령직에서 물러난 후 독
서와 집필에 전념했다. 저서로
《리처드 닉슨의 회고록(The
Memories of Richard Nixon)》,
《평화를 넘어(Beyond Peace)》
등이 있다.

Kung), 방콕, 뉴델리, 이스탄불을 차례로 방문하고 파키스탄에서 미리 준비해둔 중국행 비행기에 몸을 실었다. 중국에서 이틀 동안 머물며 그는 저우언라이 총리와 비밀 회담을 하고 닉슨 대통령의 방중 의사를 전달했다. 얼마 후 키신저는 다시 중국을 공식 방문하여 닉슨 대통령의 방중 일정을 논의했다.

1972년 2월 21일, 마침내 닉슨 대통령의 역사적인 중국 방문이 이루어졌다. 저우언라이 총리가 공항에서 닉슨 대통령을 마중했고, 마오쩌둥 주석과의 회담도 추진되었다. 7일 일정으로 진행된 닉슨 대통령의 중국 방문으로 중미 관계는 새로운 역사의 장을 열었다.

그러나 중국 방문을 마치고 미국으로 돌아간 닉슨 대통령이 뜻하지 않게 '워터게이트 사건(Watergate scandal)[112]'으로 대통령직에서 물러났고, 중국에서는 문화대혁명이 발생해 중미 관계는 더 이상 진전되지 못했다.

그러다 1978년부터 중미 관계가 다시 호전되기 시작했다. 1977년에 대선에서 승리한 지미 카터 미국 대통령이 국무장관과 국가안보 보좌관을 중국에 파견해 중미 관계의 정상화에 관한 협상을 추진하도록 한 것이다. 미국은 중국이 제시한 수교의 3대 조건, 즉 타이완과의 국교 단절, 미국-타이완 상호 방위 조약 철회, 타이완에서의 미군 철수 등을 수락했다. 그리하여 1978년 12월 16일에 중미 공동 성명이 발표되었고 1979년 1월 1일에 공식적으로 외교 관계가 수립되었다.

중미 간의 국교 수립은 양국의 국내 정세를 안정시키고 소련의 도발을 억제하는 효과를 거두어 냉전 시대가 종식되는 시기를 앞당기는 데 일조했다. 또 이후 중미 관계의 발전에도 깊은 영향을 끼쳤다.

▼ 중미 국교 수립 기념식에 참석한 덩샤오핑과 지미 카터 미 대통령

---

112) 공화당의 닉슨 대통령이 1972년에 대선 승리를 위해 워터게이트라는 이름의 건물에 입주하여 민주당을 도청한 사건

베를린 장벽의 붕괴

시기 : 1989년 11월 9일
영향 : 독일 통일의 발판이 된 베를린 장벽(Berlin Wall)의 붕괴는 유럽
에서 사회주의가 실패했음을 상징한다.

"고르바초프 서기장, 소련과 동유럽의 번영을 위해서, 그리고 자
유를 위해서 이 장벽을 허물어버리시오!"

1987년 6월 12일에 미국의 레이건 대통령이 브란덴부르크 문 앞
에 서서 2만여 청중과 고르바초프 서기장이 지켜보는 가운데 베를
린 장벽을 향해서 이렇게 외쳤다. 그가 이렇게 말한 덕분이었을까?
베를린 장벽은 실제로 무너졌고 독일은 통일을 이룩했으며 구소련
은 해체되었다.

제2차 세계대전이 종식된 후 미국, 영국, 프랑스, 소련 4국은 독일
을 분할 점령했다. 그 후 미국과 소련의 냉전 시대가 이어지면서 독
일은 동독과 서독으로 나뉘어 서로 다른 길을 걷게 되었다.

▲ 레이건 미국 대통령
베를린 장벽 앞에 서서 고르바
초프를 향해 이 장벽을 허물어
달라는 연설을 한 것으로 유명
하다. 그의 바람처럼 베를린 장
벽은 정말로 무너졌다.

◀ 철거 중인 베를린 장벽

미국은 서독에 자유민주주의 국가 체제를 확립하고 경제가 발전하도록 지원한 반면에 소련은 동독에서 계획 경제 체제를 실시한 결과 동독과 서독의 경제 수준은 현격한 차이를 보이기 시작했다. 이처럼 극심한 경제 격차로 동독의 수많은 젊은이가 서독으로 탈출하는 사건이 끊이지 않았다.

특히 1960년대 초에 동독 탈출 붐이 일었다. 1961년 6월까지 무려 10만 명이 탈출했을 정도였다. 동독 정부는 이러한 사회 혼란을 막고 정치 안정과 경제 발전을 추진하기 위해 동독 주민의 탈출을 막을 방도를 강구했다. 그 결과, 1961년 8월 13일 베를린 소련 점령 지역에 철사 망과 시멘트로 범벅된 임시 담벼락이 세워졌다. 곧이어

▶ 베를린 장벽이 무너진 순간
사방에서 몰려든 사람들이 이를
기뻐하며 축하하고 있다.

166킬로미터에 달하는 베를린 장벽이 모습을 드러냈다. 장벽 위에는 전기선과 포루, 벙커까지 설치되었다. 이 장벽은 무려 28년 동안 베를린 시를 양쪽으로 갈라놓았다.

이 베를린 장벽이 세워지고 나서 독일 주민들은 가족을 지척에 두고도 볼 수 없는 비참한 세월을 보내게 되었다.

서독 정부는 동독에 비인도적인 베를린 장벽을 철거해줄 것을 강력하게 요구했지만 동독 정부는 오히려 네 차례에 걸쳐 장벽을 더욱 견고하게 보강해 철저하게 동독 주민의 탈출을 막았다. 그러나 탈출 행렬은 여전히 끊이지 않았고, 탈출 과정에서 목숨을 잃는 사건이 빈번했다.

1989년 5월에 소련의 새 지도자 고르바초프가 서독을 공식 방문하면서 분위기는 반전되었다. 고르바초프가 서독의 콜 총리에게 소련은 더 이상 '위성 국가'에 대해 무장 간섭을 하지 않겠다고 천명한 것이다. 이를 계기로 평화의 분위기가 조성되기 시작했다. 그리고 1989년 하반기에 폴란드, 헝가리 등 동유럽 국가들이 속속 개혁 정책을 실시하면서 동독에도 그 영향을 미쳤다. 대규모 시위가 벌어지고 수많은 동독 주민이 서독으로 탈출을 감행했다. 이러한 상황에 이르러서는 동독 정부도 베를린 장벽을 철거하지 않을 수 없었다. 1989년 11월 9일, 28년 3개월 동안 베를린을 갈라놓았던 장벽이 드디어 무너졌다.

그 후 서독은 동독의 노동력을 바탕으로 경제 발전에 박차를 가했고 동독은 서독에서 선진 기술과 자금을 받아들여 발전의 발판을 마련했다. 아울러 이로써 독일은 통일을 향한 기틀을 형성할 수 있었다. 베를린 장벽의 붕괴는 유럽에서 사회주의가 실패했음을 상징한다고 볼 수 있다.

고르바초프

1985~1991년까지 소련 공산당 서기장을 역임했다. 재임 기간에 소련의 민주화 개혁, 즉 '페레스트로이카' 정책을 실시해 동유럽의 정세가 급변하는 계기를 마련했다. 제2차 세계대전이 종식된 후 이어진 냉전 시대의 막을 내린 공을 인정받아 1990년에 노벨 평화상을 받았다. 1989년에 중국을 방문해 덩샤오핑과 회담하고 외교 관계를 회복했다.

르완다 종족 대학살

시기 : 1994년 4월 7일~7월 초
영향 : 르완다(Rwanda) 내전으로도 불리는 르완다 종족 대학살은 20
세기 최고의 참극으로 기록되었다.

〈호텔 르완다〉

영화 〈호텔 르완다〉는 르완다의 최고급 호텔 밀 콜린스의 지배인인 폴 루세사바기나가 르완다 종족 대학살의 참사를 피해 호텔로 피신하는 투치족을 돕는 내용으로 구성되었다. 소박하면서 담담한 영상으로 꾸며졌으며, 인도주의 정신을 감동적으로 표현한 점을 인정받아 제77회 오스카 시상식에서 최고 각본상 등 3개 분야에 후보로 올랐다.

2004년에 실화를 영화화한 〈호텔 르완다(Hotel Rwanda)〉가 상영되며 전 세계적으로 커다란 반향을 불러일으켰다. 그 뒤를 이어 《키갈리의 일요일(A Sunday at the Pool in Kigali)》라는 소설이 영화로 제작되었다. 이 두 편의 영화는 모두 1994년에 발생한 르완다 종족 대학살을 소재로 삼고 있다.

1994년 4월 6일에 르완다 대통령과 부룬디 대통령이 함께 타고 있던 비행기가 르완다의 수도 키갈리 상공에서 미사일 공격을 받고 추락했다. 양국의 원수를 비롯해 탑승자 전원이 사망한 이 사건으로 르완다에서는 폭동이 일어났다. 일부 인사들이 이번 비행기 격추 사고는 투치족(Tutsi) 게릴라의 짓이라고 주장하자 분노한 후투족(Hutu)이 투치족에 피의 복수를 시작한 것이다. 1994년 4월 7일부터 7월 초까지 백일이라는 짧은 시간 동안 무려 100만 명에 이르는 투치족이 후투족에게 살해당했다. 또한 투치족 난민 200만 명이 해외로 피난했고 거리를 떠도는 유민도 200만 명에 이르렀다. 이때의 종족 대학살로 사망한 인구가 르완다 전체 인구의 7분의 1을 차지했고, 그 가운데 94%가 투치족이었다.

비행기 격추 사고는 르완다에 내재되어 있던 종족 갈등을 폭발시킨 도화선에 불과했다. 제1차 세계대전이 발발하기 전까지 르완다의 후투족과 투치족은 아무런 갈등 없이 화목하게 지내고 있었다. 그러나 제1차 세계대전이 끝난 후 르완다에도 유럽

▼ 르완다 대학살의 참혹한 광경

열강의 손길이 미치기 시작했고, 이곳을 차지한 벨기에가 전체 인구의 15~18%를 차지할 뿐인 투치족을 이용해 대다수를 차지하는 후투족을 통치하게 하면서 민족 갈등의 불씨를 지폈다. 1959년에 투치족의 수중에서 정권을 탈취하는 데 성공한 후투족이 과거의 오욕을 씻고자 투치족에 대한 종족 차별 정책을 실시했고, 이에 수많은 투치족이 탄압을 피해 이웃나라로 도주했다. 1962년에 르완다가 독립을 선언한 이

▲ 르완다의 참사 현장

후 두 민족의 갈등은 더욱 증폭되었고 내전이 끊이지 않았다.

그때 유엔이 발 빠른 행보를 보였더라면 이와 같은 참극을 완전히 막을 수도 있었다. 사실, 종족 대학살이 벌어지기 3개월 전에 르완다에 주재하고 있던 유엔 원조 기구에서 유엔 평화유지군 사령부에 전보를 한 통 보냈다. 르완다의 후투족이 무기를 대량으로 증강하며 투치족 학살을 준비하고 있으니 유엔이 나서서 조치를 취해달라는 요청이었다. 그러나 유엔 평화유지군은 권한 밖의 일이라는 이유로 요청을 거절했다.

이후 이미 대학살이 벌어지고 있는 시점에 유엔은 급히 르완다에 특수 부대를 파견하여 사태를 진정시키려 했으나 미국의 잘못된 판단으로 이마저 좌절되었다. 이로써 르완다 사태가 발생한 후 유엔의 이미지는 크게 추락했다. 당시 유엔 사무총장직을 맡았던 코피 아난도 국제 사회의 책임을 통감하며 비통해했다.

르완다는 아프리카 중부에 있는 작은 나라로 본래 잘 알려지지 않은 곳이었다. 그러나 이 같은 대참사가 발생하면서 그 참극의 현장이 전 세계에 그대로 보도되었고, 르완다는 종족 대학살이 벌어진 나라라는 오명으로 기억되었다.

참사 이후 르완다는 열네 살 이하의 아동이 인구의 절반을 차지하는 비정상적인 상황에 놓였고, 경제는 더욱 바닥으로 떨어졌다.

르완다 종족 대학살은 20세기에 벌어진 가장 심각한 참극이라고 할 수 있다. 유엔 총회는 2004년에 매년 4월 7일을 '르완다 참사 추모 기념일(Rwanda Massacre Remembrance Day)'로 정하고 정오 12시를 기해 1분 간 묵념하며 애도를 표하고 있다.

세계무역기구(WTO) 설립

시기 : 1995년 1월 1일
영향 : 세계무역기구는 새로운 경제 협력 모델을 제시하여 국제 경제
　　　질서를 강화하고 국제 무역의 발전을 촉진했다.

　　2001년 11월 10일에 카타르의 수도 도하(Doha)에서 세계무역기구의 제4차 각료 회의가 개최되었는데 이 회의에서 중국이 마침내 세계무역기구의 143번째 회원국이 되었다. 1986년에 관세와 무역에 관한 일반 협정(GATT)에 재가입을 신청한 지 무려 15년 만에 세계무역기구의 회원국이 된 것이었다. 회원국이 되기까지 이렇게 오랜 시간이 걸린 것은 중국이 유일하다.

　　세계무역기구는 유엔과는 독립된 국제기구로 스위스 제네바에 본부를 두고 있다. 세계은행, 국제통화기금과 함께 세계 경제 구도의 3대 틀을 형성하며 무역량의 확대, 최적의 자원 분배, 개발도상국의 국제 무역 점유율 확보, 환경 보호 등을 주요 목표로 한다. 세계무역

▶ 네덜란드 로테르담(Rotterdam) 항구의 전경
20세기 초에 유럽을 대표하는 대외 무역항으로 유명했으며, 지금도 세계 최고 수준의 항구로 꼽힌다. 국제 무역이 유례없이 활기를 띠고 있는 오늘날에는 대외 무역 질서의 안정과 일관된 체제의 유지가 무엇보다도 중요하다.

기구의 회원국은 상호 평등한 관계에서 국제 무역 활동을 전개한다.

세계무역기구의 전신은 '관세와 무역에 관한 일반 협정'이다. 제1,2차 세계대전을 겪은 후 세계 경제는 침체의 늪에서 벗어나지 못하고 쇠퇴일로를 달렸다. 이에 자본주의 국가들이 그 상황을 타개할 방법의 일환으로 자국의 경제를 보호하고자 관세를 높이기 시작했는데, 이러한 조치들은 국제 물류 유통에 심각한 장애를 초래했다. 미국과 소련 등 21개국은 이 같은 상황을 해결하기 위해 공동으로 관세를 낮추는 무역 협정을 체결했다.

제2차 세계대전 이후 유럽과 일본의 경제가 회복세로 돌아서면서 빠르게 발전하자 미국의 경제적 지위가 하락하기 시작했다. 이에 미국은 '무역 자유화'를 제안하며 1947년 11월에 영국, 프랑스, 벨기에, 네덜란드, 룩셈부르크, 오스트레일리아, 캐나다와 '관세와 무역에 관한 일반 협정'을 체결했다. 후에 15개국이 추가로 이 협정에 가입했다.

세계무역기구에 대한 구상은 1944년 7월에 개최된 '브레턴우즈 회의'에서 이미 제기된 바 있다. 세계은행, 국제통화기금과 함께 국제 무역 질서를 확립해갈 경제 기구가 필요했기 때문이었다. 제2차 세계대전 이후 세계 경제는 화폐-금융-무역의 삼각 구도를 형성했

세계은행

세계은행의 공식 명칭은 국제부흥개발은행이다. 1945년에 창설되어 1946년 6월 25일에 정식으로 업무를 시작했다. 본부는 미국 워싱턴 D. C.에 있으며 유엔 산하의 비영리 기구이다. 창설된 초기에는 제2차 세계대전 이후 유럽과 일본에 경제적 원조를 제공하는 데 주력했으나 현재는 개발도상국에 차관을 제공하여 교육, 농업, 공업의 발전을 지원하고 있다.

◀ 스위스 제네바에 있는 세계무역기구의 본부
1995년 1월 1일에 공식 출범하여 세계의 경제 · 무역 질서를 확립해나가고 있다.

다. 1947년에 유엔은 하바나에서 회의를 열어 '하바나헌장'을 통과 시켰는데, 실제로 서명한 국가는 소수에 불과했다. 헌장의 내용 중에 자국의 이익을 침해하는 부분이 있다고 주장한 나라들이 서명을 하지 않았기에 세계무역기구에 대한 구상은 그대로 사장되는 분위기였다.

그러나 세계의 경제 규모는 이미 '관세와 무역에 관한 일반 협정'으로 관리할 수 있는 수준을 넘어서고 있었다. 결국 1990년에 유럽공동체와 이탈리아가 각각 세계무역기구 설립 방안을 제안했고 미국, 캐나다도 여기에 동의했다. 여러 차례 협상과 담판을 거쳐 1995년 1월 1일에 마침내 세계무역기구가 공식 출범했다.

GATT는 국제 무역 과정에서 불가피하게 발생하는 분쟁을 해결하기 위해 협상의 규칙과 장소를 제공했다. 이러한 GATT를 승계한 세계무역기구는 기존의 규범들을 더욱 개선하여 세계 무역 질서를 바로잡아가고 있으며, 아울러 회원국들에 더 많은 투자와 채용의 기회를 제공하여 세계 경제 발전을 촉진하고 있다.

홍콩의 중국 반환

시기 : 1997년 7월 1일
인물 : 덩샤오핑, 대처 영국 수상
영향 : 홍콩의 반환으로 중국은 마카오의 반환 및 타이완과의 통일을
추진하는 데 발판을 마련하게 되었다.

홍콩특별행정구의 기 자형화홍기는 중국을 대표하는 붉은색 바탕
과 홍콩을 나타내는 중앙의 자형화로 구성된다. 언뜻 보기에는 평범
한 이 깃발은 홍콩이 중국의 영토임을 강조한다.

홍콩(중국어 명칭 샹강)의 명칭은 샹장 강에서 유래했으며, 예부터
'동방명주'로 불렸다. 중국 동남단에 자리하고 있고 홍콩 섬과 주룽
반도(가우룽 반도), 신제(New Territory, 235개의 크고 작은 섬 포함)로
구성된다. 총 면적은 1,095제곱킬로미터이며 인구는 약 700만 명에
육박한다. 진시황의 시대에도 중앙의 관제를 받았고 명나라 시대부
터 광둥 성에 소속되었다.

아편 전쟁에서 승리한 후 영국은 청나라 정부와 남경 조약을 체결
하고 홍콩 섬을 강점했다. 그리고 1860년부터 북경 조약 등을 체결
하며 홍콩을 완전히 손에 넣었다.

홍콩을 빛낸 인물들

관광과 쇼핑으로 유명한 홍콩은
작은 어촌에서 국제적 대도시로
발전하기까지 역사의 굴곡을 수없
이 겪었다. 신화적 색채마저 풍기
는 이 매력적인 도시는 중국에 반
환된 후 역사상 유례가 없는 1국
가 2체제와 자치 제도를 시행하
고 있다.
홍콩특별행정구 행정장관 둥젠화
董建華, 세계보건기구 사무총장 천
펑푸전陳馮富珍, 홍콩의 거부 리자
청李嘉誠, 무협 소설가 진융金庸, 홍
콩의 첫 금메달리스트인 윈드서핑
선수 리리산李麗珊 등은 홍콩을 빛
낸 인물로 꼽힌다.

◀ 홍콩 빅토리아 항의 야경

제2차 세계대전이 끝나자 중국은 홍콩을 돌려받기 위해 영국과 열띤 쟁론을 벌였으나 당시 국내 정세가 불안정했던 탓에 무위로 끝나고 말았다. 이에 중화인민공화국 정부를 수립한 후 영국에 불평등 조약을 인정하지 않는다는 성명을 내고 다시금 홍콩의 반환을 위한 행보를 가시화했다.

또 덩샤오핑이 역사상 유례없는 '1국 2체제' 방안을 제시하여 영국과 중국은 마침내 1984년 12월 19일에 베이징에서 홍콩 반환에 관한 공동 성명을 체결했다. 이 성명은 1997년 7월 1일에 영국이 중국에 홍콩을 반환하고 중국은 홍콩에 대해 '1국 2체제'를 실시하며 차후 50년 동안 홍콩의 기본 정책을 변화시키지 않는다는 내용을 포함했다.

1997년 6월 30일 밤 11시 30분에 홍콩컨벤션센터(Hong Kong Convention and Exhibition Centre)에서 역사적인 홍콩 반환식이 거행되었다. 중국은 장쩌민江澤民 주석과 리펑李鵬 총리, 제1대 홍콩특별행정구 행정장관 둥젠화 등이 참석했으며 영국은 찰스 황태자를 비롯해 토니 블레어 총리, 홍콩의 마지막 영국 총독 크리스 패튼이 참석했다. 그리고 7월 1일 0시를 기하여 중국의 오성홍기와 자형화 홍기가 게양되면서 반환식은 끝이 났다.

▼ 홍콩 반환식

장쩌민 주석은 중국이 홍콩에 대한 주권을 다시 행사하고 홍콩특별행정구가 설립되었음을 공표했다.

홍콩의 반환으로 중국은 새로운 역사의 장을 열게 되었다. 그로부터 10여 년이 흐른 지금 홍콩은 세계 4대 황금 거래 시장, 7대 외환 시장, 10대 수출항, 12대 금융 중심으로서 국제적 대도시의 면모를 갖춰가고 있다.

9 · 11 사건 발생

시기 : 2001년 9월 11일

영향 : 9 · 11 사건은 미국뿐만 아니라 전 세계를 경악케 한 사건으로, 향후 국제 사회의 반反테러 행보에 직접적인 영향을 끼쳤다. 한 편 미국이 반테러의 명목으로 아프가니스탄과 이라크 전쟁을 일으켜 국제 사회에는 새로운 분쟁이 싹트기 시작했다.

2006년 4월 27일에 세계무역센터가 있던 자리에 새로 들어설 '자유의 탑(Freedom Tower)' 건축 공사가 본격적으로 시작되었다. 세계무역센터(415미터)를 능가하는 541미터 높이의 이 탑은 세계에서 가장 안전한 건물을 목표로 시공에 들어갔다. 굴삭기가 바삐 움직이는 시공 현장에 들어서면 5년 전의 악몽이 되살아나는 느낌을 받을지도 모른다.

◀ 세계무역센터

▶ 폐허로 변한 세계무역센터

세계무역센터

세계무역센터는 세계적인 건축가 야마사키 미노루가 설계한 건물이다. 약 1,200여 개 기업, 5만여 명의 직원이 근무했으며 하루 평균 방문자 수가 8만 명에 달했다. 이 건물은 9·11 사건의 희생양이 되어 한순간에 폐허가 되어버렸고, 그해 미국의 국내 생산 총액은 6,000억 달러나 감소했다. 9·11 사건은 테러 행위가 자행될 시 인류가 얼마나 참담한 대가를 치러야 하는지를 여실히 보여주었다.

2001년 9월 11일, 평소와 전혀 다를 것 없던 그 날, 사람들은 여느 때처럼 일터로 발걸음을 재촉했다.

미국 시각으로 8시 50분에 보스턴에서 로스앤젤레스로 가는 보잉 747 여객기 한 대가 무역센터 북쪽 건물에 충돌했다. 그로부터 18분 후 워싱턴 D. C.를 출발해 역시 로스앤젤레스로 가던 보잉 757 여객기가 무역센터의 남쪽 건물로 돌진했다. 당황한 사람들이 단지 관제탑의 실수쯤으로 여기고 있을 무렵, 9시 30분을 기해 이번에는 보스턴에서 로스앤젤레스로 향하는 보잉 767 여객기가 워싱턴 D. C.에 있는 국방부 건물 펜타곤(Pentagon)에 충돌해 탑승객 56명과 승무원 아홉 명이 모두 조난당했다. 그리고 이어서 10시경에는 뉴저지 주 뉴어크(Newark) 공항을 출발해 샌프란시스코로 향하던 보잉 757 여객기가 펜실베이니아 주 피츠버그의 동남쪽 130킬로미터 부근에 추락하는 사고가 발생했다.

반나절도 채 안 되는 시간에 항공기 네 대를 납치한 테러리스트들이 이 중 세 대를 목표에 명중시킨 것이었다. 세계무역센터가 폐허로 변하고 펜타곤 건물 일부가 파괴된 이 사건으로 3,000여 명이 목숨을 잃었고 미국은 엄청난 재산 피해를 입었다. 당시 세계무역센터와 항공기가 충돌하는 장면은 사람들의 기억 속에서 오랫동안 사라지지 않고 있다.

9 · 11 사건은 아직까지도 정확한 원인이 규명되지 않아 조사를 계속하고 있다. 다만 잠정적으로 미국의 패권주의에 반대하는 테러리스트들의 소행으로 규정짓고 있을 뿐이다. 1989년부터 미국은 스텔스 폭격기(stealth bomber) 개발, 실리콘밸리의 경제 발달, 그리고 전략 방위 구상(Strategic Defense Initiative, SDI-일명 스타워즈 계획) 가동 등에 힘입어 군사, 경제, 정치, 문화 방면에서 최고의 전성기를 구가하며 국제 사회의 질서를 이끌었다. 미국이 세계 유일의 슈퍼 강대국으로 입지를 굳혀갈수록 국제 사회의 힘의 불균형은 심각해졌다. 미국에 정면 대응하는 것이 불가능해진 상황에서 테러리스트들은 소리 없이 '복수'의 칼날을 갈기 시작했다.

9 · 11 사건은 미국의 부의 상징인 세계무역센터와 군사력의 상징인 펜타곤을 공격 대상으로 삼았기에 미국은 물론 전 세계를 경악케 하기에 충분했다. 경제, 정치, 사회 각 분야에서 미국이 입은 손실은 그야말로 엄청났다. 진주 만 습격 이후 본토에서 입은 가장 큰 피해라고 해도 과언이 아니었다. 미국에는 테러의 어두운 그림자가 짙게 드리웠고 '세계에서 가장 안전한 나라'라는 위상은 옛말이 되었다.

9 · 11 사건 이후 '빈 라덴', '알-카에다(Al-Qaeda)', '테러리즘', '반테러'라는 용어가 새롭게 등장했고 '반테러'는 국제 사회가 공동으로 대처해야 할 주요 사안이 되었다. 사건 직후 부시 미국 대통령의 지지율은 90%까지 상승했고 이슬람 국가들도 미국의 조난자들에게 애도를 표했다. 9 · 11 사건을 계기로 미국은 반테러의 명분을 빌어 아프가니스탄과 이라크 전쟁을 일으켰다. 그리고 국제 사회역시 반테러 행보에 발을 맞추기 시작했다.

펜타곤

워싱턴 근교 버지니아 주 알링턴에 있는 펜타곤은 1941년 11월에 시공해 1943년 1월에 준공될 때까지 16개월에 걸쳐 완공되었다. '펜타곤'은 '오각형'이라는 뜻으로 하늘에서 건물을 내려다보면 오각형을 띠어 붙은 명칭이다. 세계에서 가장 방대한 면적을 자랑하는 정부 건물로 미국 국방부와 군사 지휘 본부가 들어가 있다. 9 · 11 사건으로 일부가 파괴되어 이듬해 중반까지 재건 작업이 이어졌다. 세계화의 추세로 지구촌이라는 개념이 점점 확대되는 지금, 펜타곤 역시 새로운 시대적 요구에 직면해 있는지도 모른다.

역사가 기억하는 세계 100대 사건

발행일 / 1판1쇄 2013년 2월 25일
　　　　1판3쇄 2015년 5월 26일
저　자 / 페이헝즈
옮긴이 / 이화진
발행인 / 이병덕
발행처 / 도서출판 꾸벅
등록날짜 / 2001년 11월 20일
등록번호 / 제 8-349호
주소 / 경기도 고양시 일산서구 강선로 49
　　　　일산비스타 913호
전화 / 031)908-9152
팩스 / 031)908-9153
http://www.jungilbooks.co.kr

isbn / 978-89-90636-67-6

잘못된 책은 구입하신 서점이나 본사에서 교환해 드립니다.

≪ 历史真相-文明史上的100次转折 ≫
作者：裴菊之
copyright ⓒ 2009 by 武汉出版社
All rights reserved.
KoreanTranslationCopyright ⓒ 2013 by Coobug Publishing Co.
Korean edition is published by arrangement with 武汉出版社
through EntersKorea Co., Ltd. Seoul.

이 책의 한국어판 저작권은 (주)엔터스코리아를 통한 중국의 武汉出版社 와의 계약으로 도서출판 꾸벅이 소유
합니다. 신 저작권법에 의하여 한국 내에서 보호를 받는 저작물이므로 무단전재와 무단복제를 금합니다.